EUGEN BOLZ

UND DIE KRISE DES POLITISCHEN KATHOLIZISMUS

JOACHIM SAILER

EUGEN BOLZ

UND DIE KRISE

DES POLITISCHEN KATHOLIZISMUS

IN DER WEIMARER REPUBLIK

bibliotheca academica Verlag

Tübingen

Die Deutsche Bibliothek – CIP-Einheitsaufnahme

Sailer, Joachim:
Eugen Bolz und die Krise des politischen
Katholizismus in der Weimarer Republik /
Joachim Sailer. –
Tübingen : Bibliotheca-Academica-Verl., 1994
   Zugl.: Tübingen, Univ., Diss.
   ISBN 3–928471–09–0

Satz: bibliotheca academica Verlag GmbH, Tübingen

Satzprogramm: TUSTEP
(Tübinger System von Textverarbeitungs-Programmen)

Druck: Stückle, Ettenheim

Gedruckt auf alterungsbeständigem, säurefreiem Papier

INHALT

VORWORT

Diese Studie möchte einen Beitrag zur Geschichte des politischen Katholizismus in der Weimarer Republik leisten.

An dieser Stelle darf ich Prof. Dr. Joachim Köhler danken, dem Moderator dieser Untersuchung, der den Fortgang der Arbeit mit viel Interesse und Geduld begleitet hat.

Ich danke in besonderer Weise der Landeszentrale für politische Bildung in Stuttgart, die die Drucklegung dieser Arbeit ermöglicht und finanziell unterstützt hat; auch danke ich der Landeskreditbank in Karlsruhe für ihre Unterstützung und dem Verlag für die engagierte Betreuung des Manuskriptes.

Schließlich danke ich den Mitarbeitern der von mir konsultierten Archive und Bibliotheken, besonders Herrn Brock, Stadtbibliothek Kempten, die vorbildlich meinen Literaturwünschen nachkamen. Mein Dank gilt auch Frau Rupf-Bolz in Stuttgart, die mir Einsicht in den Nachlaß ihres Vaters gewährte und Fotografien für den Druck zur Verfügung stellte.

Nächst meinen Eltern sei der größte Dank meiner Frau ausgesprochen, die mir am meisten geholfen hat.

Gewidmet sei diese Untersuchung meiner Tochter Katharina.

Kempten, im Oktober 1994   *Joachim Sailer*

EINLEITUNG

1. ERKENNTNISINTERESSE

Am 31. Mai 1933 richteten die in Fulda versammelten deutschen Bischöfe an Papst Pius XI. ein Schreiben. Sie waren zusammengekommen, so die Bischöfe, »um in dieser entscheidungsvollen Zeit und den völlig veränderten Verhältnissen des öffentlichen Lebens mit Unterstützung des Heiligen Geistes zu beratschlagen, wie wir in angemessener Weise für das Wohl der Kirche und für das Heil der uns anvertrauten Herde Sorge tragen können. Da aber das Wohl der gesamten Kirche vom Haupte auf die Glieder überströmt, bitten wir Dich inständig um Deinen Apostolischen Segen und erweisen Dir, Hl. Vater, demütig Gefühle kindlicher Ergebenheit und Liebe«. Anschließend versicherten sie dem Papst: »Erste Glaubensregel ist für uns, in allem, was wir unternehmen, die Lehre, die Du in Deinen Enzykliken in reichem Maße mitgeteilt hast, genau zu befolgen; dort (in den Enzykliken) wird uns ein sicherer Weg gewiesen und an dunkler Stelle wird das Licht von oben nicht fehlen«.[1] Für die deutschen Bischöfe bildeten in einer »entscheidungsvollen Zeit« die Enzykliken der Päpste die »erste Glaubensregel«; von dort erhofften sie sich »einen sicheren Weg.« Den Stellenwert, den diese Enzykliken im politischen Leben eines Zentrumspolitikers, d. h. auch im Leben eines Laien, einnahmen, formulierte der Theologieprofessor Ludwig Baur, langjähriger Fraktionskollege und Freund von Eugen Bolz, 1923 in seiner Schrift »Päpstliche Enzykliken und Grundfragen der Innenpolitik«:[2] »Die katholischen Politiker besitzen eine ... für die praktische Politik notwendige, religiös und sittlich vertiefte, aus der Offenbarungslehre und der gesunden Vernunft geschöpfte Staats- und

---

[1] Grußadresse des deutschen Episkopats an Pius XI. Fulda, 31. Mai 1933 (lat. Fassung). Akten deutscher Bischöfe. Bd. 1, 210 f., Nr. 43/IIa.

[2] L. Baur, Päpstliche Enzykliken und Grundfragen der Innenpolitik, 3–61.

Wirtschaftsphilosophie in den großen Enzykliken der Päpste Leo XIII., Pius X. und Benedikt XV. ... Im allgemeinen kann man sagen: Die Enzykliken im ganzen sind nicht formellen dogmatischen Lehrentscheidungen gleichzuachten ... Doch kommt ihnen in gewisser Hinsicht auch dogmatischer Lehrcharakter zu, aber nur soweit sie lehramtliche Entscheidungen sein wollen, hinsichtlich des lehrhaften Teils, hinsichtlich der allgemeinen Sätze, die der Papst als sozialethische Lehre des Christentums verkündet, und hinsichtlich der allgemein gültigen dogmatischen Sätze, auf die der Papst sich stützt«.[3] Die Bedeutung dieser Enzykliken für den Zentrumspolitiker Eugen Bolz zeigte wiederum Ludwig Baur in einem Geburtstagsschreiben auf. Am 30. November 1931 würdigte er Bolz' Politik mit einem indirekten Zitat aus der Enzyklika »Sapientiae christianae«:[4] »Papst Leo XIII. verlangte, daß nur solche Männer als Abgeordnete aufgestellt und gewählt werden, die sittlich intakt, religiös zuverlässig und bereit seien, in den die Religion und Moral berührenden Fragen des öffentlichen Lebens den Grundsätzen der christlichen Moral zu folgen. Wenn einer, so entsprach Bolz diesen Anforderungen«.[5] Diese Beurteilung seiner Politik korrespondierte zum Teil mit den Pressekommentaren über Bolz' Wahlreden. Am 26. November 1924 schrieb z. B. die Ipf- und Jagstzeitung zu einer Wahlversammlung von Bolz in Ehingen: »Mit den ersten Sätzen schon weiß er (Bolz) ... von hoher Warte aus die Lage des deutschen Volkes als Gesamtheit ... zu sehen ... Von diesem hohen ... Standpunkt und von der sicheren Grundlage seiner Weltanschauung aus gewinnt er mit unfehlbarer Sicherheit eine schlechthin unanfechtbare Einstellung zu den Fragen ... und Sorgen der Zeit ... Zu welchem Schwung erhob sich sein Vortrag, als er die Berechtigung der Parteibildung und die Fruchtbarkeit dieser Grund-

---

[3] Ebd. 14; vgl. auch 55 f. – Vgl. de Witte, Kirche – Arbeit – Kapital, 19: »Obwohl es hier um das ordentliche Lehramt des Papstes geht – »ordentlich«, um es von der außerordentlichen und unfehlbaren Lehrautorität zu unterscheiden – fordert es doch grundsätzlich von jedem Gläubigen Gehorsam, und zwar äußerlich wie innerlich«.

[4] Vgl. Enzyklika Sapientiae christianae, in: H. Schnatz, Päpstliche Verlautbarungen zu Staat und Gesellschaft. Originaldokumente mit deutscher Übersetzung, 191 ff.; 217.

[5] NLB Festschrift zum 50. Geburtstag von Eugen Bolz. – Vgl. Baur 13 ff.

14

lage, ihre Befähigung zur Meisterung aller Probleme, auch des modernen Wirtschafts- und internationalen Völkerlebens bewies und an den sozialpolitischen und völkerpolitischen Großtaten der letzten Päpste, eines Leo XIII. und eines Benedikts XV., aufzeigte. Stolz sind wir auf diesen Mann, ›denn er ist unser‹«.[6]

Es stellt sich die Frage: Wurde Bolz' Politik diesem »katholischen«[7] Anspruch gerecht? War sie Ausdruck einer spezifisch »katholischen« Bindung, d. h. war sie von typisch »römischen« Denkstrukturen geprägt? Definiert man Politik, wie Otto von Bismarck (1815–1898), als »die Kunst des Möglichen«,[8] dann ist allerdings zu fragen: Entsprach das »katholische« Bolz-Bild der Realität? Mußte nicht der Pragmatiker Bolz in einigen grundsätzlichen Fragen von der katholischen Staatslehre und Moral abweichen? Gab es in seiner Politik Konflikte mit dieser Lehre? Wenn ja, wo treten sie in Erscheinung? Wie ist auf diesem Hintergrund sein Weg in den politischen Widerstand 1942 zu beurteilen? Ist er das Resultat einer solchen Konfrontation?

---

[6] NLB WV in Ehingen am 25. Nov. 1924. Ipf- und Jagstzeitung Nr. 276 (26. Nov. 1924), 195 f.

[7] Der Terminus »*katholisch*« fragt in dieser Studie nach dem Stellenwert der katholischen Staatslehre und Moral – wie sie in den Sozialenzykliken der Päpste des 19./20. Jahrhunderts grundgelegt ist – in der Politik von Eugen Bolz. Es geht um die Erarbeitung von »katholischen« Konstanten dieses »römisch-katholischen« Hintergrundes. Inwieweit entsprach Bolz' Politik diesem »katholischen« Anspruch? War sie in diesem Sinn Ausdruck einer spezifisch »katholischen« Bindung? – Diese Begriffsbestimmung impliziert eine weitere Definition: Der Terminus »*politischer Katholizismus*« soll in Anlehnung an R. Morsey verwendet werden; also als Umschreibung des in der Zentrumspartei und der BVP organisierten politischen Gestaltungswillen deutscher Katholiken in Staat und Gesellschaft; vgl. R. Morsey, Die Deutsche Zentrumspartei, 279 ff.; 282 Anm. 6.

[8] Zit. nach Büchmann, Geflügelte Worte, 262.

15

2. PROBLEMBERICHT

In einem Problembericht sollen zunächst die bisherigen Forschungsergebnisse dargestellt sowie die verschiedenen Aspekte aufgezeigt werden, unter denen der Zentrumspolitiker Bolz bisher beurteilt wurde. Dabei soll nicht nur referiert, sondern auch Widersprüche aufgezeigt und Einwände erhoben werden.

2.1. Stand der Forschung

2.1.1. Märtyrer einer gerechten Sache

Die gründlichste und umfassendste Biographie von Eugen Bolz verfaßte 1951 der ehemalige Stuttgarter Oberstaatsarchivdirektor Max Miller.[9] Mit seiner Arbeit wollte Miller einerseits »ein zuverlässiges und lebensnahes Bild des verdienstvollen Politikers und Staatsmannes, des Märtyrers für Recht und Freiheit«[10] aufzeigen, andererseits einen »Beitrag ... zur politischen Erziehung unseres Volkes«[11] leisten. Das spezifische Interesse, das Miller dabei ins Auge faßte, war – in Anlehnung an den ersten Bolz-Biographen Pfarrer W. Kohler – »die Märtyrer einer guten Sache zu ehren«. Seiner Meinung nach war »das deutsche Volk immer überkritisch gewesen« und fand »keinen Mut«, »sich zu aufrechten Männern zu bekennen«; daher »ist es schließlich dem Mythos Hitler anheimgefallen«.[12] Miller stützte sich in seiner Darstellung auf Reden, die Bolz während der Weimarer Republik auf Zentrumsversammlungen und Katholikentagen hielt, und v. a. auf Briefe, die Bolz während dieser Zeit an seine Frau schrieb. In seiner Sichtweise stand er Bolz nicht unkritisch gegenüber.[13] Wichtige Aussagen von Bolz blieben allerdings bei ihm unreflektiert und -kommentiert: Nachdem die Wahlerfolge der Natio-

---

[9] Vgl. M. Miller, Eugen Bolz. Staatsmann und Bekenner.
[10] Ebd. V.
[11] Ebd.
[12] Ebd. V f.
[13] Vgl. ebd. 246 f.; 386; 397 f.; 405; 560.

16

nalsozialisten 1932 die Unmöglichkeit einer parlamentarisch mehrheitsfähigen Regierung ohne diese Partei deutlich machten, nahm u. a. Bolz an den Koalitionsverhandlungen mit der NSDAP teil. In diesen Gesprächen entdeckte er Gemeinsamkeiten zwischen einer christlich geprägten Zentrumspolitik und der Politik der Nationalsozialisten.[14] Allerdings werden bei Miller keine Ursachen für diese Übereinstimmungen genannt. Als Bolz zwei Jahre zuvor im März 1930 nach dem Bruch der Großen Koalition in einem Brief an seine Frau einen kommissarischen Diktator forderte,[15] lag für Miller dieser Wunsch in Bolz' politischem Charakter begründet: »Auf diese, für einen Demokraten zunächst überraschenden Gedanken konnte, ja mußte Bolz kommen, da ihm Politik nicht Parteienkampf und Parteien-Intrigenspiel, sondern Staatsgestaltung und Staatsführung war«.[16] Den Hintergrund zu dieser Politik thematisierte Miller nicht, und blendete damit eine wesentliche Komponente der Politik von Bolz aus. Nach seiner Auffassung besaß Bolz in seinem politischen Denken einen »ausgeprägten Wirklichkeitssinn. Ideologische Verstiegenheit liebte er nicht, stand vielmehr fest auf dem Boden der realen Verhältnisse. Aber er besaß auch das, was man ›über den Dingen‹ stehen nennt«.[17] In dieser Beurteilung der Politik von Bolz klingt etwas Dialektisch-Zwiespältiges an, das Miller allerdings in seiner Darstellung nicht konkretisierte.

2.1.2. Verteidiger der »katholischen« Freiheit

Der frühere Rottenburger Generalvikar und Kanonist August Hagen befaßte sich 1954 im dritten Band seiner »Gestalten aus dem schwäbischen Katholizismus« mit Eugen Bolz.[18] In Anlehnung an Miller besaßen für ihn Bolz' Leben und v. a. sein Tod eine Vorbildfunktion für die junge Generation: »Große Persönlichkeiten sind wie Dome, die einen tiefen heiligen Frieden wirken, gerade wenn sie an der Straße oder auf dem Marktplatz stehen. Das unruhige Getriebe

[14] Ebd. 425.
[15] Ebd. 367 f.
[16] Ebd. 551.
[17] Ebd. 545.
[18] A. Hagen, Eugen Bolz 1881–1945, 202–343.

der Welt hält inne vor den Kirchmauern ... Ihr Leben, Wirken und Sterben wirkt aneifernd auf jugendliche und bildungsfähige Gemüter und hilft die Hemmungen zu beseitigen, die sich einem geistigen und seelischen Aufstieg in den Weg stellen. Dazu gehört ein gewisses Maß von *Freiheit*«. Mit seinem Märtyrertod war Bolz, so Hagen, ein Verteidiger der »katholischen Freiheit«: »Fragt man sich, wo der Hort der Freiheit ist, unerreichbar jedem Feind, so müssen wir auf die katholische Kirche hinweisen. Sie hat die Probe während der nationalsozialistischen Herrschaft bestanden und hat immer wieder Verteidiger und Vertreter der Freiheit aus ihrem Schoß hervorgebracht. Ein solches Vorbild ist der Märtyrer der Freiheit Eugen Bolz«.[19] Bolz' Vorbildfunktion lag also für Hagen in dessen Engagement für die »katholische« Sache. Insofern sah er in Bolz v. a. einen »katholischen« Märtyrer. – Hagen stellte in seiner Arbeit Bolz' Leben summarisch dar: Ausgehend von dessen Rottenburger Kindheit bis zu seinem Tod 1945, zeichnete er den gesamten Werdegang des Politikers auf. Dessen Leben und politisches Handeln, so Hagen, war stark vom katholischen Glauben geprägt: »Er löste sich nie los vom religiösen Urgrund und lebte und webte in der schützenden und bindenden Gemeinschaft der katholischen Kirche«.[20] Der Politiker Bolz war für ihn kein Idealist oder Utopist, sondern »ein *nüchterner* und realdenkender Mensch, der sich bestrebte, die Dinge so zu sehen, wie sie wirklich lagen. Gewiß er hatte seine Ideale und konnte ohne diese nicht leben. Allein, er war weit entfernt, Hirngespinsten nachzujagen oder einem weltfremdem Doktrinismus zu huldigen ... In diesem Sinne war er Realpolitiker«.[21] Der wiederholt vorgebrachte Wunsch des Nuntius Eugenio Pacelli, mit Württemberg zu einem Konkordatsabschluß zu kommen, fand bei Bolz kein Echo.[22] Hagen machte auf eine Problematik in Bolz' Politik aufmerksam, ohne diese jedoch zu explizieren: Er kritisierte Bolz' Haltung, die Radikalisierung des öffentlichen Lebens in der Krise der Weimarer Republik als ein Problem von Ruhe und Ordnung zu betrachten und dagegen allein mit der Polizei anzukämpfen.[23] Er stellte die Frage: »Ließ sich der Na-

[19] Ebd. 202.
[20] Ebd. 238.
[21] Ebd. 233.
[22] Vgl. ebd. 237.
[23] Vgl. ebd. 226 u. 236.

tionalsozialismus überhaupt mit gesetzgeberischen Mitteln eindämmen?«[24] Unkommentiert blieben bei Hagen auch einige weitere problematische Tendenzen in Bolz' Politik, so z. B. dessen Bereitschaft, gegen Ende der Weimarer Republik zunehmend autoritärer zu regieren; dies führte er allein auf einen »Zerfall der Staatsgewalt«[25] zurück. Wird man aber allein damit dieser Sache gerecht? Unkommentiert blieben auch die Feststellungen, wonach Bolz in seiner Politik gegen links schärfer vorging als gegenüber rechts,[26] sowie dessen zögernde und abwartende Haltung beim Young-Plan.[27] Was liegt hinter dieser Taktik der Verzögerung? Tritt hier nicht etwas Grundsätzliches in der Amtsauffassung und dem politischen Selbstverständnis von Bolz zutage? Dazu müßte der Hintergrund von Bolz' Politik thematisiert werden, was Hagen jedoch nur ansatzweise tat. Für einen katholischen Politiker war die Teilnahme am aktiven Widerstand gegen Hitler nur bedingt erlaubt. Hagen stellte daher die Frage: »Wie konnte Bolz seine Teilnahme an der Widerstandsbewegung mit seinem *Gewissen* rechtfertigen? Dieser Frage soll als Antwort die andere Frage entgegengehalten werden: Gibt es nur eine kritiklose Staatstreue? Ist der tote, mechanische Gehorsam die höchste Tugend? War es nicht ein Kampf um die Wiederherstellung der moralischen Weltordnung? Diese Frage wird man bejahen müssen«.[28] Die hier angedeuteten Spannungen zwischen einer inneren Überzeugung und einem objektiv Vorgegebenen konkretisierte Hagen nicht eigens auf die Politik von Eugen Bolz. Gab es also Differenzen in Bolz' Politik zur katholischen Lehre? Wenn ja, wo werden sie sichtbar? Wie ist in diesem Zusammenhang Hagens These zu beurteilen, Bolz sei mehr »eine ethische als eine religiöse Persönlichkeit« gewesen? Wie verhielten sich dann beide Persönlichkeiten zueinander? Traten sie in Konkurrenz?[29]

[24] Ebd. 227.
[25] Ebd. 235.
[26] Ebd. 218 f.
[27] Ebd. 223.
[28] Ebd. 241.
[29] Auf einen Abriß des Werks von W. Besson, Württemberg und die deutsche Staatskrise 1928 – 1933. Eine Studie zur Auflösung der Weimarer Republik, soll in diesem Zusammenhang verzichtet werden. Besson ging

2.1.3. Biographische Skizzen

Neben diesen beiden Arbeiten gibt es mehrere biographische Skizzen über Eugen Bolz.[30] In dem 1960 erschienenen Buch von E. Matthias und R. Morsey[31] über »Das Ende der Parteien« zog letzterer in seiner Abhandlung »Die Deutsche Zentrumspartei« u. a. auch die Haltung von Bolz in seine Überlegungen mit ein. Dabei galt Bolz für Morsey als ein Repräsentant des neuen, »stark autoritären«[32] Kurses in der Zentrumspartei; er habe bereits 1930 eine zeitlich befristete außerparlamentarische Regierung in Form einer gemäßigten Diktatur befürwortet.[33] Dieser »Herzenswunsch nach autoritärer Führung und Politik«[34] entsprach dem allgemeinen Wunsch auf der rechten Zentrumsseite. Bolz gehörte seiner Meinung nach auch zu der von Prälat Kaas 1932 propagierten Leitidee einer »nationalen Sammlung«, die nach Brünings Sturz 1932 auf die NSDAP ausgedehnt wurde und nach der Juliwahl 1932 einen gewissen Höhepunkt in den Koalitionsverhandlungen mit den Nationalsozialisten erreichte. An diesen Verhandlungen nahm auch Bolz teil.[35] Nach Meinung von Morsey führte das Zentrum die Verhandlungen jedoch nur zum Schein, um so die Regierung Papen unter Druck zu setzen.[36] Bolz nahm sie allerdings ernst, wie er in einem Brief an seine Frau mitteilte.[37] Beide

es um keine weitere Bolz-Darstellung; er versuchte aus der Perspektive der Akten der württembergischen Regierung, deren Politik während der Präsidentschaft Bolz' zu rekonstruieren und »die Bedeutung einer Regierung« (Besson 14) in einer demokratischen Gesellschaft dazustellen.

[30] Vgl. R. Morsey, Eugen Bolz (1881–1945), 88–103 (Morsey I).

[31] Vgl. R. Morsey, Die Deutsche Zentrumspartei, 279–453 (Morsey II). – Vgl. R. Morsey, Die Deutsche Zentrumspartei 1917–1923 (Morsey III); in diese Darstellung arbeitete Morsey Teile der Bolz-Biografie von Miller ein. – Vgl. R. Morsey, Der Untergang des politischen Katholizismus. Die Zentrumspartei zwischen christlichem Selbstverständnis und »Nationaler Erhebung« 1932/33 (Morsey IV).

[32] Morsey II 290 f.

[33] Ebd. 292. – Vgl. Morsey I 102.

[34] Morsey II 292.

[35] Ebd. 299–333. – Vgl. Morsey I 97.

[36] Morsey II 317.

[37] Ebd. 320 Anm. 29.

20

Ziele, eine außerparlamentarische Regierung in Form einer gemäßigten Diktatur und die ernsten Koalitionsverhandlungen mit Hitler,
konnte Bolz aber nicht gleichzeitig verfolgen. Wenn er mit den Nationalsozialisten Verhandlungen über eine parlamentarische Mehrheitsregierung führte, dann bedeutet dies das Gegenteil einer Distanzierung vom Parlamentarismus.[38] Dieser Widerspruch blieb bei Morsey unbeantwortet. Darin zeigt sich eine spezifische Schwäche in
seiner Arbeit: Indem er Bolz in die große Linie des »rechten Zen-
trumsflügel«[39] einordnete, wird er der »Persönlichkeit« Bolz und seiner Politik nicht immer gerecht. Auch die Frage, weshalb Bolz mit
den Nationalsozialisten Koalitionsverhandlungen über eine parlamentarische Mehrheitsregierung führte und dabei Gemeinsamkeiten mit
ihnen entdecken konnte, beantwortete Morsey nur unbefriedigend.
Man wird Bolz' Vorgehen sicherlich nicht ausschließlich als eine
»Fehleinschätzung«[40] interpretieren können. Um diese Frage befrie-
digend zu erörtern, müßte der Hintergrund von Bolz' Politik thematisiert werden, was Morsey jedoch nicht unternahm. Die ablehnende
Haltung von Bolz gegenüber einem württembergischen Konkordat
führte er daher allein auf »die antikatholische Grundstimmung im
Lande«[41] zurück. Er würdigte Bolz abschließend mit den Worten:
»(Er) war ein konservativer christlicher Demokrat, ... durchdrungen
von starkem Reichspatriotismus. Zu den hervorstechendsten Charak-
tereigenschaften dieses grüblerischen Schwaben, der viel über die
Bedeutung von Religion und Sittlichkeit im Staats- und Völkerleben
... nachgedacht hatte, gehörte ... sein gefestigter Glaube, sein unbän-
diges Gottvertrauen«.[42]

Joachim Köhler,[43] der einzige Kirchenhistoriker unter den Bolz-
Biographen, beurteilte in seinen Darstellungen zu Beginn der achzi-

---

[38] Vgl. D. Junker, Die Deutsche Zentrumspartei nach 1932/33. Ein Beitrag
zur politischen Problematik des politischen Katholizismus in Deutschland,
18 f.
[39] Vgl. Morsey II 290.
[40] Vgl. Morsey I 97.
[41] Ebd. 95.
[42] Ebd. 102.
[43] Vgl. J. Köhler, Eugen Bolz. Württembergischer Minister und Staatspräsident, 227–235 (Köhler I). – Vgl. J. Köhler, Zwischen den Fronten. War die

ger Jahre Bolz' Politik aus der Retrospektive, d. h. von dessen Todestag am 23. Januar 1945 her. Für ihn standen Bolz' Weg in den
Widerstand gegen das nationalsozialistische Regime und sein Märtyrertod in der Kontinuität zu seinem Politikverständnis während der
Weimarer Republik. Köhlers Interesse lag besonders auf der »politischen und charakterlichen Struktur«[44] von Bolz. Seiner Meinung
nach betrieb dieser »eine christliche Politik«[45] und wehrte sich entschieden gegen eine »klerikale oder von Rom aus gelenkte Politik«.[46]
Daher wurde in Bolz' Denken »die Geschlossenheit eines katholischen Denkens ... nicht zur Maxime erhoben ... Das Christentum von
Bolz war weltoffen«.[47] In seinen Darstellungen stellte Köhler besonders Bolz' Realitätssinn in den Vordergrund. Daher schloß Bolz, seiner Meinung nach, eine Neuauflage der Monarchie vollkommen aus
und plädierte trotz ihres »Kompromißcharakters« »leidenschaftlich
für die Weimarer Verfassung«;[48] auch hätte Bolz frühzeitig die Gefahren des Links- und Rechtsextremismus erkannt und ihnen »entschieden und für immer«[49] den Kampf angesagt. Köhler meinte, »pro-
phetische Züge«[50] in Bolz' Reden entdecken zu können. Der Kern
von Bolz' Widerstand gegen die Machthaber des Dritten Reiches lag
für ihn daher »in seinem politischen Denken und Handeln«.[51] Indem
Köhler Bolz' Politik vom 23. Januar 1945 her beurteilte, lief er Gefahr, entscheidende Punkte in dessen Politik auszuklammern: Unberücksichtigt blieben bei ihm Bolz' Koalitionsverhandlungen mit
den Nationalsozialisten, seine Bereitschaft im Frühjahr 1933, mit
Hitler verfassungsmäßige Zustände wiederherzustellen, oder seine
ablehnende Haltung zu Stegerwalds Idee einer überkonfessionellen

Haltung des Zentrumspolitikers und ehemaligen Ministerpräsidenten Eugen Bolz christliches Bekenntnis oder politischer Widerstand?, 7–22
(Köhler II).
[44] Köhler I 227.
[45] Ebd. 228.
[46] Ebd.
[47] Ebd. 229.
[48] Ebd. 230.
[49] Ebd. 231.
[50] Ebd.
[51] Ebd. 233.

Partei. Nach Köhler bezeichnete Bolz die Machtergreifung der Nationalsozialisten als »Revolution«.[52] Hätte er dann nicht nach der katholischen Staatslehre versuchen müssen, die neue Ordnung stabilisieren zu helfen? Weshalb aber war Bolz ein hartnäckiger Gegner des Ermächtigungsgesetzes und ging später in den Widerstand? Diese Problematik blieb in Köhlers Darstellung unberücksichtigt. Sein Verdienst liegt darin, einen neuen Zugang zu Bolz' Politik eröffnet zu haben. Köhler stellte erstmals wieder den »Katholiken« Bolz, v. a. dessen Verhältnis zur Katholischen Aktion, in den Vordergrund der Betrachtung.[53]

2.2. Der deduktive Ansatz

Die ersten Bolz-Darstellungen waren – im Gegensatz zu den biographischen Skizzen – an keiner kritischen Würdigung ihres »Helden« interessiert, weshalb sie sich vom Vorwurf der Apologie nicht freimachen konnten.[54] Sie zeichneten sich durch eine bestimmte Blickrichtung aus: Ihnen ging es primär um Würdigung und Pflege des Andenkens an Bolz; hinzu trat eine gewisse Funktionsbezogenheit: Das Bemühen, Erlebtes mitzuteilen und Lehren aus der Vergangenheit zu ziehen. Die katholische Kirche »präsentierten« sie in der Zeit von 1919 bis 1945 als eine allseits anerkannte moralische Autorität, und dementsprechend waren Zentrumspolitiker, die in den politischen Widerstand gegen das nationalsozialistische Regime gingen, Verteidiger einer spezifisch »katholischen Sache«. In Übereinstimmung mit den ersten Bolz-Rezensenten interpretierten sie Bolz' Leben und Sterben im Lichte einer »katholischen« Theorie. Sie argumentierten »deduktiv«, d. h. »von oben her«[55] und Eugen Bolz war,

[52] Köhler II 18.
[53] Vgl. Köhler II.
[54] Vgl. U. v. Hehl, Kirche und Nationalsozialismus. Ein Forschungsüberblick, 11 ff.
[55] Zur deduktiven Blickrichtung der katholischen Staatslehre vgl. Chenu 82 ff. – Vgl. O. Köhler, Die Kirche in der Welt-Geschichte, 205 f. – Vgl. W. Kerber, Geleitwort in N. Monze, Die Kirche in der Sozialgeschichte, 9 ff. – Vgl. C. Boff, Die kirchliche Soziallehre und die Theologie der

ihrer Meinung nach, ein »katholischer Märtyrer« und seine Politik entsprach »katholischen« Grundsätzen par excellence. – Dieser »Sicht von oben« steht allerdings die Verlautbarung der Fuldaer Bischofskonferenz vom 28. März 1933 entgegen. In dieser Erklärung ermahnten die Bischöfe die Katholiken »zur Treue gegenüber der rechtmäßigen Obrigkeit ... unter grundsätzlicher Ablehnung allen rechtswidrigen oder umstürzlerischen Verhaltens«.[56] An einer Schaffung von spezifisch »katholischen« Märtyrern, die aus einer »katholischen« Mentalität heraus politisch handelten, schien die katholische Kirche nicht interessiert gewesen zu sein. In diesem Sinne urteilte Böckenförde: »Jene Katholiken, die den politischen Ratschlägen und Anweisungen ihrer Bischöfe 1933 treu ergeben gefolgt waren, hatten 1945 die Folgen dieses Handelns bei der Entnazifizierung allein zu tragen, ohne von den Bischöfen Schutz und Verteidigung in der Öffentlichkeit verlangen zu können. Dies sollte Anlaß genug sein, um ... (das) politische Selbstverständnis des deutschen Katholizismus neu zu überdenken«.[57] Diese Studie möchte dem Anliegen Böckenfördes Rechnung tragen. Dazu muß das »katholische« Bolz-Bild mit dem »ursprünglichen Bolz« konfrontiert und kritisch hinterfragt werden.

3. QUELLENLAGE

Zugang zu den Wurzeln des politischen Denkens und Handelns von Eugen Bolz verschaffen uns seine Reden; sie waren innerhalb des Zentrums und auf den Foren des politischen Katholizismus bewußtseinsbildend. Als prominenter Redner wollte Bolz gezielt politisches Bewußsein grundlegen und aufbauen.

Befreiung: Zwei entgegengesetzte Formen sozialer Praxis?, in: Conc. 17, 1981, 775 ff. – Vgl. K. Popper, Das Elend des Historizismus, 102 ff.

[56] Kundgebung der deutschen Bischöfe vom 28. März 1933, 30 ff. – Vgl. J. Köhler, Die katholische Kirche in Baden und Württemberg in der Endphase der Weimarer Republik und zu Beginn des Dritten Reiches, 257 ff. (Köhler III).

[57] W. Böckenförde, Der deutsche Katholizismus im Jahre 1933. Eine kritische Betrachtung, 215 ff. (Böckenförde I). – Vgl. H. Schnatz, Päpstliche Verlautbarungen zu Staat und Gesellschaft, XXXI f.

So hob z. B. ein zeitgenössischer Kommentar die Gewalt und Offenheit seiner Sprache hervor: »Wenn Minister Bolz spricht, dann ist es eine kernige Sprache voll deutscher Ehrlichkeit und Kraft. So sprach er [am 1. Mai 1924 auf einer Wahlversammlung in Stuttgart] ungeschminkt und offen über des deutschen Volkes Not und Rettung«.[58] Auch Max Miller betonte die Bedeutung des Redners Bolz für den württembergischen Katholizismus: »Bolz war als Redner geschätzt und beliebt durch seine anschaulich klare, volksnahe Sprechweise. Er erfüllte nicht zuletzt damit das Vermächtnis des sturmerprobten Bannträgers des Katholizismus in Württemberg, wie in der Depesche des Dritten Schwäbischen Katholikentags in Ulm (1. Nov. 1919) Adolf Gröber genannt wurde«.[59]

Der Nachlaß Eugen Bolz enthält in vielfältiger literarischer Form und verschiedenen Überlieferungsstadien eine Fülle von Reden des Politikers. Die handschriftlich authentischen Überlieferungen der Reden von Bolz rekrutieren sich bis 1923 aus einzelnen Stichworten, mehr oder weniger ausformulierten Reden und Reden im vollen Wortlaut. Ab 1925 sind die Reden, wenn sie im vollen Wortlaut wiedergegeben werden, maschinengeschrieben. Daneben existiert im Nachlaß Bolz eine umfangreiche Sammlung verschiedener Zeitungen, die unter dem Gesichtspunkt der Reden von Eugen Bolz gesammelt wurden. Die Sammlung hat zufälligen Charakter. Ein Teil der Nachrichten über die Bolz-Reden wurde nur im Zeitungsausschnitt aufbewahrt. Als Vorbereitung zur Biographie von Eugen Bolz durch Max Miller wurde ein Teil der Reden aus dem Zeitungsarchiv in Maschinenschrift umgesetzt. Zitate Millers aus den Reden stammen aus diesem maschinengeschriebenen Manuskript. Der gesamte erste Teil der vorliegenden Arbeit gründet auf dieser Quellenlage.

Der zweiten Teil der Arbeit, der den »Sitz im Leben« von Bolz' politischer Praxis zu betrachten versucht, beruht auf den päpstlichen Verlautbarungen des 19. und 20. Jh. zu Staat und Gesellschaft. Die Quellen zur Katholischen Aktion waren dem Verfasser durch das Erzbischöfliche Archiv in Freiburg zugänglich.

[58] NLB WV in Stuttgart am 1. Mai 1924. DV 76, 1924, Nr. 103 (2. Mai 1924), 175.
[59] Miller 152 f.

Im dritten Teil der Arbeit, der die praktisch-politischen Auswirkungen der Politik von Bolz thematisiert, wurde im wesentlichen auf die große Bandbreite bisher publizierter Quellen zurückgegriffen. Dieser Teil wird durch die Hirtenbriefe des deutschen Episkopats, Tagebuchaufzeichnungen, politische Reden, Streit- und Denkschriften und sonstige Kleinschriften, ergänzt. Das weitere Quellenmaterial wird jeweils in den Anmerkungen erläutert.

4. METHODISCHE STRUKTUR UND GLIEDERUNG DER VORLIEGENDEN STUDIE

4.1. Induktive Blickrichtung

Im Gegensatz zu den »katholischen« Bolz-Interpreten wählt diese Darstellung einen entgegengesetzten Weg: Aus einer »Sicht von unten«, d. h. aus dem Historisch-Zufälligen heraus, soll auf das Typische der Politik von Bolz geschlossen werden. Dabei liefert die Ereignisgeschichte, wie sie in den Reden von Bolz zur Sprache kommt, das Material, woraus die Struktur von Bolz' Politik rekonstruiert werden soll. Ereignis- und Strukturgeschichte stehen dabei in keinem Widerspruch zueinander, sondern ergänzen sich wechselseitig. Eine solche »induktive« Blickrichtung kann einerseits kritisch prüfen, ob sich der »katholische« Anspruch in Bolz' Politik verifizieren läßt; sie ermöglicht andererseits, die Wurzeln des politischen Denkens und Handelns von Bolz zu erfassen. Insofern kann auch seine Biographie fortgeschrieben werden.[60]

[60] Der auf diese Weise erfaßte Aspekt der Politik von Bolz stellt natürlich nur ein Teil des Ganzen dar und der Ansatz als solcher besitzt zwei potentielle Schwächen: – Die erste ist die, daß man Gefahr läuft, die Politik von Bolz auf eine spezifisch »naturrechtlich-katholische« Argumentation zu reduzieren; man riskiert in eine vereinfachte Theorie historischer Prozesse abzugleiten, so daß wirtschafts- und sozialgeschichtliche Aspekte nicht den Platz erhalten, der ihnen vielleicht zukäme. – Die zweite Schwäche ist die, daß auf die politische Gesinnung und Haltung der Vereine und Verbände nur insofern Rücksicht genommen wird, als deren Funktionäre

Die konzeptionelle Verbindung der beiden Stränge – Strukturge-schichte und Ereignisgeschichte[61] – trägt dem Desiderat von H. Jedin Rechnung, wonach die Kirchengeschichte als Wissenschaft »von au-ßen nach innen, von den geschichtlichen Erscheinungsformen zum übergeschichtlichen Wesen, das sich in ihnen verwirklicht«,[62] vor-zudringen hat. Das Aufgabengebiet der Kirchengeschichte umfaßt immer »das gesamte innere und äußere Leben der irdischen Kirche in Raum und Zeit«.[63] Bolz als »Gegenstand« der Kirchengeschichte zu betrachten, erscheint aus dieser Sicht plausibel.[64]

einen Einfluß auf die Politik von Bolz hatten. – Beide Defizite bedeuten allerdings nicht, daß man Ansätze zum Verständnis der Zentrumspolitik zurückweisen muß, die nach der weltanschaulichen Rechtfertigung der Lebens- und Verhaltensformen einer Partei fragen. – Zur Sozialgeschichte vgl: U. Altermatt, Katholizismus und Moderne. Zur Sozial- und Mentali-tätsgeschichte der Schweizer Katholiken im 19. und 20. Jahrhundert. – J. J. Sheehan, Klasse und Partei im Kaiserreich: Einige Gedanken zur Sozialgeschichte der deutschen Politik, 1 ff. – W. Loth, Soziale Bewegun-gen im Katholizismus im Kaiserreich, 279 ff. (Loth I). – W. Loth, Ka-tholiken im Kaiserreich. Der politische Katholizismus in der Krise des wilhelminischen Deutschlands (Loth II).

[61] Zur Kirchengeschichte mit unterschiedlichen Standpunkten vgl: – H. Je-din, Kirchengeschichte als Theologie und Geschichte, 496 ff. – A. Hol-zem, Geßlerhüte der Theorie? Zu Stand und Relevanz des Theoretischen in der Kirchengeschichtsforschung, 274 ff. – N. Brox, Fragen zur »Denk-form« der Kirchengeschichtswissenschaft, 3 ff. – H. R. Seeliger, Kirchen-geschichte – Geschichtstheologie – Geschichtswissenschaft. Analysen zur Wissenschaftstheorie und Theologie der katholischen Kirchengeschichts-schreibung. – V. Conzemius, Kirchengeschichte als »nicht-theologische« Disziplin. Thesen zu einer wissenschaftstheoretischen Standortbestim-mung, 187 ff. – K. Schatz, Ist Kirchengeschichte Theologie?, 481 ff.

[62] H. Jedin, Kirchengeschichte, 210 ff. – H. Jedin, Zur Aufgabe des Kir-chengeschichtsschreibers, 65 ff. – Vgl. O. Köhler, Die Kirchengeschichte und der christliche Glaube, 247 ff.

[63] C. Andresen, G. Denzler, Kirchengeschichte, 316 ff.

[64] Zudem gilt es zu beachten, daß in der Krise der Weimarer Republik häufig Geistliche den Posten des Fraktionsvorsitzenden bzw. Parteiführers inne-hatten; vgl. in diesem Zusammenhang. – J. Becker, Das Ende der Zen-trumspartei und die Problematik des politischen Katholizismus in Deutschland, 149 f. (Becker I). – Morsey IV 27 ff. – R. Morsey, Der

4.2. Präzisierung der Fragestellung in Bezug auf die Politik von Eugen Bolz

4.2.1. Defizite früherer Darstellungen

Um die Problemstellung dieser Studie in Bezug auf die Politik von Bolz präzisieren und konkretisieren zu können, müssen Defizite früherer Darstellungen über die Zentrumspolitik aufgezeigt werden. Auf eine spezifische Schwäche der Arbeiten von Morsey wies bereits 1969 Detlef Junker[65] hin. In Morseys Arbeiten blieb die Bedeutung der empirischen Belege unklar, weil diese nicht mit der ideologische Grundlage der Partei konfrontiert wurden.[66] Ein Fragen nach tiefergreifenderen Ursachen der Zentrumspolitik hielt Morsey auch in seiner modifizierten Arbeit 1977 für überflüssig.[67]

Der Einfluß der katholischen Staatslehre auf die Politik des Zentrums wurde erstmals zu Beginn der sechziger Jahre zwischen Ernst-Walter Böckenförde und Hans Buchheim kontrovers diskutiert. Böckenförde meinte, das Zentrum habe sich nach den Wahlen vom 5. März 1933 mehr und mehr auf den Boden der neuen Tatsachen gestellt, wobei die Haltung der Zentrumspartei von einer spezifisch kulturpolitischen Motivation geprägt war;[68] Buchheim hingegen bagatellisierte den Einfluß der katholischen Staatslehre auf die Politik des Zentrums, indem er das psychologische Klima der Machtergreifung in den Vordergrund stellte und die konservativ-nationale Kulisse der nationalen Revolution als Hintergrund des Geschehens herausstellte.[69] Ende der sechziger Jahre stellte dann Josef Becker[70] die

politische Katholizismus 1890–1933, 110 ff.; 151 f. (Morsey V). – Böckenförde I 217.
[65] Junker 143 Anm. 44.
[66] Vgl. Morsey II. – Vgl. Morsey III.
[67] Vgl. Morsey IV 9 f.; 144 f. – Ähnlich H. Lutz, Demokratie im Zwielicht. Der Weg der deutschen Katholiken aus dem Kaiserreich in die Republik, 86 ff.
[68] Böckenförde I 215 ff. – Vgl. W. Böckenförde, Der deutsche Katholizismus im Jahre 1933. Stellungnahme zu einer Diskussion, 217 ff. (Böckenförde II).
[69] Vgl. H. Buchheim, Der deutsche Katholizismus im Jahre 1933. Eine Aus-

grundsätzliche Bedeutung der katholischen Staatslehre und Moral für die Zentrumspolitik zur Diskussion, ohne allerdings diesen Gesichtspunkt näher zu konkretisieren. Ein Jahr später unternahm Detlef Junker den Versuch, die spezifisch katholisch-naturrechtliche Argumentation in der Zentrumspolitik 1932/33 aufzuzeigen. Seine Arbeit beruhte auf einer Hypothese: 1932 gab es noch reale, d. h. machtpolitisch mögliche Alternativen zur Machtergreifung Hitlers. Diese Möglichkeiten durfte das Zentrum allerdings aufgrund seiner katholischen Grundlagen nicht realisieren.[71] Eine Schwäche von Junkers Studie ist, daß er »nur« die Jahre unmittelbar vor der nationalsozialistischen Machtergreifung im Blick hatte, wodurch die grundsätzliche Bedeutung der katholischen Staatslehre und Moral für die Zentrumspolitik »nur« unmittelbar vor der Machtergreifung, allerdings für die Jahre nach dem Ersten Weltkrieg nicht oder nur peripher thematisiert wurde.

4.2.2. Desiderate in Bezug auf die Politik von Eugen Bolz

Aus diesen Defiziten ergeben sich in Bezug auf die Politik von Bolz neue, weiterführende Fragestellungen:

Welche tieferen Ursachen veranlaßten Bolz, Papen 1932 gefährlicher einzuschätzen als Hitler. Waren dafür allein politische Entwicklungen und Illusionen verantwortlich?[72] Auf dem Magdeburger Katholikentag 1928 wurde die Katholische Aktion in Deutschland proklamiert. Diese bereitete die Entpolitisierung des Katholizismus vor. Wie stellte sich der Politiker Bolz zu dieser Lehre? Erkannte er die potentielle Gefahr, die diese Aktion für den politischen Katholizismus bedeutete? Gibt es eine Kontinuität zwischen der Lehre der Katholischen Aktion, den Abschlüssen des Ermächtigungsgesetzes und dem Reichskonkordat? Bezüglich des Abschlusses des Reichskonkordat soll gefragt werden: Haben Erwägungen um ein Reichskon-

---

einandersetzung mit Ernst-Walter Böckenförde, 497 ff.

[70] J. Becker, Die Deutsche Zentrumspartei 1918–1933. Grundprobleme ihrer Entwicklung, 3 ff. (Becker II).

[71] Vgl. Junker 43 ff.

[72] Vgl. Morsey IV 45 ff.

kordat Bolz' Haltung zum Ermächtigungsgesetz 1933 beeinflußt; wie stand er in dieser Zeit zu der politischen Haltung von Prälat Kaas? Beeinflußten diese Ereignisse seinen Entschluß, in den politischen Widerstand zu gehen? Nach dem Urteil von Loth erlebte die Zentrumspartei die Novemberrevolution 1918 »am Rande der Auflösung«.[73] Was tat Bolz, um die Einheit der Zentrumspartei wiederherzustellen? Was konnte seiner Meinung nach das Zentrum überhaupt noch zusammenhalten? Im protestantischen Württemberg stellten die Katholiken eine Minderheit dar. Wie äußerte sich diese Gegebenheit in der Politik von Bolz? Strebte er deshalb »Machtstellungen im nationalen Gesellschaftsgefüge an«,[74] um die politische Emanzipation dieser katholischen Minderheit im Staat zu erreichen?

Ein Antwortversuch auf solche Fragestellungen durch einen katholischen Kirchenhistoriker impliziert den Versuch der Überwindung einer angeblich dogmatisch eingebundenen bloßen »Konfessionshistorie«[75] und ein Interesse an der Religion, sowohl innerhalb, als auch außerhalb der Kirche(n), ein Interesse an der konkreten Auswirkung des Religiösen und seiner Vergemeinschaftungsformen auf das Leben und an dem Verhältnis einer Religionsgemeinschaft zu Staat und Gesellschaft.[76]

4.3. Disposition

In einem ersten empirischen Teil werden relevante Lebensstationen von Bolz skizziert und mit wirtschafts- und sozialpolitischen Aspekten Württembergs konfrontiert. Anschließend soll anhand einer Sammlung von Reden, die Bolz in der Zeit von 1919 bis 1933 auf Wahlveranstaltungen und Katholikentagen gehalten hatte, sein politische Profil rekonstruiert werden; dabei geht es um die Darstellung allgemeiner Voraussetzungen, Bedingungen und Möglichkeiten der Politik von Bolz, wie sie historisch gewachsen sind. Neben histo-

[73] Loth III 277.
[74] Altermatt 18.
[75] W. Schieder, Religion in der Sozialgeschichte, 9 ff.; 11.
[76] Vgl. ebd. 16.

risch-zufälligen Gründen sollen v. a. die Konstanten und Grundstrukturen in seiner Politik, die in der Zeit von 1919 bis 1933 bzw. 1945 wirksam wurden, eruiert werden. Diese empirische Analyse bildet gleichsam den Rahmen, der dann zu allgemein gültigen Prinzipien und Aussagen über die Bolzsche Politik führen soll. In einem zweiten Schritt soll dann der »Sitz im Leben«, d. h. der ideologische Hintergrund, dieser »prinzipiellen« Politik betrachtet werden, auf dem die politische Praxis von Bolz zu interpretieren ist. Anhand der Enzykliken der Päpste des 19. und 20. Jh. werden die typischen Konstanten der katholischen Staats- und Gesellschaftslehre in Beziehung zu den Strukturen der Politik von Bolz gebracht. Entsprach seine Politik den Geboten der katholischen Staatslehre und Moral?[77] War sie Aus-

---

[77] In dieser Arbeit wird *die katholische Staatslehre und Moral* als Summe jener Lehrschreiben der Päpste Leo XIII. bis Pius XI. verstanden, die sich auf die Gestaltung von Welt, Mensch, Gesellschaft und Staat beziehen. Nur die Verlautbarungen des päpstlichen Lehramtes, die in diesen begrenzten Zeitraum fallen, sollen – soweit sie für das Erkenntnisinteresse von Bedeutung sind – berücksichtigt werden. Dem Ausdruck »Lehre« soll dabei jene Bedeutung zukommen, den dieser im Verlauf seiner Entwicklung von 1890 bis 1939 angenommen hatte: Es handelte sich dabei um eine Gesamtschau von Aussagen und Weisungen, deren Inhalt eine in genau festgelegten sozialen und religiösen Kategorien formulierte, mehr oder weniger organische »Lehre« – im Sinne einer Doktrin – bildete; vgl. M.-D. Chenu, Kirchliche Soziallehre im Wandel, 11 ff. – Vgl. W. Ernst, Katholische Soziallehre – ein Ausweg aus der Krise?, 113. – Diese Begriffsbestimmung macht eine weitere Definition notwendig: Mit *Naturrecht* ist in dieser Arbeit immer das *katholische Naturrecht* gemeint. Das bedeutet: Nicht jene auf die griechische Philosophie zurückgehende Tradition, die die Würde des Menschen gegen alle Ungerechtigkeit und Unmenschlichkeit in Staat und Gesellschaft einklagte, sondern jene Ausprägung einer neuscholastischen Sozialphilosophie, wie sie der katholischen Soziallehre als Grundlage diente; vgl. in diesem Zusammenhang: – E. Bloch, Naturrecht und menschliche Würde, 12 f. – J. Ratzinger, Naturrecht, Evangelium und Ideologie in der Katholischen Soziallehre. Katholische Erwägungen zum Thema, 24 ff. – G. Gundlach, Die Ordnung der menschlichen Gesellschaft, 55 ff. – N. Greinacher, Katholische Soziallehre – Theologie der Befreiung. Vom Ende einer Ideologie und vom Beginn einer Neubesinnung, 129 ff.; 142. – W. Korff, Zur naturrechtlichen Grundlegung der katholischen Soziallehre, 31 ff.

druck einer spezifisch »katholischen« Bindung? Ausgehend von diesen Prinzipien werden in einem dritten Schritt die praktisch-politischen Auswirkungen von Bolz' Politik in zweifacher Hinsicht kritisch beleuchtet: Zunächst wird Bolz' Politik hinsichtlich seines Verhaltens gegenüber den Nationalsozialisten während der Weimarer Republik und zu Beginn der nationalsozialistischen Machtergreifung herausgearbeitet, wobei die erkenntnisleitende Frage lautet: Stand seine Politik gegenüber den Nationalsozialisten im Einklang mit der katholischen Staatslehre und Moral oder besaß sie ein eigenes Profil? Anschließend wird Bolz' Haltung gegenüber der katholischen Kirche vor und nach der nationalsozialistischen Machtergreifung skizziert: Wovor warnten die bischöflichen Erklärungen in der Endphase der Weimarer Republik? Wie beurteilten sie das politische Geschehen? Wie verhielten sich die von den Bischöfen in ihren Erklärungen artikulierten Ängste zu den Sorgen und Nöte, die Bolz in seinen Reden äußerte? Finden sich Übereinstimmungen in den Analyse der konkreten politischen Situation? Diese beiden zuletzt aufgezeigten Schritte bilden die Folie, auf der in einem letzten Kapitel der Weg von Bolz in den politischen Widerstand herausgearbeitet wird. War er ein spezifisch »katholischer« Märtyrer oder war sein politischer Widerstand von anderen Motiven bestimmt? Im Anschluß daran werden die Ergebnisse der Studie nochmals zusammenfassend dargestellt und einer kritischen Schlußbetrachtung unterzogen.

I. WIRTSCHAFTS- UND SOZIALGESCHICHTLICHE ASPEKTE WÜRTTEMBERGS IM BIOGRAPHISCHEN KONTEXT VON EUGEN BOLZ[1]

1. BIOGRAPHISCHE ASPEKTE

Eugen Bolz wurde am 15. Dezember 1881 in Rottenburg am Neckar als zwölftes von dreizehn Kindern geboren. Er stammte aus einer alten Rottenburger Handwerker- und Kaufmannsfamilie; sein Vater, Joseph Bolz (1832–1899), betrieb dort einen Kolonialwarenhandel mit einem Ladengeschäft. Nach dem Besuch der Volks- und Lateinschule in Rottenburg absolvierte Bolz das humanistische, fast überwiegend von protestantischen Schülern besuchte und evangelisch geprägte Karls-Realgymnasium in Stuttgart (1896–1900). Dadurch bekam sein Leben eine Größe und Weite,[2] zugleich wurde er in eine »gewisse Vereinsamung«[3] – in seiner Klasse gab es nur noch einen Katholiken – gedrängt. Diese »Stuttgarter Jahre« prägten Bolz' Le-

---

[1] Diese Skizze der wirtschafts- und sozialgeschichtlichen Struktur Württembergs in der Zeit vor der Weimarer Republik soll freilich nur in groben Umrissen – soweit sie zur Erkenntnis der Struktur der Politik von Bolz relevant ist – skizziert werden. – Vgl. W. A. Boelcke, Die Industrialisierung – Bedingtheiten im Südwesten, 254 ff. (Boelcke I). – Vgl. W. A. Boelcke, Wege und Probleme des industriellen Wachstums im Königreich Württemberg (Boelcke II). – Vgl. K. Megerle, Württemberg im Industrialisierungsprozeß Deutschlands. – Vgl. D. Blackbourn, Class, Religion and Local Politics in Württemberg in Wilhelmine Germany. The Centre Party in Württemberg before 1914 (Blackbourn I). – Vgl. D. Blackbourn, Die Zentrumspartei und die deutschen Katholiken während des Kulturkampfs und danach, 73 ff. (Blackbourn II). – Vgl. Loth II. – Vgl. Loth III 266 ff. – Vgl. Miller 1 ff.

[2] Vgl. Miller 39.

[3] Miller 42.

ben in mehrfacher Hinsicht: Im »katholischen Bekenntnis aufgewachsen und katholischer Christ ganz und gar«,[4] lernte er dort einerseits Toleranz gegenüber Andersgläubigen und Andersdenkende kennen; zugleich bekam er »Einblicke« in den Stuttgarter Industrieraum.

Nach dem Studium der Rechtswissenschaft (1900–1905) und der sich daran anschließenden Referendarszeit (1905–1909) gewann bei Bolz der Wunsch, Politiker zu werden, Gestalt und Form. Um sich auf eine parlamentarische Tätigkeit vorzubereiten, unterbrach er im Winter 1910/11 seine »Karriere« – er war inzwischen Assessor in Stuttgart geworden – für einen Aufenthalt in Berlin, um volkswirtschaftliche Vorlesungen zu hören.[5] Nach der Rückkehr trat er 1911 in Stuttgart dem von seinem späteren Ministerkollegen Eugen Graf geleiteten Windthorstbund bei, der Jugendorganisation der Zentrumspartei. Am 3. Dezember 1911 wurde Bolz, nachdem einer seiner Schwäger aus Gesundheitsgründen die ihm angebotene Kandidatur abgelehnt hatte, von den Delegierten des Landesverbandes als Kandidat des Zentrums für die Reichstagswahl am 12. Januar 1912 im neuwürttembergischen Wahlkreis Aalen-Ellwangen-Neresheim nominiert. Mit großer Mehrheit siegte er vor seinem volksparteilichen Gegenkandidaten. Für die Neuwahl des württembergischen Landtags am 16. November 1912 vertraute man ihm das Landtagsmandat in seinem Heimatkreis Rottenburg an. Auch hier wurde er mit großer Mehrheit gewählt. Damit war Bolz jüngster Reichstagsabgeordneter und Doppelmandatar seiner Partei. In beiden Parlamenten blieb Bolz zunächst im Hintergrund.

---

[4] Ebd. 524. – Vgl. Hagen 202 ff.; 238.
[5] Vielleicht sollte man diesen Abstecher nach Berlin auch in Zusammenhang mit einer bei Bolz besonders »tiefgreifenden Lebens- und Seelenkrise« sehen; vgl. Miller 219 ff.

2. Wirtschafts- und sozialgeschichtliche Aspekte

Nach der Reichsgründung 1871 bestimmte überwiegend die Landwirtschaft die Sozialstruktur in Württemberg. Nur langsam konnte sich der württembergische Arbeiter aus diesen agrarischen Strukturen lösen. Gefestigt wurden sie durch die Klein- und Mittelbetriebe, die dem Arbeiter auf dem Lande und in den kleinen Städten eine Doppelbeschäftigung ermöglichten.

Für die württembergische Industrie waren die Jahre bis zur Weimarer Republik eine Zeit des Fortschritts:[6] Es entstanden eine qualifizierte Fertigwarenindustrie, ein ausgebautes Eisenbahnnetz und blühende Industriestädte. Im Bereich von Stuttgart, Reutlingen und Göppingen wurden Textilwaren, in Esslingen und Göppingen Maschinen, in Schwäbisch Gmünd Gold- und Silberwaren, in der Baar und im Schwarzwald Zieh- und Mundharmonikas und Uhren und in Stuttgart-Untertürkheim Kraftwagen hergestellt. Hohenlohe und Oberschwaben blieben dagegen überwiegend agrarisch ausgerichtet.

3. Die Struktur des württembergischen Zentrums

Anders als in Baden, wo die Katholiken sich bereits in den sechziger Jahren des 19. Jh. zu organisieren begannen, erschien die Zentrumspartei in Württemberg erst auf der politischen Bühne, als der Kulturkampf im wesentlichen beigelegt war.[7] Seinen Wählerstamm hatte das württembergische Zentrum in der ländlichen Bevölkerung, d. h. bei den klein- und mittelständischen Bauern der neuwürttembergischen Gebiete.[8] Dies war aber nicht immer so: Bis in die neun-

---

[6] Boelcke I sprach in diesem Zusammenhang von einem »boomartigen, steilen industriellen Aufschwung, der ... zu Beginn des 20. Jahrhunderts zur Hochindustrialisierung führte«, 261. – Vgl. R. Müller, Württemberg zwischen Krise und Krieg. Der zeitgeschichtliche Hintergrund, 73 ff.

[7] Unters Gröbers Ägide wurde 1891 ein württembergischer Zweig des »Volksvereins für das katholische Deutschland« ins Leben gerufen und 1895 über den Volksverein eine württembergische Zentrumspartei, die die Belange des Katholizismus fortan im Landtag vertrat; vgl. Loth I 42 ff.

[8] Vgl. Blackbourn II 82. – Vgl. Loth II 42 ff.

ziger Jahre des 19. Jh. unterstützten die meisten katholischen Bauern und Mittelständler die Manchester-liberale Volkspartei. Als die katholischen Führer – v. a. Adolf Gröber[9] – lernten, sich die zunehmende Unzufriedenheit unter den Bauern, Handwerkern und kleineren Geschäftsleuten zunutze zu machen, schwenkten diese in immer größerer Zahl zum Zentrum über und bildeten fortan die überwiegende Masse der Klientel der neuen Partei.[10] Konfessionelle Gründe spielten dabei eine geringe Rolle; vielmehr mißfiel dieser Gruppe der wirtschaftliche Liberalismus und die großstädtische, industrielle »Schlagseite« der Volkspartei. In seiner Politik zeigte das Zentrum die Tendenz, sich mit den Rechtsparteien auf Kosten der Linken, d. h. der SPD und der Linksliberalen, zu verbinden.[11]

1912 stellten Zentrum und Bauernbund zusammen mit den Konservativen in Württemberg die Regierung. Diesem sog. schwarzblauen Block[12] stand der Block der Nationalliberalen, der Fortschrittlichen Volkspartei und der Sozialdemokraten gegenüber. Zusammen mit den Rechtsparteien verfocht das Zentrum eine agrarprotektionistische und mittelstandsorientierte Politik;[13] zugleich »polemisierte« es gegen die liberale Politik der Linken.[14] Weil die Partei sich vorwiegend um die Interessen von Bauern, Geschäftsleuten und Handwerkern kümmerte, entfernte sich die Arbeiterschaft in Württemberg von ihr.[15] Loth charakterisierte eine solche Zentrumspolitik als »populistisch«, eine Mischung aus »rückwärtsgewandten und modernen, antiliberalen und elementar-demokratischen Elementen«.[16] Von einer Infragestellung der Monarchie wollten diese »Populisten« nichts wissen; ihnen schwebte ein größeres Maß an Egalisierung und Partizipation vor. Ihre Vorstellungen litten allerdings unter einer politischen Enge, da sie nur ihre eigene Situation reflektierten und keine Verantwortung für das Staatsganze übernahmen. Insgesamt betrachtet, blieb

[9] Vgl. Morsey III 565.
[10] Vgl. Blackbourn I 74 ff.
[11] Vgl. Blackbourn II 84.
[12] Vgl. Blackbourn I 197. – Vgl. Miller 75.
[13] Vgl. Blackbourn I 23–60.
[14] Vgl. Loth III 271 f. – Vgl. Blackbourn I 238.
[15] Vgl. Blackbourn I 194 f. – Vgl. ebd. 220 ff.
[16] Loth I 286. – Vgl. Loth III 271.

diese »populistische« Bewegung für autoritäre Vorstellungen anfällig.[17]

Neben seinem agrarisch-konservativen Flügel besaß das württembergische Zentrum auch eine industriell-demokratische Tradition; diese spielte jedoch gegenüber dem ersten Flügel in der Landespolitik eine untergeordnete Rolle.[18] Repräsentant dieses »linken« Flügels war u. a. Matthias Erzberger.[19]

Eine starke protestantische Tradition in Bürokratie und Bürgertum verhinderte in Württemberg eine adäquate politische Beteiligung der katholischen Minderheit. Noch in den zwanziger Jahren sah man ein Aufkommen von Katholiken in die Stuttgarter »Gesellschaft« nicht gern.[20] Daher besaß das württembergische Zentrum in der Weimarer Republik einen »echten politischen Nachholbedarf«.[21]

---

[17] Vgl. Loth I 292. – Vgl. Loth III 273.

[18] Vgl. Besson 30.

[19] Vgl. K. Epstein, Matthias Erzberger und das Dilemma der deutschen Demokratie, 63. – Vgl. T. Eschenburg, Matthias Erzberger (1875–1921), 282 ff.

[20] Vgl. Äußerungen von Bolz bei Miller 143 f. – Vgl. R. Müller, Württemberg zwischen Krise und Krieg, 74.

[21] Besson 30.

II. DAS POLITISCHE GESCHEHEN IN DER WEIMARER REPUBLIK AUS DER SICHT DER REDEN VON EUGEN BOLZ[1]

1. DAS POLITISCHE GESCHEHEN 1919/20

1.1. Der Verlauf der politischen Ereignisse[2]

Der letzte kaiserliche Reichskanzler, Prinz Max von Baden, und Friedrich Ebert, der Führer der Sozialdemokratischen Partei, hatten sich vergeblich bemüht, die Monarchie zu retten. Doch es war zu spät! Die Monarchie hatte den Krieg verloren. Die Person des Kaisers war für die Massen das Symbol für alles Unheil, das über Deutschland gekommen war. Am 9. November 1918 mußte der Kaiser abdanken, und noch am selben Tag übertrug Prinz Max von Baden sein Amt Friedrich Ebert. Die radikale Linke versuchte die Revolution zu vollenden; sie erstrebte einen Rätestaat. Darüber kam es zu schweren Straßenkämpfen. Mit Hilfe des Heeres gelang es Ebert, den Aufstand niederzuwerfen. Diese revolutionäre Stimmung hatte eine ungünstige Wirkung auf die Verhandlungsmöglichkeiten der deutschen Waffenstillstandskommission. Am 11. November unterzeichneten die deutschen Bevollmächtigten, an der Spitze der Zentrumsabgeordnete Matthias Erzberger, den Waffenstillstand. Die Wahlen zur Nationalversammlung am 19. Januar 1919 ergaben einen großen Erfolg der

---

[1] Dabei soll nur jenes politische Geschehen berücksichtigt werden, das für das Erkenntnisinteresse von Bedeutung ist.

[2] Vgl. E. Eyck, Geschichte der Weimarer Republik, Bd. 1 (Eyck I), 13 ff. – Vgl. T. Eschenburg, Die Republik von Weimar. – Vgl. H. Möller, Weimar. Die unvollendete Demokratie. – Vgl. D. J. K. Peukert, Die Weimarer Republik. Krisenjahre der klassischen Moderne. – Vgl. G. Schulz, Deutschland seit dem Ersten Weltkrieg.

sog. Weimarer Koalition (SPD, DDP und Zentrum). Diese verabschiedete in Weimar innerhalb eines halben Jahres eine neue Verfassung. Unter dem ultimativen Druck der Westmächte, den Friedensvertrag zu unterzeichnen, trat am 20. Juni 1919 die Regierung Scheidemann zurück. Die am 21. Juni 1919 gebildete Regierung Bauer bestand nur noch aus Mitgliedern des Zentrums und der SPD. Zwei Tage später, am 23. Juni, erfolgte die Annahme des Versailler Vertrags mit 237 gegen 138 Stimmen, d. h. die Regierung wurde ermächtigt, den Vertrag zu unterzeichnen. Am 28. Juni ratifizierten Hermann Müller und Johannes Bell in Versailles den Friedensvertrag. Besonders der Kriegsschuldartikel, der Artikel 231, bereitete den Boden für jede Form nationalistischer Agitation. Das Ziel der deutschen Außenpolitik war, durch zögernde Erfüllung eine schnelle und weitgehende Revision, wenn nicht des ganzen, so doch von Teilen des Vertragswerkes, herbeizuführen. Fünf Jahre lang, von 1919 bis 1924, rang das Reich um seine äußere und innere Existenz. Nach zahlreichen Aufständen der Kommunisten versuchten auch die Rechten eine Gegenrevolution. Durch den sog. Kapp-Lüttwitz-Putsch im März 1920 wollten sie die Demokratie stürzen. Der Regierung gelang es jedoch, dieser Aufstände Herr zu werden.

1.2. Der Versailler Friedensvertrag

Bolz' würdigte die Arbeit der Nationalversammlung in seiner ersten Wahlrede zur Reichstagswahl im Juni 1920: »Die Nationalversammlung habe eine Riesenarbeit geleistet. Viele Mißstände seien wohl noch vorhanden, aber sie wären auch nicht beseitigt, wenn die Regierung aus lauter Deutschnationalen bestände«.[3] Dabei hielt er die Unterzeichnung des Friedensvertrags für eine politische Notwendigkeit, um das Reich vor dem Chaos und dem Untergang zu bewahren. Auf einer Wahlversammlung in Freudenstadt im Mai 1920 meinte er: »Der Friedensvertrag mußte unter allen Umständen unterzeichnet werden, wenn man das Reich retten wollte. Und je weiter wir uns von

[3] NLB WV in Ellwangen am 9. Mai 1920. Ipf- und Jagstzeitung 102, 1920, Nr. 109 (11. Mai 1920), 4.

der Unterzeichnung entfernen, desto mehr wird die Zeit uns recht geben«.[4] Jedoch hielt Bolz die Erfüllbarkeit der Forderungen des Vertrags für unrealistisch. Wiederum in Freudenstadt sagte er: »Daß er unausführbare und unerträgliche Lasten bringt, haben wir so gut erkannt, wie die Opposition, die gottfroh war, daß sie die Verantwortung für die Ablehnung des Friedensvertrags nicht übernehmen mußte. Aber daß dieser Vertrag nicht durchführbar ist, das zu zeigen, ist unsere Aufgabe«.[5] Die Aufgabe der zukünftigen Politik war es also, den Siegermächten die Unerfüllbarkeit ihrer Forderungen zu demonstrieren. Indem man versuchte, die Forderungen des Vertages zu erfüllen, sollte zugleich die Unmöglichkeit ihrer Erfüllbarkeit nachgewiesen werden. In diesem Sinne war Bolz ein Verfechter einer Erfüllungspolitik.[6] In den auferlegten Forderungen des Friedensvertrags sah Bolz ein »notwendiges Opfer« auf dem Weg hin zur Freiheit: »Wir sind leider ein versklavtes Volk geworden. Aber auch uns weist die Geschichte den Weg zur Freiheit; der Weg zur Freiheit ist aber nicht der, den unsere nationalistischen Kreise uns zeigen ... Bessere Dienste leistet seinem Vaterland, wer selbstbewußt zu schweigen weiß, wer in den uns auferlegten Opfern und Demütigungen seine Arbeit leistet und seinen Willen stählt, bis unsere Zeit gekommen ist ... Unser Weg über Dornen und Demütigungen führt dennoch aufwärts, dem Ziel entgegen«.[7]

[4] NLB WV in Freudenstadt am 30. Mai 1920. Zeitungsausschnitt vom 1. Juni 1920. Bericht B vom 1. Juni 1920 (Herkunft unbekannt), 25. – Vgl. NLB WV in Schwäbisch Hall am 27. Mai 1920. Haller Tagblatt vom 31. Mai 1920, 18: »Man macht uns Vorwürfe wegen unseres Verhaltens beim Friedensvertrag. Ich bin der Überzeugung: Wir sind den richtigen Weg gegangen ... Eine Ablehnung hätte uns den völligen Untergang des Reiches gebracht«. – Vgl. NLB ZV in Friedrichshafen am 20. Apr. 1932, 257.

[5] NLB WV in Freudenstadt am 30. Mai 1920, Bericht B, 25. – Vgl. ebd. Bericht A vom 31. Mai 1920, 22: »Die Unterzeichnung des Friedensvertrages sei notwendig gewesen. Die Frage seiner Revision werde nicht schwinden, bis sie gelöst sei, wenn er nicht vorher an seiner eigenen Undurchführbarkeit zusammenbreche«. – Vgl. NLB WV in Schwäbisch Hall am 27. Mai 1920, 18.

[6] Vgl. NLB ZV in Horb am 21. Febr. 1921. Rottenburger Zeitung, 38. – Vgl. NLB ZV in Horb am 20. Nov. 1921. Horber Chronik 1921, Nr. 268 (21. Nov. 1921), Bericht A, 60 ff. – Vgl. NLB Rede bei der Matthias Erzberger-Gedächtnisfeier in Stuttgart am 4. Sept. 1921, 48.

1.3. Die Wiederherstellung von Ruhe und Ordnung

Der dringlichste Wunsch für Bolz nach den Wirren des Krieges und der Revolution war die Wiederherstellung der staatlichen Macht und Autorität.[8] Den Krieg und die Revolution verurteilte Bolz entschieden und bezeichnete beides auf einer Wahlversammlung in Schwäbisch Hall 1920 als »Verbrechen schwerster Art«.[9] Die augenblickliche Situation schätzte der Zentrumspolitiker äußerst gefährlich ein. Nach dem Scheitern des Kapp-Lüttwitz-Putsch im März 1920 meinte er wiederum in Schwäbisch Hall im Mai 1920: »Die politischen Einseitigkeiten sind gleich gefährlich, ob sie von rechts oder von links kommen. Sie sind fast noch gefährlicher, wenn sie von rechts kommen ... Die Linksradikalen verlangen die Herrschaft des Proletariats, die Rätediktatur. Rechts stellt man nicht das Verlangen nach Klassengesellschaft offen auf, aber die äußerste Rechte kämpft auch um die verlorene Macht ... Links Bewaffnung des Proletariats, rechts Bewaffnung der Reaktion. Links droht durch die Rote Armee der Bolschewismus, rechts drohen Leute von der Instinktlosigkeit eines Kapp und eines Lüttwitz, beides Gefahren, von denen die eine die andere ergänzt«.[10] Diese gefährliche Lage bestimmte seine Haltung in der Koalitionspolitik und der Frage nach der Staatsform.

1.3.1. Koalitionspolitische Aspekte

Um aus der Revolution wieder zu Autorität und Ordnung zurückzukehren, plädierte Bolz, der Ende Oktober 1919 im Zuge einer Um-

---

[7] NLB Rede bei der Matthias Erzberger-Gedächtnisfeier in Stuttgart am 4. Sept. 1921. DV 73, 1921, Nr. 203 (5. Sept. 1921), 50.

[8] Vgl. NLB WV in Ellwangen am 9. Mai 1920, 4. – Vgl. NLB WV in Rottenburg am 23. Mai 1920, 7. – Vgl. NLB WV in Schwäbisch Hall am 27. Mai 1920, 10.

[9] NLB WV in Schwäbisch Hall am 27. Mai 1920. Haller Tagblatt vom 31. Mai 1920, 10.

[10] NLB WV in Schwäbisch Hall am 27. Mai 1920, 11. – Vgl. NLB WV in Freudenstadt am 30. Mai 1920. Bericht B vom 1. Juni 1920 (Herkunft unbekannt), 24.

bildung der Koalitionsregierung in Stuttgart Justizminister wurde, in seinen Reden für eine Politik der »mittleren Linie«. Was er darunter verstand, erläuterte er auf einer Wahlveranstaltung in Ellwangen im Mai 1920: »Die politische Forderung aus diesen Zuständen (verlorener Krieg und Revolution) sei die Wiederherstellung der staatlichen Autorität und Ordnung. Um dies zu erreichen, müßte man alle Einseitigkeiten sowohl von links wie von rechts bekämpfen und sich auf der mittleren Linie, einer vernünftigen Koalitionspolitik zusammenfinden. Es sei dies die augenblicklich einzig mögliche Politik; alleinige Rechts- und Linkspolitik sei gleichbedeutend mit einer neuen Revolution«.[11] Dieser Mitte-Kurs entsprach der Politik der sog. Weimarer Koalition. Dazu gab es für ihn »vorerst«[12] keine Alternative. In Freudenstadt meinte er 1920: »Jede Regierung habe die Pflicht, den Zusammenbruch zu vermeiden und zu retten, was zu retten ist. Dazu sei notwendig, daß Parteien, die sonst nichts miteinander zu schaffen haben, sich zu dieser gemeinsamen Arbeit zusammenfinden. Deshalb ist es notwendig, daß immer stärkere Volksmassen sich in der Mitte sammeln. Der Ausschluß der Sozialdemokratie aus der Regierung würde für uns in der gegenwärtigen Zeit ein politisches Unglück bedeuten ... Auch die gemäßigt denkenden Arbeitermassen, die in der Sozialdemokratie organisiert sind, würden dadurch radikalisiert. Eine rein bürgerliche Regierung würde zu einer neuen Revolution führen, die mit dem Sieg der Massen enden würde. Deshalb ist eine Koalitionsregierung notwendig, an der auch die in der Sozialdemokratie organisierten Arbeitermassen beteiligt und mitverantwortlich sind«.[13]

[11] NLB WV in Ellwangen am 9. Mai 1920. Ipf- und Jagstzeitung 102, 1920, Nr. 109 (11. Mai 1920), 4.

[12] Ebd.

[13] NLB WV in Freudenstadt am 30. Mai 1920. Bericht B vom 1. Juni 1920 (Herkunft unbekannt), 24. – Vgl. NLB WV in Rottenburg am 23. Mai 1920. Zeitungsausschnitt vom 25. Mai 1920 (Herkunft unbekannt), 7: »Es gibt nur eine Rettung: Sammlung der Kräfte in der Koalition, Sammlung der Parteien, welche unter dem Zwang der Verhältnisse praktische Politik betreiben wollen. Eine Regierung gegen die Sozialdemokratie ist in absehbarer Zeit unmöglich ... Ein Ausschluß der entschlossen linksgerichteten Elemente würde eine Erneuerung der Revolution, den Sieg des Radikalismus bedeuten ... Wer Ordnung will, muß wollen, daß die Sozialdemokratie in der Regierung praktisch mitarbeitet«. – Vgl. NLB WV

Ziel dieser »vernünftigen Koalitionspolitik« sollte es sein, die revolutionäre Lage zu stabilisieren. Deshalb versuchte man, die in der Sozialdemokratie organisierten Arbeitermassen zu »zähmen«, indem sie in der Regierung Verantwortung übernehmen sollten.[14] Eine solche pragmatische Politik bedeutete allerdings keinen Bruch mit irgendwelchen Grundsätzen: »Das Zusammenarbeiten mit der Sozialdemokratie hat uns mit genügender Deutlichkeit dargelegt, daß eine andere Politik ... nicht möglich war ... Unsere grundsätzliche Stellung zur Sozialdemokratie ist die gleiche wie zuvor. In manchen Punkten, in denen wir nachgeben mußten, tut uns das leid. Wir brachten Opfer, aber nicht im Interesse unserer Partei, sondern im Interesse unseres Vaterlandes. In allen kulturellen Fragen sind wir Gegner der Sozialdemokratie und auch eines guten Teiles der Demokratie ... Wir sind ... eine Partei der Mitte ... Eine starke Partei ist nötig, die die Brücke nach rechts und links bilden kann«, so Bolz im Mai 1920 in Schwäbisch Hall.[15] Daher mahnte er die Koalitionsparteien auf eine

in Schwäbisch Hall am 27. Mai 1920. Haller Tagblatt vom 31. Mai 1920, 12.

[14] Vgl. Retrospektiv die Zeitungsausschnitte: NLB ZV in Rottenburg am 3. Febr. 1924. Zeitungsausschnitt vom 4. oder 5. Febr. 1924 (Herkunft unbekannt), 119: »Verschieden kann man heute die Zusammenarbeit der Parteien mit der Sozialdemokratie bewerten. In den Wintermonaten 1918/1919 war die überwiegende Mehrheit des deutschen Volkes für eine Beteiligung der Mittelparteien an der Regierung, um die revolutionären Einflüsse des Linksradikalismus möglichst zu dämpfen und abzuschwächen«. – Vgl. Anm. 10.

[15] NLB WV in Schwäbisch Hall am 27. Mai 1920. Haller Tagblatt vom 31. Mai 1920, 14. – Vgl. NLB WV In Rottenburg am 23. Mai 1920. Zeitungsausschnitt vom 25. Mai 1920 (Herkunft unbekannt), 8: »Eingehend wandte sich der Redner den Vorhalten zu, das Zentrum habe seine Grundsätze verlassen und verleugnet. Der Gegensatz zwischen Zentrum und Sozialdemokratie sei unvermindert und breche hervor, sobald es sich um Kulturfragen und Bestrebungen auf dem Gebiet der Kirche oder Schule handle ... Wo es sich um die eigentlichen und tiefsten Lebensgrundlagen handle, da sei kein Ausgleich mit dem grundsätzlich glaubensfeindlichen Programm der Sozialdemokratie möglich«. – Vgl. NLB WV in Freudenstadt am 30. Mai 1920. Bericht B vom 1. Juni 1920 (Herkunft unbekannt), 25.

praktische Lösung der Kirchen- und Schulfrage zu verzichten und auf einen späteren Zeitpunkt zu verschieben;[16] sollte dies allerdings nicht geschehen, dann drohte Bolz mit der Opposition: »Eine Zumutung weiteren Nachgebens in diesen Fragen bedeute für das Zentrum den Bruch der Koalition und Kampf bis aufs Äußerste«.[17]

Damit wird deutlich: Primäres Ziel einer gemeinsamen Politik mußte für Bolz die Wiederherstellung von Ruhe und Ordnung sein. Dazu sollten sich Parteien auch über ihre grundsätzlichen Unterschiede hinweg zu einer pragmatischen Lösung zusammenfinden. Aus einer »vernünftigen Mitte-Politik« sollten die radikalen Volksmassen »gezähmt« und zur Verantwortung erzogen werden. Allerdings durften in einer gemeinsamen Politik mit der Sozialdemokratie keine Grundsätze preisgegeben werden. Angesichts der »Notlage« des Staates mußten die Parteien bereit sein, auf eine aktuelle Lösung der Kultur- und Schulfrage zu verzichten und sie auf einen späteren – ruhigeren – Zeitpunkt zu verschieben.

1.3.2. Die Frage nach der Staatsform[18]

Die Monarchie sah Bolz in seinen Reden als etwas »Überwundenes« an, weshalb er deren Wiederherstellung für unrealistisch hielt. Allerdings war es ihm wichtig herauszustellen, daß das Zentrum am Untergang der Monarchie in keiner Weise beteiligt war. Auf einer Wahlversammlung in Ellwangen meinte er im Mai 1920: Die Monarchie sei ohne das Zentrum zusammengebrochen. Wo seien die »Kaisertreuen« gewesen, als die Revolution ausbrach? Das Zentrum habe seiner monarchischen Gesinnung nicht abgeschworen, sondern nur praktische Politik gemacht. Die Wiederaufrichtung der Monarchie im Reich bleibe ein Traum. Die künftige Verfassung werde auf dem

---

[16] Vgl. NLB WV in Freudenstadt am 30. Mai 1920. Bericht B vom 1. Juni 1920 (Herkunft unbekannt), 25. – Vgl. NLB WV in Schwäbisch Hall am 27. Mai 1920. Haller Tagblatt vom 31. Mai 1920, 14. – Vgl. Morsey III 208 ff.

[17] NLB WV in Freudenstadt am 30. Mai 1920. Bericht A vom 31. Mai 1920 (Herkunft unbekannt), 22.

[18] Vgl. Morsey III 236 ff.

Wege der Stimmabgabe bestimmt. Die Republik mußte für ihn unter dem »Druck der Ereignisse« angenommen werden. Dazu war das Zentrum verpflichtet, wollte man praktische Politik machen: »Die Republik mußte einfach anerkannt werden unter dem Druck der Ereignisse. Deren Anerkennung bedeutet jedoch keine grundsätzliche Entscheidung über die Frage ... Für den praktischen Politiker blieb nur die Anerkennung der Republik übrig«.[19] Ähnlich äußerte sich Bolz in Schwäbisch Hall: »Es ist wahr, bis zum Zusammenbruch der Monarchie waren wir eine Partei, die die Monarchie als beste Staatsform für das deutsche Volk ansah. Wir hielten uns in Weimar verpflichtet, mitzuarbeiten, die Republik als verfassungsmäßige Regierungsform des deutschen Reiches und seiner Einzelstaaten vorzulegen. Vor einem Jahr war nichts anderes möglich, auch heute und in Zukunft nicht. Wir tragen die Verantwortung dafür nicht, daß die Monarchie so jammervoll zusammengebrochen ist ... Eine Monarchie in den Einzelstaaten ist für uns etwas Überwundenes. Für das Reich lasse ich die Frage offen«.[20] Diese pragmatische Entscheidung bedeutete für den Zentrumspolitiker Bolz also keine grundsätzliche Entscheidung für oder gegen die Monarchie bzw. die Republik; er sah darin lediglich eine formale Angelegenheit: »Glaubt denn ... irgend so ein Tölpel, daß es auch beim besten Willen der bürgerlichen Parteien möglich gewesen wäre, in der Verfassung die Monarchie festzusetzen? Niemand wird glauben, daß für die nächste Zeit die Monarchie möglich ist, ohne die schwersten Erschütterungen hervorzurufen. Sei denn diese Staatsform wirklich solche Erschütterungen wert? Denn am Ende drehe es sich nur um eine Form. Das neue Kaisertum wäre doch nichts anderes als eine repräsentative Figur«.[21]

Damit wird deutlich: Am Untergang der Monarchie und am Entstehen der Republik war für Bolz das Zentrum nicht aktiv beteiligt. Als sich die Republik konstituiert hatte, bildete sie die Basis, von der aus es galt, Politik zu treiben.

[19] NLB WV in Rottenburg am 23. Mai 1920. Zeitungsausschnitt vom 25. Mai 1920 (Herkunft unbekannt), 8.
[20] NLB WV in Schwäbisch Hall am 27. Mai 1920. Haller Tagblatt vom 31. Mai 1920, 14 f.
[21] NLB WV in Freudenstadt am 30. Mai 1920. Bericht B vom 1. Juni 1920 (Herkunft unbekannt), 24. – Vgl. ebd. Bericht A vom 31. Mai 1920, 22.

Die Anerkennung der Republik bedeutete für Bolz keine grundsätzliche Entscheidung für oder gegen die Monarchie. Die Frage nach
der Staatsform war für ihn lediglich von sekundärer Bedeutung. In
der Rechtfertigung der Republik traten neben pragmatischen Argumenten – dem praktischen Politiker blieb nur die Anerkennung der
Republik übrig – auch Argumente grundsätzlicher Art in Erscheinung: Für ihn war das Zentrum »verpflichtet«, am Aufbau des neuen
Staates mitzuarbeiten, und in der Frage der konkreten Staatsform
mußte sich das Zentrum grundsätzlich indifferent verhalten.

2. DAS POLITISCHE GESCHEHEN VON 1920 BIS 1924[22]

2.1. Die Ermordung Matthias Erzbergers[23]

In der Innenpolitik wurden diese Jahre zunehmend von der Rechts-
opposition bestimmt, besonders von dem Terror rechtsextremistischer
Geheimverbindungen. Das erste prominente Opfer war am 26. August 1921 der Zentrumspolitiker Matthias Erzberger. Die Attentäter,
Angehörige der »Organisation Consul«, entkamen ins Ausland. Mit
Erzberger sollte ein führender Mann der neuen Demokratie getroffen
werden, der sich als Unterzeichner des Waffenstillstands und als Be-
fürworter der Annahme des Versailler Vertrags den Haß der bis 1918
führenden Schichten zugezogen hatte. Reichskanzler Wirth erwirkte
am 29. Oktober 1921 eine Verordnung des Reichspräsidenten zur
Wiederherstellung der öffentlichen Sicherheit und Ordnung.

2.1.1. Die Rede von Eugen Bolz bei der Gedächtnisfeier für Erzber-
ger in Stuttgart[24]

Für Bolz stand Erzbergers Politik »im großen und ganzen« in Einklang mit der großen Linie der Zentrumspolitik. In diesem Politiker

[22] Vgl. Eyck I 220 ff. – Vgl. Morsey III 273 ff.
[23] Vgl. T. Eschenburg, Matthias Erzberger (1875–1921), 282 ff. – Vgl. K.
Epstein, Matthias Erzberger.
[24] NLB Rede bei der Matthias Erzberger-Gedächtnisfeier in Stuttgart am 4.
Sept. 1921. DV 73, 1921, Nr. 202 (5. September 1921), 44 ff.

sah er einen »der begabtesten, fleißigsten und erfahrensten Männer« der deutschen Politik. Nach dem Mord an Erzberger mußte seiner Meinung nach der Kampf »vor allem gegen rechts« geführt werden. Das »Treiben« der rechtsextremen Kreise bezeichnete er als »nationalistisch«. Von ihnen ging primär eine Gefahr für die Verfassung aus. Daher stellte er vom Zentrumsstandpunkt aus dem Ruf »Die Republik ist in Gefahr« den Satz »Die Verfassung ist in Gefahr«[25] entgegen. Wiederum spielte die Frage nach der Staatsform seiner Meinung nach eine sekundäre Bedeutung: »Die Frage der Republik spielt eine untergeordnete Rolle. Das Zentrum hat sich mit der Frage: Republik oder Monarchie noch nicht auseinandergesetzt. In der Verfassung, die das Zentrum mitgeschaffen hat, ist die Republik anerkannt. Wir kämpfen dagegen, diese Verfassung gewaltsam zu beseitigen. Dabei ist unseren Freunden unbenommen, zu wünschen, es möchte einmal die Monarchie wiederkommen. Die Monarchie war nichts anderes als eine Regierungsform ... Davon hängt unser Wohl ... nicht ab«. Eine »richtige Vaterlandsliebe« war für Bolz »nicht absolut bestimmbar«. Diese empfing ihren Inhalt »von den Bedürfnissen des Staates«. Zwei Schranken besaß seiner Meinung nach eine »echte Vaterlandsliebe«: Eine »sittlich-rechtliche Schranke«, d. h. »Verfassung und Gesetz« und eine »tatsächliche Schranke«, d. h. »die Möglichkeit der Durchführung«. Diese Schranken zu beachten, bezeichnete Bolz als die »sittliche Pflicht eines jeden«. Gegenüber den Gewalttaten der rechtsextremen Kreise rief Bolz zu »Ruhe und Nüchternheit« auf: »Fort mit Gefühlsduselei und Schwarm, mit sozialistischen und nationalistischen Phrasen, Ruhe auch gegenüber einer Mordtat. Des weitern verlangte er den »Mut zu einer unpopulären Politik: Es ist die Pflicht aller Verantwortlichen, die Massen zu führen und sich nicht von ihnen treiben zu lassen«.

Primäres Ziel der Bolzschen Politik nach dem Mord an Erzberger war einerseits der Schutz und der Erhalt der Verfassung. Diese machte das Zentrum zu einem hartnäckigen Gegner jedes verfassungswidrigen Umsturzes von oben und unten. Nicht als erklärte demokratisch-republikanische Partei verurteilte das Zentrum respektive Bolz den Mord an Erzberger, sondern als Verfassungspartei. In seiner

---

[25] NLB KVZ vom 5. Sept. 1921, 53 f.

Rede vermied Bolz daher eine dogmatische Festlegung der Zentrumspartei auf die Republik. Seiner Meinung nach konnte das Zentrum sowohl Monarchisten als auch Republikaner beheimaten. In diesem Sinn interpretierte und rezipierte das Zentrumsorgan »Deutsches Volksblatt« die Rede von Bolz: »Der ›Tagwacht‹ gefällt es nicht, daß der Justizminister, getreu dem bisherigen Verhalten der Zentrumspartei, es deren Anhänger freistellt, ob sie Republikaner oder Monarchisten sein wollen, und nur von ihnen verlangt, für die Erhaltung und den Schutz der Weimarer Verfassung einzutreten. Wenn sie bisher von der Annahme ausging, ... daß das Zentrum eine *republikanische* Partei sei, so hat sie sich einer Täuschung hingegeben. Das Zentrum hat von seinen Anhängern noch nie verlangt, Stein und Bein auf die Republik als die allein seligmachende Regierungsform zu schwören«.[26] Auch die Verordnung des Reichspräsidenten zum Schutze der Republik interpretierte das Zentrumsblatt in diesem Sinn und sah darin einen »Erlaß zum Schutze der Verfassung«.[27]

Andererseits war Bolz' Denken und Handeln in dieser Rede von primär staatspolitischen Motiven geprägt. Er definierte den Inhalt einer »echten Vaterlandsliebe« ganz von den Bedürfnissen des Staates her. Der Staat hatte die Aufgabe, die gesellschaftlich-politischen Kräfte mit seinen Gesetzen zu disziplinieren, um so die Sicherheit und Ordnung zu gewährleisten. Die Verordnung des Reichspräsidenten bezeichnete Bolz als »notwendig«, um »der Polizei ein wirksames Mittel an die Hand zu geben, gegen diese Auswüchse ... vorgehen zu können«. Damit wird deutlich: Die durch den Wegfall der Monarchie geförderte Radikalisierung war für Bolz ein Problem von Ruhe und Ordnung, das er mit der Polizei zu bekämpfen versuchte. Die Zentrumspolitik fühlte sich v. a. zu zwei Aufgaben verpflichtet: Zum einen »Ruhe und Nüchternheit« zeigen, zum andern den Mut zu einer »unpopulären Politik« aufbringen und die Bereitschaft zeigen, »die Massen zu führen und sich nicht von ihnen treiben zu lassen«.

---

[26] NLB DV 73, 1921, Nr. 207 (9. September 1921), 57 f.

[27] Ebd. 57. – Vgl. Eugen Bolz, Zentrumspolitik, in: Das Neue Reich vom 15. Januar 1922.

2.2. Koalitionspolitische Gesichtspunkte

Die Juniwahl von 1920 veränderte die Gewichtung der Parteienlandschaft in Deutschland nach rechts. Die Weimarer Koalition verlor ihre parlamentarische Mehrheit; aufgrund ihrer hohen Stimmenverluste zeigte die SPD keine Neigung, wieder die Regierungsverantwortung zu übernehmen. Auf Reichsebene kam es daher zunächst zur Bildung eines bürgerlichen Minderheitskabinetts, das kurze Zeit später durch eine Große Koalition und diese wiederum durch zwei bürgerliche Minderheitsregierungen – unterbrochen durch eine Große Koalition – abgelöst wurde. In Württemberg erlitten die Sozialdemokraten im Juni 1920 ebenfalls eine große Wahlniederlage, weshalb sie zunächst den Weg in die Opposition einschlugen. Daher entschlossen sich DDP und das Zentrum zu einer Minderheitsregierung, die jedoch von der SPD toleriert wurde. Staatspräsident wurde am 23. Juni 1920 der Demokrat Johannes von Hieber. Bereits im November 1921 fand sich die Sozialdemokratie erneut zu einer Koalition bereit, so daß ihr Abgeordneter Wilhelm Keil als Arbeitsminister diesem Kabinett beitreten konnte. Im Zuge einer Kabinettsumbildung im Juni 1923 wechselte Eugen Bolz vom Justiz- in das Innenministerium über. Bei den Reichs- und Landtagswahlen im Mai 1924 wurde diese Regierung durch eine kleine bürgerliche Koalition unter Führung des Deutschnationalen Wilhelm Bazille abgelöst. Innenminister blieb Bolz.

In Bolz' Reden findet man keine unmittelbare Reaktion auf die Juniwahl 1920. Auf der Matthias Erzberger-Gedächtnisfeier im September 1921 nahm Bolz erstmals Stellung zum Ausscheiden der Deutschen Volkspartei aus der Regierungsverantwortung: »Was unsere gegenwärtige parteipolitische Situation betrifft, so war der Austritt der Deutschen Volkspartei aus der Regierung das folgenschwerste Ereignis. Der Ausspruch Stresemanns bezüglich einer Sammlung des Bürgertums in Beziehung auf die Steuerpolitik, mit anderen Worten die Parole: hie Arbeiter, da die Bürger, wäre die schlimmste Lösung, die kommen könnte. Dann würde uns eine zweite, blutige Revolution bevorstehen. Die Mehrheitssozialisten und Unabhängigen kommen sich immer näher; es ist nicht unwahrscheinlich, daß diese beiden Parteien im Kampfe gegen die Rechte sich einigen und daß die Arbeiterschaft eine geschlossene Front darstellt, mit Ausnahme der Kommunisten ... Das ist für die bürgerlichen Parteien angesichts der Steuervorlagen kein erfreuliches Zukunftsbild«.[28] Was Bolz hier in Beziehung auf die Steuerpolitik sagte, übertrug er im Juli 1922 auf einem Bezirksparteitag auch auf die konkrete Koalitionspolitik: Den bürgerlichen Parteien hielt er angesichts der »vereinten Stoßkraft«, der politischen Schulung und des politischen Willens der sozialistischen Parteien ein wenig erfreuliches Spiegelbild vor, vor allem der Deutschen Volkspartei und ihrer mangelnden Kraft der Verantwortung. Mit Entschiedenheit hob er hervor, daß das Zentrum und die Demokratie für eine einseitige Verbreiterung der Regierung ausschließlich nach *links* nicht zu haben seien. Ein erfreuliches Moment sei die Tatsache des wachsenden Verantwortungswillen der bisher eine reine Arbeiterregierung fordernden Unabhängigen Sozialdemokratie Die Gefahr des Bolschewismus sei überwunden. Zu Explosionen kann es in den nächsten Monaten gleichwohl noch kommen. Die »Gesamtstoßkraft des Bolschewismus« aber sei geschwächt.[29] Angesichts der »vereinigten Stoßkraft« der sozialistischen Parteien plädierte Bolz für eine Sammlung der Mitte. Auf einer Zentrumsversammlung in Horb im November 1921 meinte er zu dieser Frage: »Es geht ein Ruf zur Sammlung. Aber glaubt jemand, die Sammlung sei nach extremen Richtungen möglich? Nur eine Sammlung der Mitte kann es sein.«[30] Diesem »Mittelkurs« fühlte sich der Zentrumspolitiker »verpflichtet«: »Wir sind eine Partei der Mitte. Als solche halten wir es für unsere Pflicht, in der Politik mitzuarbeiten und die uns zukommende Verantwortung zu tragen«.[31] Seinen »Ruf

[28] NLB Rede bei der Matthias Erzberger-Gedächtnisfeier in Stuttgart am 4. Sept. 1921. DV 73, 1921, Nr. 203 (5. Sept. 1921), 48 f.

[29] Vgl. NLB BPT der Zentrumspartei in Rottenburg am 16. Juli 1922. Rottenburger Zeitung vom 17. Juni 192, 77.

[30] NLB ZV in Horb am 20. Nov. 1921. DV vom 21. Nov. 1921, 65.

[31] NLB ZV in Horb am 20. Nov. 1921. Horber Chronik 1921, Nr. 268 (21. Nov. 1921), 60. – Vgl. NLB ZV in Saulgau am 10. Febr. 1924. Zeitungsausschnitt (Herkunft unbekannt), 128: »Das Zentrum muß den Kern bilden, um den sich die anderen Parteien gruppieren; wir dürfen nicht rechts und links gehen, sondern müssen besonnen das Volk sammeln, das ist der Weg, auf dem wir vorwärtskommen«.

50

zur Sammlung« knüpfte Bolz, wie bereits 1919/20 eine gemeinsame Politik mit der Sozialdemokratie, an präzise Stellungnahmen des Zentrums in kirchen- und schulpolitischen Fragen: »In den kirchen- und schulpolitischen Fragen müssen wir mit der Rechten zusammenarbeiten; und sind bereit dazu. Aber in den Fragen rein katholischer Natur hört das Interesse der Rechten an der katholischen Kirche auf. Da ist die Bürgerpartei und der Bauernbund eben die politische Organisation des evangelischen Volkes«.[32] Falls die Rechte jedoch keine Bereitschaft zeigen sollte, Rücksicht auf die katholischen Belange zu nehmen, drohte er mit der Opposition: »Das Zentrum hat alles getan, um die bürgerlichen Parteien mit der Sozialdemokratie zu sammeln. Aber die Rechte war zu feige, die Verantwortung zu tragen. Es ist eine Unwahrheit, das Zentrum stehe zu weit links ... Aber wenn andere Parteien dauernd zu feige sind, die schwere Verantwortung mitzutragen, dann kann das Zentrum auch einmal anders; und die Folgen werden die andern zu tragen haben«.[33] Wie hartnäckig Bolz auch ihnen gegenüber seinen »katholischen« Standpunkt vertrat, demonstrierte er wiederum in Horb 1921. Damals sagte Bolz: »Es kommt die Zeit, in der wir mit der Rechten den Schulkampf führen müssen. Sie muß als die politische Organisation der evangelischen Volkskreise angesprochen werden ... Leider aber müssen wir ... manche Anzeichen wieder dafür sehen, daß man uns Katholiken als Staatsbürger 2. oder 3. Klasse zu betrachten beginnt. Der Waffenstillstand zwischen den Bekenntnissen ist, nicht durch unsere Schuld, zu Ende«.[34]

Nach der Vereinigung der Rest-USPD mit der SPD im September 1922 beinhaltete Bolz' Politik der Mitte erstmals keine unbedingte Regierungsbeteiligung der SPD. Auf einer Zentrumsversammlung erklärte er im November 1922 in Bezug auf die Reichspolitik: »Die Erweiterung der Regierung durch die Hereinnahme der Deutschen Volkspartei war ein lange gehegter Wunsch des Zentrums und der Demokraten. Als sich die Sozialdemokratie geeinigt hatte, wurde dieser Wunsch noch stärker, weil man sich dieser Masse gegenüber im

---

[32] NLB ZV in Horb am 20. Nov. 1921. DV vom 21. Nov. 1921, 65.
[33] Ebd.
[34] Ebd. 62.

Hintertreffen fühlte, und so entstand die sogenannte Arbeitsgemeinschaft zwischen den bürgerlichen Parteien ... Es ist notwendig geworden, entweder ohne die Sozialdemokratie zu regieren oder (sie)
zur Anerkennung der Deutschen Volkspartei zu zwingen. So kam die
Regierung Cuno ohne Beteiligung der Sozialdemokratie zustande«.[35]

Zu Beginn des Jahres 1924 verschärfte sich Bolz' Sprache gegenüber den Sozialdemokraten. Eine gemeinsame Politik mit ihnen bezeichnete er rückblickend als ein vergangenes Bündnis und erstmals
traten Argumente grundsätzlicher Art gegen eine Koalition mit den
Sozialdemokraten bei ihm in Erscheinung. Von einer Zentrumsversammlung in Aalen im Januar 1924 sind folgende Aussagen von Bolz
überliefert: »Das *Zusammenarbeiten mit der Sozialdemokratie*, das
uns von rechts zum Vorwurf gemacht wird, war eine durch die Revolution geschaffene Notwendigkeit, ein Opfer. Gerade auch *rechts
gerichtete Kreise* haben damals ... *händeringend gebeten*, in die Regierung einzutreten und zu retten, was noch zu retten war, nachdem
bei den Wahlen 46 Prozent sozialdemokratische Stimmen gefallen
waren ... Eine bürgerliche, nichtsozialdemokratische Regierung war
damals eine glatte *Unmöglichkeit* ... Es ist nur *eine Frage der Zeit
und der Taktik*, wie lange noch *die Zusammenarbeit* mit der Sozialdemokratie dauert«.[36] Neben pragmatischen Argumenten, die für
eine gemeinsame Politik mit den Sozialdemokraten sprachen – man
durfte den Linken nicht das Feld überlassen; man verlor jeden Einfluß, wenn man nicht mitarbeitete – trat also in Bolz' Argumentation
auch ein grundsätzliches Argument in Erscheinung: Er bezeichnete
eine solche Koalition als »ein Opfer«, weil eine bürgerliche Koalition
zum damaligen Zeitpunkt nicht realisierbar war.[37] Diese »Opferbereit-

[35] NLB ZV in Bad Mergentheim am 26. Nov. 1922. Tauberzeitung vom Nov.
1922, 88.
[36] NLB ZV in Aalen am 27. Januar 1924. Aalener Volkszeitung vom 29. Jan.
1924, 116. – Vgl. Morsey III 611; dort Brünings Urteil über die SPD 1923.
[37] Vgl. NLB WV in Schwäbisch Hall am 27. Mai 1920. Haller Tagblatt vom
31. Mai 1920: »Unsere grundsätzliche Stellung zur Sozialdemokratie ist
die gleiche wie zuvor ... Wir brachten Opfer, aber nicht im Interesse unserer Partei, sondern im Interesse unseres Vaterlandes. In allen kulturellen
Fragen sind wir Gegner der Sozialdemokratie«. – Zur selben Zeit gab es
auch im deutschen Episkopat einen Positionswechsel: Trat man zu Beginn

schaft« sah Bolz auf dem Boden des Christentums grundgelegt. In ihm sah er eine Religion des »Opfers und des Verzichts«: »Der Sozialismus und der Kommunismus können die Lösung nicht bringen. Ein gerechter Ausgleich widerstreitender Interessen kann nur auf dem Boden des Christentums, das den Weg des Opfers und Verzichts weist, erreicht werden«.[38] Ideologische Argumente gegen die SPD führte er auch auf einer Katholikenversammlung in Neuhausen im Februar 1924 an. Damals meinte er: »Was uns ... an der Sozialdemokratie nicht gefällt, ist, daß sie überwiegend international eingestellt ist und daß sie den Gedanken der *Klassenpartei* in die Massen hereingetragen hat. Daraus erklärt sich auch ihre Stellung zur Religion ... Sie haben ... tatsächlich in den letzten Jahrzehnten eine Gegnerschaft gegen Kirche und Religion gezüchtet. Begreiflich! Das Christentum kennt keinen einseitigen Klassengedanken, es weiß nichts von Revolution, von Beseitigung des Privateigentums. Erst in der Zeit nach der Revolution, als sie mit in der Regierung saßen und Verantwortung übernehmen mußten, haben einzelne ihrer besten Köpfe die Frage aufgeworfen: War eigentlich unsere bisherige Einstellung die richtige? Aber das waren nur wenige. Die große Masse ist davon nicht berührt worden. Die Partei als solche ist auf eine Religionsfreundlichkeit nicht eingestellt ... Ein überzeugter Katholik kann kein Revolutionär sein ... Wir vom Zentrum ... verwerfen ... schlechthin jede revolutionäre Bestrebung ... Wir ... sind eine Partei mit nationalem Sinn«.[39] Ähnlich äußerte er sich auch auf einem Zentrumsparteitag im März 1924. Gegen das »Klassenbewußtsein« der Linksparteien polemisierte er: »Ich stehe nicht an zu sagen, daß manche Sozialdemokraten über diese politische Betrachtungsweise hinausgewachsen sind, aber die Kommunisten und die USPD sind auch

der Weimarer Republik einer »Linkskoalition« »tolerant« gegenüber, »um größeres Übel zu vermeiden«, so betonte man nun wieder die »weltanschaulichen Gegensätze zwischen Christentum und Sozialismus«, vgl. W. J. Doetsch, Württembergs Katholiken unterm Hakenkreuz, 30 ff.

[38] NLB Jubiläumsfeier zum 500. Todestag der Guten Beth am 22. Mai 1921 in Reute bei Waldsee. Der Oberlander. Saulgau 89, 121, Nr. 116 (23. Mai 1921), 40.

[39] NLB KV in Neuhausen am 17. Febr. 1924. DV 76, 1924, Nr. 42 (18. Febr. 1924), 136 f.

heute noch von der Idee des Klassenkampfes vollkommen befangen«.[40] Diese Argumente zeigen deutlich Bolz' mentale Vorbehalte gegenüber der Sozialdemokratie. Gegenüber den Rechtsparteien besaß er diese Vorbehalte – was Kultur- und Schulfragen betraf – nicht; auf diesem Gebiet sah er in ihnen einen »natürlichen Verbündeten«:[41] Nach dem Wegfall des landesherrlichen Kirchenregiments war die Rechte in ihrem organisatorischen Kern getroffen und war somit in kirchen- und schulpolitischen Fragen eher zu Kompromissen bereit als die Linksparteien.[42] Zugleich entsprach ihr »konservatives Gedankengut« seinen politischen Vorstellungen: Wie das Zentrum, so waren auch sie eingestellt »auf den Gedanken des Staats, der Autorität und der Überlieferung«, so Bolz auf der Katholikenversammlung in Neuhausen im Februar 1924.[43] Daher meinte er zu einer potentiellen bürgerlichen Koalition im April 1924 auf einer Wahlversammlung in Reutlingen: Die *Sozialdemokratie* habe sich so umgestellt, daß eine Zusammenarbeit mit anderen Parteien möglich sei. Wenn die *Deutschnationalen* im kommenden Reichstag die Führung übernähmen, dann werde das *Zentrum* gezwungen sein, diese Politik mitzumachen. Wenn das Zentrum in diese Lage komme, dann werde es seine Pflicht tun, weil es sich sage, daß es die Verpflichtung habe, ausgleichend zu wirken nach rechts und links. Entstand also auf Grund von Wahlen eine Veränderung der Parteienlandschaft, dann war das Zentrum »verpflichtet«, dieser Tatsache in seiner Politik Rechnung zu tragen. Dieses »Pflichtbewußtsein« sah Bolz wiederum im Christentum grundgelegt: »Die christliche Weltanschauung muß den Ankergrund in unserem Leben bilden ... Auf dem Boden des Christentums wachsen pflichtgetreue, glaubensstarke Männer und Frauen hervor«.[44] Ziel dieser »Pflicht«-Koalition mit der Rechten

[40] NLB ZPT in Biberach am 9. März 1924. Oberschwäbischer Anzeiger 121, 1924, Nr. 59 (10. März 1924), 146.

[41] Vgl. NLB ZV in Horb am 20. Nov. 1921. Horber Chronik 1921, Nr. 268 (21. Nov. 1921), 59.

[42] Vgl. K. Scholder, Sie können nicht ohne einander. Das Ende des Laizismus – zum Verhältnis von Kirche und Staat, 3 ff. – Ders., Eugenio Pacelli und Karl Barth. Politik, Kirchenpolitik und Theologie in der Weimarer Republik, 98 ff.

[43] NLB KV in Neuhausen am 17. Febr. 1924. DV 76, 1924, Nr. 42, 137.

[44] NLB Jubiläumsfeier zum 500. Geburtstag der Guten Beth am 22. Mai

sollte es sein, wie 1919/20 mit der SPD, die destruktiven Elemente innerhalb der Rechten zu »zähmen« und sie zu einer konstruktiven Mitarbeit heranzuziehen. Daher meinte er auf einer Zentrumsversammlung 1924 in Stuttgart: »In dem Augenblick, wo die Leute der Opposition die Verantwortung in die Hand nehmen, wo sie für ihr Handeln auch die Folgen zu tragen haben, da werden sie besonnen und nüchtern«.[45] Gleichwohl bedeuteten diese Aussagen keine grundsätzliche Absage an eine Regierungskoalition mit den Sozialdemokraten. Auf einer Wahlversammlung in Aulendorf meinte Bolz im November 1924: »Es wird sich also darum handeln, daß die Partei der Mitte entweder mit der Linken oder mit der Rechten eine Arbeitsgemeinschaft führt. Ich halte es für notwendig, daß das Zentrum eine so ruhige und sachliche Politik betreibt, daß es jederzeit, nach dem Entscheid, den das Volk gibt, mit Rechts oder mit Links gehen kann. Das hängt ganz vom Ausfall der Wahl ab. Wir haben es nicht in der Hand zu sagen, ob wir mit den Demokraten oder Sozialdemokraten eine Regierung bilden ... oder umgekehrt, ob wir mit den Rechten zusammenregieren«.[46]

Daraus kann gefolgert werden: Nachdem sich die bürgerliche Koalition als potentielle Alternative zu einem Regierungsbündnis mit den Sozialdemokraten herauszukristallisieren begann, konnten in Bolz' Reden verstärkt mentale Vorbehalte gegenüber der SPD beobachtet werden. Seine Skepsis gegenüber der SPD begründete er mit Argumenten grundsätzlicher Art.[47] Gleichwohl bedeuteten diese Vor-

1921 in Reute bei Bad Waldsee. Der Oberlander. Saulgau 89, 1921, Nr. 116 (23. Mai 1921), 41.

[45] NLB WV in Stuttgart am 1. Mai 1924. DV 76, 1924, Nr. 103 (2. Mai 1924), 175. – Vgl. NLB ZV in Göppingen am 6. Apr. 1924. Zeitungsausschnitt vom 6. Apr. 1924 – handschriftliches Datum (Herkunft unbekannt), 159. – Vgl. NLB WV in Ravensburg am 27. Apr. 1924. DV 76, 1924 (29. Apr. 1924), 171. – Vgl. NLB WV in Ravensburg am 27. Apr. 1924. Zeitungsausschnitt (Herkunft unbekannt), 166. – Vgl. NLB WV in Ravensburg am 23. Nov. 1924. Zeitungsausschnitt (Herkunft unbekannt), 188.

[46] NLB WV in Bad Waldsee und Aulendorf am 16. Nov. 1924. DV 76, 1924, Nr. 270 (18. Nov. 1924), 183. – Vgl. NLB WV in Ellwangen am 30. Nov. 1924. Ipf- und Jagstzeitung 1924, Nr. 260 (1. Dez. 1924), 204.

[47] Entsprechend: G. J. Ebers, Die materialistische Weltanschauung und Ge-

behalte für ihn keine prinzipielle Absage an eine gemeinsame Politik mit den Sozialdemokraten.

Allerdings kam Bolz eine Zusammenarbeit mit den konservativ gesinnten Rechtsparteien mehr entgegen als die Zusammenarbeit mit der »revolutionären« Sozialdemokratie. Der Wegfall des landesherrlichen Kirchenregiments traf die Rechte in ihrem organisatorischen Kern. In kultur- und kirchenpolitischen Fragen war sie daher eher zu Kompromissen bereit als die Linksparteien, die – im Gegensatz zum Zentrum und der Rechten – mehr zentralstaatlich ausgerichtet waren und für eine Reform des Schulwesens eintraten.[48] Bei der Begründung einer Rechtskoalition bemühte sich Bolz, die passive Haltung des Zentrums herauszustellen. Dieses hatte seiner Meinung nach die »Pflicht«, Gegebenes anzuerkennen und praktische Politik zu machen. Eine aktive Parteinahme für einen Koalitionspartner lehnte er ab. Die Übernahme der politischen Verantwortung bedeutete dabei in Erinnerung an frühere Verleumdungen als »Reichsfeinde« und »Antinationale« einen sichtbaren Ausdruck wahrhaft nationaler Tätigkeit und Einstellung. Diese freilich sprach er der »international« eingestellten SPD ab.

2.3. Die Ablehnung einer berufsständischen Ordnung[49]

Die berufsständische Ordnung war (bzw. ist) das Leitbild der katholischen Soziallehre. Ziel einer christlich motivierten Gesellschaftspolitik war ein Ausgleich der Ansprüche von Kapital und Arbeit. Zu

schichtsbetrachtung der Sozialdemokratie, in: Das Neue Reich vom 15. Sept. 1923. – G. J. Ebers, Sozialistische = kommunistische Träume, in: Das Neue Reich vom 8. Sept. 1923. – V. Cathrein SJ, Droht Enteignung der Kirche? Bischöfliches Hirtenschreiben, 1919, 117 ff. – A. Stegerwald, Zusammenarbeit mit Sozialisten ohne Annäherung an den Marxismus; für katholisch-protestantisches Bündnis, 1922, 124 ff.

[48] Vgl. in diesem Zusammenhang J. Mausbach, Die Kulturpolitik des Zentrums, – Vgl. G. J. Ebers, Die materialistische Weltanschauung und Geschichtsbetrachtung der Sozialdemokratie.

[49] Vgl. N. Monzel, Die katholische Kirche in der Sozialgeschichte. Von den

diesem Zweck sollten sich Arbeitgeber und Arbeitnehmer eines jeweiligen Berufsstandes in berufsständischen Körperschaften zusam-
menschließen. Grundlegende Bedeutung erlangte dabei das Subsidiaritätsprinzip.

In seinen Reden erteilte Bolz dem berufsständischen Prinzip der
katholischen Soziallehre eine klare Absage. Zum einen meinte er, in
diesen leistungsgemeinschaftlichen Zusammenschlüssen eine Konkurrenz für die politischen Parteien zu entdecken. Auf einer Zentrumsversammlung in Bad Mergentheim 1922 meinte er daher: »Heute überwuchern die Berufs- und Wirtschaftsinteressen. ... Anstelle der
politischen Parteien glaubt man eine berufsständische Vertretung setzen zu wollen, aber dies bedeutet ... nichts anderes als den Klassen-
kampf zum Mittelpunkt der Politik zu machen«.[50] Ähnlich äußerte er
sich kurze Zeit später auf einem Kreisparteitag der Zentrumspartei:
»Nach dem Krieg ist bei uns der Ruf nach berufsständischer Vertretung ergangen ... Diese ... ist ... gar nicht denkbar. Die Politik
würde ausarten in einen nackten Interessenkampf der Berufsstände.
Deshalb lehnen wir vom Zentrum diesen Gedanken ab. Nur das Volk,
in politische Parteien gegliedert, kann die politische Arbeit leisten«.[51]
Für ihn waren also allein die Parteien befähigt, politische Verantwortung zu tragen. Eine Aufteilung des Volkes in unterschiedliche
Interessensgruppen begünstigte seiner Ansicht nach eine Segmentie-
rung der Gesellschaft und damit auch die Bildung von reinen Inter-
essensparteien. Zunehmend klagte Bolz darüber, daß die Menschen
sich bei der Wahl ihrer Partei von solchen interessengebundenen Gesichtspunkten leiten ließen.[52] Solche Parteien verloren jedoch ihre

Anfängen bis zur Gegenwart, 271 ff. – Vgl. F. Furger, Christliche Sozialethik, 29 ff. – Vgl. Köhler IV 1 ff. – Vgl. O. v. Nell-Breuning, Berufsständische Ordnung als Heilung der gesellschaftlichen Unordnungen,
260 ff. – O. v. Nell-Breuning, Um die »Berufsständische Ordnung«, 6 ff.
[50] NLB ZV in Bad Mergentheim am 26. Nov. 1922. Tauberzeitung vom
November 1922, 89.
[51] NLB KPT in Ulm am 18. Febr. 1923. DV 75, 1923, Nr. 41 (19. Febr.
1923), 96.
[52] Vgl. NLB ZV in Horb am 20. Nov. 1921. Horber Chronik 1921, Nr. 268
(»1. Nov. 1921), 61. – Vgl. NLB ZV in Bad Mergentheim am 26. Nov.
1922. Tauberzeitung vom November 1922, 68–89. – Vgl. NLB ZV in

Existenzberechtigung, denn eine vernünftige politische Arbeit konnte nur in interessenübergreifenden Volksparteien geleistet werden. Auf seinen Wahlversammlungen in Oberschwaben meinte er: »Ein großer Teil unseres Volkes hat nur so weit Verständnis für die Politik, als sie sich unmittelbar mit persönlichen und beruflichen Interessen beschäftigt. So kam es denn auch, daß bei den letzten Maiwahlen über 20 Parteien aufgestellt wurden. Wir müssen uns bewußt sein, daß wir nur in großen Parteien praktische Arbeit leisten können ... Machen Sie ihre Stimmabgabe nicht abhängig von kleinen Gesichtspunkten ... (auch) wenn auf Ihrer Liste ... nicht Ihr Beruf vertreten ist«.[53] Daher griff er in seinen Reden diejenigen ehemaligen Zentrumswähler scharf an, die aus interessenspolitischen Gründen die Partei verließen und zu einer anderen Partei – z. B. DNVP – gingen: »Für den Katholiken, der für Religion ist, (gibt es) keine andere Partei als das Zentrum. Ein Angehöriger einer anderen Partei müßte kein schlechter Katholik sein, aber er begreife zu wenig, um was es sich handle und lasse sich von Nebendingen bestimmen. Die wirtschaftliche Not ... sei vorübergehend, aber stetig bleibe die Weltanschauung«.[54] Bolz appellierte an die Einheit und Treue des Zentrums und verurteilte alle separatistischen Bestrebungen.[55] In der Zentrumspartei sah er eine Volksgemeinschaft im Kleinen. Sie stellte ein soziologisches Spiegelbild des Volksganzen dar, weshalb sie für ihn das Modell der

Rottenburg am 3. Febr. 1924. Zeitungsausschnitt vom 4. oder 5. Febr. 1924 (Herkunft unbekannt), 120. – Vgl. NLB KV in Neuhausen am 17. Febr. 1924. DV 76, 1924, Nr. 42 (18. Febr. 1924), 136 f. – Vgl. NLB WV in Ravensburg am 23. Nov. 1924. Zeitungsausschnitt (Herkunft unbekannt), 186.

[53] Vgl. NLB WV in Bad Waldsee und Aulendorf am 16. Nov. 1924. DV 76, 1924, Nr. 270 (18. Nov. 1924), 184 f. – Vgl. NLB ZV in Saulgau am 10. Febr. 1924. Zeitungsausschnitt (Herkunft unbekannt), 133.

[54] NLB ZV in Bad Mergentheim am 26. Nov. 1922. Tauberzeitung vom Nov. 1922, 89; vgl. 86 f.

[55] Vgl. ebd. 91. – Vgl. NLB KPT in Ulm am 18. Febr. 1923. DV 75, 1923, Nr. 41, 97: »Die Deutschnationale Partei sucht in den katholischen Volksteil einen Keil zu treiben durch seinen Katholikenausschuß. Das ist nichts Neues. Aber die Zeit wird kommen, wo auch diese Bewegung erfolglos sein wird. Die katholische Bevölkerung hätte nichts erreicht, ohne starke politische Vertretung«.

Weimarer Gesellschaft bildete: »Das Zentrum hat einen besonderen Charakter, der sein Vorzug, seine Stärke ist: Es verkörpert die Volksgemeinschaft – vom einfachsten Mann bis zum Adligen, alle Stände umfassend«,[56] so Bolz 1924 auf einer Wahlversammlung in Ellwangen.

Zum andern widersprach seiner Meinung nach das berufsständische Prinzip der Struktur und Organisation der deutschen Wirtschaft. Mit Blick auf Rußland meinte Bolz wiederum auf dem Parteitag in Ulm: »So wie bei uns die Wirtschaft gegliedert ist, ist diese berufsständische Vertretung gar nicht denkbar. Das zeigt uns klar und deutlich die kommunistische Bewegung. Wenn die kommunistischen Arbeiter die Forderung aufstellen: Arbeiterregierung, Rätediktatur, gewaltsame Durchführung der kommunistischen Ziele nach dem russischen Muster, so ist das die konsequente Durchführung des Gedankens der berufsständischen Vertretung. Die Politik würde ausarten in einen nackten Interessenkampf der Berufsstände«.[57] Bolz erblickte also anders als die katholische Soziallehre in einer berufsständischen Ordnung keine Überwindung, sondern eine Verschärfung der Klassengegensätze.

2.4. Die Idee einer überkonfessionellen Partei[58]

Die Vorgeschichte, Gründung und Geschichte, die Wähler und Abgeordneten, die Unterstützung durch den Klerus gaben dem Zentrum den Charakter einer »katholischen Partei«. Diese Kennzeichnung war allerdings in der Partei nie unumstritten. Bereits 1870/71

[56] NLB WV in Ellwangen am 30. Nov. 1924. Ipf- und Jagstzeitung 1924, Nr. 260 (1. Dez. 1924), 204. – Vgl. NLB KV in Neuhausen am 17. Febr. 1924. DV 776, 1924, Nr. 42 (18. Febr. 1924), 137. – Vgl. NLB ZV in Saulgau am 10. Febr. 1924. Zeitungsausschnitt (Herkunft unbekannt), 134. – Vgl. NLB ZPT in Biberach am 9. März 1924. Oberschwäbischer Anzeiger 121, 1924, Nr. 59 (10. März 1924), 147 u. 151.

[57] NLB KPT des Zentrums in Ulm am 18. Febr. 1923. DV 75, 1923, Nr. 41 (19. Febr. 1923), 96.

[58] Vgl. Junker 25 ff. – Vgl. Loth III 266 ff. – Vgl. Becker III 201 ff. – Vgl. Morsey III 369 f.

bestritten die Gründer der Partei ihren konfessionellen Charakter. Ludwig Windthorst z. B. betonte unermüdlich ihren politischen und offenen Charakter.[59] Gleichwohl blieb der Anteil der Protestanten in der Partei sehr gering. Im März 1906 griff Julius Bachem Windthorsts Gesinnung mit dem programmatischen Artikel: »Wir müssen aus dem Turm heraus! «[60] wieder auf. Durch den Ausbruch des Ersten Weltkriegs wurde der Streit jedoch nicht ausgetragen. Die Novemberrevolution 1918 erlebte die Partei am Rande der Auflösung. Kurze Zeit später spaltete sich die BVP vom Zentrum ab und bei der Kandidatenaufstellung zur Nationalversammlung lieferten sich Monarchisten und Arbeitervertreter heftige Auseinandersetzungen. Zu einem weiteren Höhepunkt im Streit um den Charakter der Zentrumspartei kam es 1921 durch Äußerungen des Fraktionsmitglieds, dem Gewerkschaftsführer und damaligen preußischen Minister der Volkswohlfahrt im ersten Kabinett Braun, Adam Stegerwald. Auf dem 10. Kongreß der Christlichen Gewerkschaften am 21. November 1921 hielt er eine programmatische Rede: Sein Ziel war es, eine interkonfessionelle, d. h. christliche Mittelpartei zu gründen, die den Einfluß der Sozialdemokraten zurückdrängen sollte. De facto bedeutete sein Vorschlag die Auflösung des Zentrums.[61]

Stegerwalds Plan wurde im Zentrum sehr reserviert aufgenommen. Bolz äußerte sich dazu auf einer Zentrumsversammlung im Dezember 1921 in Stuttgart: »Stegerwald ließ den Ruf nach einer neuen

---

[59] Vgl. M. L. Anderson, Windthorst. Zentrumspolitiker und Gegenspieler Bismarcks, 248–371; 416 ff.

[60] J. Bachem, Wir müssen aus dem Turm heraus!, 376. – J. Bachem, Nochmals: Wir müssen aus dem Turm heraus!, 503 ff.

[61] Vgl. Morsey III 373; 376 ff. – Vgl. A. Stegerwald, Zusammenarbeit mit Sozialisten ohne Annäherung an den Marxismus; für katholisch-protestantisches Bündnis, 1922, 126: »Nun hat aber die Religionsspaltung neben dem Katholizismus noch den *Protestantismus* erstehen lassen. Bei allen dogmatischen Verschiedenheiten sind sie in ihrer sittlichen Auffassung so verwandt, daß sich schon daraus ein enges Zusammengehen beider Konfessionen ergeben müßte. Und erst wenn beide zusammengehen, können sie die christlichen Normen in Politik und Wirtschaft *durchsetzen*. Wir Katholiken sollten ... alle Bitterkeit ... ausrotten und sollten ... den evangelischen Mitbrüdern die Hand reichen«.

Partei ertönen, für welche das Zentrum den Stamm abgeben, die aber ein allen Christen gemeinsames politisches Programm haben solle. Die Verwirklichung seiner Idee wäre denkbar, aber sein Programm enthält nichts Neues, es ist ein altes Zentrumsprogramm. Auch das Zentrum hat interkonfessionellen Charakter ... Der Durchführung der Stegerwaldschen Gedanken ... stehen wesentliche Hindernisse entgegen ... Ein durch vier Jahrhunderte anerzogenes konfessionelles Mißtrauen und die neuerliche Verschärfung der konfessionellen Gegensätze tun ... das ihrige«.[62] Hinter dem Vorschlag von Stegerwald vermutete Bolz in erster Linie einen ideologischen Substanzverlust für die Partei: »Man wollte eine große christliche Vaterlandspartei schaffen. Man wollte die Tore zum Eintritt möglichst weit aufmachen. Aber seien wir uns darüber einig: Das führt nicht zu einer Erweiterung, sondern zu einer Verflachung der Partei. Man hat es dem Zentrum zum Vorwurf gemacht ... , daß es eine konfessionelle, eine einseitig katholische Partei sei. Die Zentrumspartei hat stets betont eine Verfassungspartei zu sein. Das wollen wir auch heute noch sein«.[63] Für Bolz war das Zentrum primär eine »Weltanschauungspartei« der bekenntnistreuen katholischen Bevölkerungsschicht: »Das Zentrum ... war nach seiner ganzen Geschichte die politische Vertretung des deutschen Katholizismus und das muß es auch bleiben«; zugleich war er der Überzeugung, »daß es für den Katholiken, der für Religion ist, keine andere Partei gibt als das Zentrum«, so Bolz 1922 auf einer Zentrumsversammlung.[64] Diese »katholische« Weltanschauung bildete den Richtpunkt der Zentrumspolitik: »Fragen wir nach den Ursachen der Unerschütterlichkeit (des Zentrums), so finden wir sie in

[62] NLB LPT in Stuttgart am 12. Dez. 1921. DV 73, 1921, Nr. 286, 69 f. – Vgl. NLB ZV in Bad Mergentheim am 26. Nov. 1922. Tauberzeitung vom November 1922, 89 f.

[63] NLB KPT in Ulm am 18. Febr. 1923. DV 75, 1923, Nr. 41 (19. Febr. 1921), 96.

[64] NLB ZV in Bad Mergentheim am 26. Nov. 1922. Tauberzeitung vom November 1922, 90. – Vgl. NLB KPT in Ulm am 18. Febr. 1923. DV 75, 1923, Nr. 41, 97: »Eine Partei ohne feste Weltanschauung ist überhaupt keine Partei. Der Kern unserer Partei beruht darauf, daß sie herausgewachsen ist aus der katholischen Weltanschauung. Die wirtschaftlichen Sorgen ... werden vorübergehen, das eine aber wird bleiben, das Ideal, auf dem unsere Partei beruht«.

der Geschlossenheit der Weltanschauung der katholischen Kirche ... Die katholische Kirche nimmt Stellung zu allen, die Welt und Wirtschaft bewegenden Fragen ... Die Zusammenstellung der Lehren der katholischen Kirche über Staat, über Kultur-, Sozial- und Wirtschaftspolitik ... ergibt ein politisches Programm«.[65]

Damit wird deutlich: Auf die Versuche Stegerwalds und der deutschnationalen Katholiken, die »Einheitsfront der Katholiken« zu zerstören, reagierte Bolz mit dem Appell an die »Einheit und Treue« der Katholiken. Eine Selbstpreisgabe des Zentrums mußte – gerade im protestantischen Württemberg – unter allen Umständen verhindert werden. Nur »geschlossen« konnte der politische Katholizismus im neuen Staat etwas erreichen. Zugleich bezeichnete Bolz das Zentrum als eine interkonfessionelle Partei; im Kern jedoch blieb es für ihn »katholisch«. Kriterium einer gemeinsamen parteipolitischen Arbeit zwischen Katholiken und Protestanten innerhalb des Zentrums war das Bekenntnis zur Verfassung.

2.5. Die Aufrechterhaltung der Ruhe und der Ordnung[66]

Fünf Jahre, von 1919 bis 1924, rang das Reich um seine äußere und innere Existenz. Sowohl von der radikalen Linken, als auch von der extremen Rechten gab es zahlreiche Versuche, die Demokratie zu stürzen. In Sachsen und Thüringen, wo SPD und KPD zusammen über die Mehrheit in den Landtagen verfügten, versuchten SPD und KPD im Oktober 1923 ein Regierungsbündnis und begannen mit der Aufstellung von »proletarischen Hundertschaften«. Daraufhin besetzten Reichswehrtruppen Sachsen und Thüringen; ein Regierungskommissar setzte die sächsische Regierung ab, in Thüringen schieden die kommunistischen Führer aus der Regierung aus. Am 23. November wurde die KPD in Deutschland verboten, wurde jedoch nach Be-

---

[65] NLB LPT in Stuttgart am 12. Dez. 1921. DV 73, 1921, Nr. 286 (13. Dez. 1921), 68. – Vgl. NLB ZV in Horb am 20. Nov. 1921. Horber Chronik 1921, Nr. 268 (21. Nov. 1921), 59 ff.

[66] Vgl. zur völkischen Bewegung: J. Genuneit, Völkische Radikale in Stuttgart.

endigung des Ausnahmezustandes zum 1. März 1924 wieder erlaubt. Die kommunistischen Aktivitäten in Mittel- und Norddeutschland dienten den rechtsradikalen Kräften in Bayern als Vorwand zur Errichtung einer nationalen Diktatur. In Bayern besaßen die »nationalen Verbände« eine große Entfaltungsmöglichkeit. In München hatte Hitler die Führung dieser Verbände an sich gerissen; General Ludendorff schloß sich ihm an. Als die Reichsregierung die Aufgabe des passiven Widerstandes im Ruhrgebiet bekanntgab, verkündete die Bayerische Regierung einen eigenen Ausnahmezustand. Die gesamte vollziehende Gewalt wurde dem Generalstaatskommissar, dem ehemaligen Ministerpräsidenten Ritter von Kahr, übertragen. Er rief den Korvettenkapitän Ehrhardt nach Bayern zurück und übertrug ihm das Kommando über die Verbände an der thüringischen und sächsischen Grenze. Ebert verkündete den Ausnahmezustand für das gesamte Reich und übertrug die Ausführung der vollziehenden Gewalt an Reichswehrminister Geßler. Dieser wies den Münchner Wehrminister, General von Lossow, an, den »Völkischen Beobachter«, das Presseorgan der NSDAP, zu verbieten. Lossow weigerte sich jedoch und wurde darin von Kahr unterstützt. Damit beging er – staatsrechtlich gesehen – eine Auflehnung gegen den Staat, d. h. Meuterei. Ende Oktober wurde offenkundig, daß in München weniger Kahr als Hitler und Ludendorff die Politik bestimmten. Am 8. November 1923 entschlossen sich beide, eine von Kahr in den Münchner Bürgerbräukeller einberufene Versammlung – zum Auftakt eines Staatsstreiches – umzufunktionieren. Gemeinsam mit Ludendorff formierte Hitler mit einer Handvoll Bundesgenossen einen Tag später seinen Marsch zur Feldherrnhalle. Die Münchner Polizei beendete jedoch rasch die Revolte der Nationalsozialisten. Die Verschwörer wurden gefangengenommen und vor Gericht gestellt. Ludendorff wurde freigesprochen, Hitler des Hochverrats überführt und zu einer Mindeststrafe von fünf Jahren verurteilt; davon saß er jedoch nur acht Monate ab.

Bolz erkannte in seinen Reden die Gefahren, die von der radikalen Rechten und der extremen Linken ausgingen. Als Innenminister warnte er vor ihnen: »*Die kommunistische Partei* ist genauso wie die rechtsradikale Partei darauf eingestellt, unsere Verfassung wieder umzustürzen. Die *nationalsozialistische Richtung* eines Hitlers schätze ich genau so ein, wie die kommunistische. Wir haben den Willen, die *Ausnahmeordnung nach rechts und links* in gleicher Weise anzuwenden«, so Bolz im Juli 1923 im Stuttgarter Landtag.[67] Dabei war er der Überzeugung, daß die staatliche Macht stark genug sei, die Sicherheit und Ordnung zu garantieren: »Unsere staatliche Macht ist stark genug, jede Gefahr, ob von rechts oder links zu bestehen. Das deutsche Volk hat gegenwärtig Besseres zu tun, als sich durch die Unkenrufe von links beunruhigen zu lassen«.[68] Für Württemberg meinte er sogar: »Gefahrenkreise sind vorhanden, aber sie dürfen nicht überschätzt werden ... Es ist *absolut kein Grund vorhanden, der Bevölkerung den Bürgerkrieg an die Wand zu malen* ... Ich habe die Absicht, das *Versammlungsverbot gegen die Nationalsozialisten aufzuheben*. Die Gründe für seinen einstigen Erlaß liegen heute nicht mehr vor. Auch wollen wir jeder politischen Bewegung dieselbe Freiheit gestatten. Was wir den Kommunisten gestatten, brauchen wir den Nationalsozialisten nicht zu verbieten«.[69] Die Vorgänge in Mittel-und Norddeutschland sowie in Bayern verurteilte Bolz entschieden. Auf einer Zentrumsversammlung in Ehingen Ende Oktober 1923 meinte er: »Über das ganze Reich ist der Ausnahmezustand verhängt. In Sachsen und Thüringen haben wir eine Arbeiterregierung, die die Räterepublik nach Moskauer Rezept durchführen will. Die Reichsregierung wird jedoch alle Machtmittel anwenden, um diese Diktatur einer Klasse zu unterdrücken ... Ich stehe auf dem Standpunkt, daß die Regierung ihre Aufgaben verkennen würde, wenn sie diese Machtgelüste nicht unterdrücken würde. Unsere Reichswehr ist nicht dazu da, daß sie in den Kasernen liegt, sondern daß sie ... auch zum Schutz des Staates eingreift ... Ich bedaure die bayerische Politik. Württemberg wird der Einladung, die Politik v. Kahrs mitzumachen, nicht Folge leisten. Die bayerische Regierung ist nicht frei in ihren Entscheidungen, das nationalistische Treiben ist der Regierung über den Kopf gewachsen. Wir in Württemberg haben diese nationalistische Bewegung von Anfang an unterdrückt; in dieser Beziehung ma-

---

[67] NLB Rede im Landtag am 18. Juli 1923. DV 75, 1923 (19. Juli 1923), 99.
[68] Ebd. – Vgl. NLB ZV in Ehingen am 28. Oktober 1923. DV 75, 1923, Nr. 252 (31. Oktober 1923), 110: »Die württembergische Regierung hat den Willen, sowohl gegen rechts als gegen links gleichmäßig vorzugehen. Ich habe keine Sorge und vertraue auf unsere Polizei. Wir sind parat«.
[69] NLB Rede im Landtag am 18. Juli 1923. DV 75, 1923 (19. Juli 1923), 99.

che ich keinen Unterschied zwischen den Nationalsozialisten und den Linksorganisationen. Unsere Parteiangehörigen und das ganze katholische Volk möchte ich vor dem Nationalsozialismus eindringlich warnen. Derselbe ist rein heidnisch und eine Zusammenarbeit mit diesem ist nicht möglich«.[70] Auf die Nachricht vom Hitler-Putsch in München am 8./9. November reagierte Bolz mit einer präzisen Erklärung: »*An das württembergische Volk!* In Bayern haben rechtsradikale Kreise ... den Versuch unternommen, auf dem Weg eines Putsches die öffentliche Gewalt an sich zu reißen ... *Ich verbiete jede Tätigkeit, die eine Unterstützung der bayerischen Putschisten darstellt.* Ebenso ist es verboten, daß von anderen Volkskreisen *selbständige Versuche* einer aktiven Bekämpfung der Bewegung gemacht werden ... Die Polizei ist fest in meiner Hand und in der Lage, die Ruhe in Württemberg aufrechtzuerhalten«.[71] Zu Beginn des Jahres 1924 kam Bolz auf seinen Wahlveranstaltungen nochmals auf die Vorgänge in Bayern und Mitteldeutschland zu sprechen. In Saulgau meinte er 1924: »Nach all den revolutionären Erscheinungen (zu Beginn der Weimarer Republik J. S.) sahen wir ... in München am 8. und 9. November die bekannten Vorgänge, in Sachsen und Thüringen revolutionäre Vorgänge ... Es ist traurig, ... daß auf die Revolution hin noch Leute glauben, man könne das Volk mit Gewalt besseren Zeiten entgegenführen ... Wir sind über die Revolution noch nicht hinaus ... Was man in München getan hat, ist genau so Hochverrat wie das Treiben der Kommunisten ... Wir sind eine Verfassungspartei und werden jede Änderung ablehnen«.[72] Ähnlich äußerte sich Bolz einen Monat später in Biberach: »Das größte Hindernis eines einheitlichen nationalen Willens im deutschen Volksgeist ist der Hypernationalismus auf der einen und der Hyperinternationalismus auf der anderen Seite ... Der revolutionäre Geist ist ... nicht aus den Köpfen des deutschen Volkes hinauszubringen gewesen. Rechts und links spielte man

---

[70] NLB ZV in Ehingen am 28. Okt. 1923. DV 75, 1923, Nr. 258, 106. Und weiter heißt es: »So trübe das Bild in Sachsen und Thüringen ist, so wenig erfreulich ist das Verhältnis zwischen Bayern und dem Reich. Das Verhalten des Generals Lossow sei zu verurteilen«.

[71] NLB Erklärung vom 9. Nov. 1923. DV 75, 1923 (10. Nov. 1923), 112.

[72] NLB ZV in Saulgau am 10. Febr. 1924. Zeitungsausschnitt (Herkunft unbekannt), 127–134.

mit dem Gedanken der Revolution ... Was die Kommunisten in den letzten Monaten gearbeitet haben, um eine Revolution in Deutschland herbeizuführen, ist Ihnen durch die massenhaften Veröffentlichungen ... klar geworden ... Auch in rechtsradikalen Kreisen spielt man mit dem Gedanken der Revolution ... Wenn auch die Grundeinstellung eines Kommunisten und eines Deutschvölkischen ganz verschieden ist, so bilden sie doch die gleiche Gefahr für das Vaterland ... Deshalb: Absolute Verfassungstreue ... Der Zentrumspartei gefällt auch manches nicht, was in der Verfassung steht ... Aber das muß gehen ohne Revolution und ohne Gewalt«.[73]

Man kann konstatieren: Wie zu Beginn der Weimarer Republik besaß die Verfassung in Bolz' Argumentation absolute Priorität. Den Radikalismus von links und rechts begriff Bolz als ein Polizeiproblem. Deren Aufgabe bestand in der Disziplinierung der gesellschaftlich-politischen Kräfte. Sie hatte dafür zu sorgen, daß der »Lärm der Straße« keine Gefahr für die öffentliche Sicherheit und Ordnung darstellte und nicht in den »Staat« eindrang. Bolz war der festen Überzeugung, sich auf seine Polizei verlassen zu können.

3.   DIE WEIMARER REPUBLIK IN DER PHASE DER STABILISIERUNG VON 1925 BIS 1928

3.1. Der Verlauf der politischen Ereignisse[74]

Am 28. Februar 1925 starb Reichspräsident Friedrich Ebert. Sein Nachfolger wurde der 78jährige Generalfeldmarschall von Hindenburg. Damit stand das Reich auf »zwei Beinen«: Es war nicht mehr allein auf eine Mitte-Links-Regierung angewiesen, sondern konnte, da die DNVP bereit war, in der Regierung Verantwortung zu über-

[73] NLB ZPT in Biberach. Oberschwäbischer Anzeiger 121, 1924, Nr. 59 (10. März 1924), 143 f. – Vgl. KV in Neuhausen am 17. Febr. 1924. DV 76, 1924, Nr. 42 (18. Febr. 1924), 137 f.
[74] Vgl. Eyck I 430 ff. – Vgl. Eyck II 11 ff. – Vgl. S. Haffner, Von Bismarck zu Hitler. Ein Rückblick, 209 ff.

nehmen, auch von einer Mitte-Rechts-Koalition regiert werden. In diesen Jahren standen viele politische Entscheidungen zur Abstimmung: U. a. die Frage nach der Fürstenabfindung und die Verlängerung des Republikschutzgesetzes. 1926 starb der Rottenburger Bischof Paul Wilhelm von Keppler. Mit seinem Tod wurde in Württemberg die Konkordatsfrage akut. Für Bolz selber bedeutete das Jahr 1928 einen vorläufigen Höhepunkt in seiner politischen Laufbahn: Er wurde am 8. Juni 1928 zum Württembergischen Staatspräsidenten gewählt. Das Zentrum selbst stürzte in diesen Jahren in eine »Existenzkrise«; deshalb hatte die Wahl von Prälat Kaas auf dem 5. Kölner Parteitag 1928 zum neuen Zentrumsvorsitzenden eine besondere Bedeutung. Zur selben Zeit verkündete Nuntius Pacelli auf dem Magdeburger Katholikentag 1928 für Deutschland die »Katholische Aktion«. Beide Ereignisse waren für das Zentrum von großer Bedeutung.

3.2. Die Reichspräsidentenwahl 1925[75]

Auf dem Weg einer Annäherung der Konservativen an den Staat lag die Reichspräsidentenwahl. Im ersten Wahlgang erhielt keiner der sieben Kandidaten die erforderliche absolute Mehrheit. Die höchste Stimmenzahl erhielt der Duisburger Oberbürgermeister Karl Jarres, den die Deutschnationalen und die Deutsche Volkspartei unterstützten. Die Weimarer Parteien hatten je einen eigenen Kandidaten aufgestellt, das Zentrum den früheren Reichskanzler Wilhelm Marx, die Demokraten den badischen Staatspräsidenten Hellpach und die Sozialdemokraten den preußischen Ministerpräsidenten Otto Braun. Dieser erhielt im ersten Wahlgang hinter Jarres die höchste Stimmenzahl. Für die Bayerische Volkspartei kandidierte Heinrich Held, für die Völkischen Erich Ludendorff und für die Kommunisten Ernst Thälmann. Im zweiten Wahlgang einigten sich die drei Weimarer Koalitionsparteien auf Marx, die Kommunisten auf Thälmann und die Rechtsparteien, d. h. die Deutschnationalen, die DVP, die BVP und der Bayerische Bauernbund auf von Hindenburg. Am 28. April

---

[75] Vgl. Eyck I 430.

1925 wurde dieser mit knappem Vorsprung vor Marx gewählt. Die Wahl ergab für Hindenburg 14,6, für Marx 13,7 und für Thälmann 1,9 Millionen Stimmen.

Zu Beginn des zweiten Wahlgangs übte Bolz Kritik am Verhalten der Parteien, da diese sich nicht bereits im ersten Wahlgang auf einen gemeinsamen Kandidaten geeinigt hatten: »Einen halben Tag lang bestand die bescheidene Aussicht für die Aufstellung einer gemeinsamen Kandidatur ... Die Hauptschuld daran trägt die Deutsche Volkspartei, deren Führer Dr. Stresemann auf diese Persönlichkeit (Jarres) eingeschworen war«.[76] Diese Aussage impliziert zugleich, daß Bolz im ersten Wahlgang keineswegs mit der Nominierung seines Fraktionskollegen Wilhelm Marx einverstanden war.[77] Vermutlich trat er, wie auch Brüning, für den Reichswehrminister Otto Geßler ein.[78] Erst im zweiten Wahlgang änderte er seine Einstellung. Nachdem sich die Demokraten und die Sozialdemokraten bereit erklärt hatten, Marx zu unterstützen, mußte sich Bolz in seinem Wahlkampf gegen den Vorwurf zur Wehr setzten, das Zentrum sei irgendwelche Wahlversprechen eingegangen: »Warum finden es denn die Gegner für komisch, daß eine so gut disziplinierte Partei wie die Sozialdemokratie ohne parteipolitische Versprechungen einen Marx wählt? ... Es muß doch jedem klar sein, daß bei einer Entscheidung zwischen v. Hindenburg und Dr. Marx die Sozialdemokraten nur auf Seiten von Dr. Marx stehen können. Es ist doch ohne weiteres verständlich, daß die Sozialdemokraten verhindern wollen, daß ein ausgesprochen reaktionärer Kandidat gewählt wird«.[79] V. a. innen- und außenpolitische Gründe sprachen nach Bolz' Meinung gegen eine Wahl von Hindenburg: »Das Deutsche Volk könnte in der Tat

[76] NLB WV in Kißlegg am 19. Apr. 1925. Oberschwäbischer Anzeiger Ravensburg 122, 1925, Nr. 90 (20. Apr. 1925), 207.

[77] Ebs. Miller 281 f. – Vgl. Th. Heuss, Erinnerungen 1905–1933, 329: »Als ich in Stuttgart mit dem Zentrumsführer Eugen Bolz in die Liederhalle fuhr, um neben Marx zu reden, sagte Bolz mit seiner herrlichen Unbefangenheit: Diese Kandidatur sei aus verschiedenen Gründen der größte Unsinn«.

[78] Vgl. Becker III 206.

[79] NLB WV in Kißlegg am 19. Apr. 1925. Oberschwäbischer Anzeiger Ravensburg 122, 1925, Nr. 90 (20. Apr. 1925), 208.

vom außen- und innenpolitischen Standpunkt aus gesehen nichts Ungeschickteres machen, als Marschall von Hindenburg zum Reichspräsidenten zu wählen ... Die Wahl Hindenburgs zum Reichspräsidenten beschwört ... die größten Gefahren herauf. Die Männer, die Hindenburg als Kandidaten für die Reichspräsidentenwahl aufstellen, kennen die Stimmung des Volkes schlecht, wenn sie glauben, daß ein General wie Hindenburg der geeignete Mann sei, um die Volkseinheit zu fördern«.[80] Die Entscheidung der Sozialdemokratie und der Demokraten für Marx bedeutete jedoch keine prinzipielle Entscheidung für oder gegen eine Links- oder Rechtskoalition: »In den Aufrufen des Zentrums, der Demokraten und Sozialdemokraten kommt ... zum Ausdruck, daß die Parteien trotz der gemeinsamen Kandidatur ihre Grundsätze voll und ganz aufrecht erhalten. So wenig die Sozialdemokratie ihren Anhängern zumutet, zentrümlich zu werden, ebenso wenig gibt das Zentrum auch nur das geringste von seinen Grundsätzen auf. Die verschiedenen Weltanschauungen bleiben in voller Schärfe bestehen. Dieser Unterschied wird in keiner Weise vermischt«.[81] Energisch bestritt Bolz in diesem Zusammenhang, das Zentrum sei bei Koalitionsfragen von Rom abhängig: »Es wird ausgeführt, Rom sei gegen das Zusammenarbeiten des Zentrums mit den Sozialdemokraten ... Rom will in keiner Weise Wegweiser für taktische politische Fragen sein ... Es ist dies nicht nur Recht, sondern in gewissen Fällen sogar die Pflicht, ohne daß von unseren Grundsätzen auch nur ein Buchstabe aufgegeben wird ... Das ist keine grundsätzliche Frage, hier spricht der Zwang zur praktischen Arbeit«.[82]

[80] Ebd. 212.
[81] Ebd. 208 f.
[82] Ebd. 209.

3.3. Die Fürstenabfindung

Der Beginn des Jahres 1926 war bestimmt durch das Problem der vermögensrechtlichen Auseinandersetzung mit ehemaligen deutschen Fürsten. Ihr Vermögen wurde während der Revolution 1918/19 beschlagnahmt, aber nicht enteignet. Zwischenzeitlich waren mehrere Vergleiche zwischen einzelnen Landesregierungen und ehemaligen Fürstenhäusern zustandegekommen, in denen die Fürsten vielfach einen großen Anteil ihrer Liegenschaften und Sachwerte zurückbekamen. Diese Rückerstattungen führten jedoch zum Streit. SPD und KPD brachten im Januar 1926 im Reichstag einen Gesetzentwurf ein, der die entschädigungslose Enteignung der Fürsten vorsah; dieses Gesetz sollte durch ein Volksbegehren in Kraft gesetzt werden.

In seinen Reden war Bolz einerseits gegen eine entschädigungslose Enteignung der Fürsten, andererseits aber auch gegen übertriebene Forderungen einzelner Fürsten. Auf einem Kreisparteitag in Ellwangen meinte er 1926: »Wir wollen in aller Ruhe diese Fragen betrachten ... Man hat nichts gehört von großen und übertriebenen Ansprüchen, jetzt sind unkluge und teilweise ärgerniserregende Forderungen von einzelnen Fürsten erhoben worden ... Doch wollen wir ... nicht das Ewige und Dauernde außer acht lassen, das hier mitsprechen muß. Was will der von den Sozialdemokraten und Kommunisten eingebrachte Volksentscheid? Er will, daß die ehemals regierenden Fürsten entschädigungslos zugunsten des Staates enteignet werden ... Ist es moralisch möglich, daß ich einem in einem Unmut alles, was er besitzt, hinwegnehme? ... Wir wären keine Zentrumsleute, ... wenn wir diesen Grundsatz der rücksichtslosen und entschädigungslosen Enteignung anerkennen würden ... Die Fürsten waren nämlich nicht bloß Privatpersonen, ... sondern auch Landesherren, Leiter des Staates«. Sein Fazit lautete: »So kommt die Zentrumspartei, auch die Demokraten und die Deutsche Volkspartei zu der Auffassung, daß man hier zwar nicht entschädigungslos enteignen darf, daß aber eine besondere Prüfung der Ansprüche und der Begründung des Eigentums notwendig ist. Es soll deshalb ein Gericht eingesetzt werden, ... das die Frage nachprüft und dem gewisse Richtlinien ... mitgegeben werden ... In den Richtlinien findet sich auch der allgemeine Satz, daß bei der Auseinandersetzung auch der Grundsatz der Billigkeit angewendet werden soll. Ich glaube, daß die Absicht, ein solches Gesetz zu verabschieden, sowohl mit den Parteigrundsätzen, als auch mit den berechtigten Interessen des gesamten Volkes im Einklang steht«.[83] Auf das »Ewige und Dauernde« wies auch die Wochenzeitschrift für Kultur, Politik und Volkswirtschaft »Das Neue Reich« hin. In einem Artikel im Juni 1926 zur Fürstenenteignung hieß es: »Wir halten es daher für unsere Pflicht, die weit über eine Tagesfrage hinausgehende, schicksalhafte Bedeutung des Volksentscheids vom 20. Juni anhand unverbrüchlicher und ewiger Grundsätze ins rechte Licht zu rücken ... In besonderer Weise soll dabei die Haltung der deutschen Katholiken ... ins Auge gefaßt werden«. Über die Katholiken, die den Antrag der Linksparteien unterstützten, urteilte der Beitrag: »Allzu willfährig gaben sie dem ungestümen Drängen radikalisierter oder aus irgend welchem Grunde verärgerter Parteigänger nach, ganz vergessend, daß sie durch solche Rücksichtnahme auf subjektive Stimmungen in der Wählerschaft die gute alte Parteitradition preisgaben, die mit der katholischen Tradition übereinstimmte und gerade *in kritischen Zeiten autoritative Führung verlangt* ... Nachdem die ... Zentrumspartei ... dem Volksbegehren den Charakter einer gerechten, dem sittlichen Volksempfinden entsprechenden Lösung der Frage abgesprochen, ja das Volksbegehren als einen Verstoß gegen Gottes Ordnung, eine verfassungswidrige Gewalttat ... gekennzeichnet hatte, war für jeden deutschen Katholiken ... der Weg klar aufgezeichnet. Daß Hunderttausende ... deutscher Katholiken trotzdem den verkehrten Weg einschlugen, können wir nur werten als einen Beweis für die fortschreitende Bolschewisierung der Geister im deutschen Volk«.[84]

Damit wird deutlich: In Bolz' Argumentation bei der Frage der Fürstenabfindung tritt etwas Grundsätzliches in seinem politischen Selbstverständnis zutage. Höhere Motive – »das Ewige und Dauernde« – veranlaßten ihn, den Antrag der Linksparteien abzulehnen. Hinter diese Auffassung der bürgerlichen Parteien stellte sich auch

---

[83] NLB KPT in Ellwangen am 28. Febr. 1926. DV 78, 1926, Nr. 49 (1. März 1926), 226 f. – Vgl. NLB LPT in Ulm am 24. Jan. 19266. DV 778, 1926, Nr. 15 (25. Jan. 19926), 221.
[84] Das Neue Reich vom 26. Juni 1926, 779 ff.

die Amtskirche mit ihrer ganzen Lehrautorität.[85] Mit Hilfe dieser Autorität wollten die Zentrums-»Führer« in einer »kritischen Situation« die Einheit und Geschlossenheit des politischen Katholizismus erreichen. Eine subjektive Gewissensentscheidung der einzelnen Zentrumsmitglieder wurde aus Gründen der Partei- und Kirchenloyalität abgelehnt; sie wurden auf die offizielle Parteilinie »verpflichtet«.[86] Weil die einstigen Fürsten nicht »bloß Privatpersonen«, sondern ehemalige »Leiter des Staates« waren, deshalb sah das Zentrum respektive Bolz in dem Volksbegehren der Linksparteien eine »verfassungswidrige Gewalttat«. Ein Reichsgesetz sollte ihrem Standpunkt einen »verpflichtenden« Charakter geben.

Mit ihrer deduktiven Haltung standen allerdings die Bischöfe und die bürgerlichen Parteien respektive Bolz einer Minderheit gegenüber, die mehr Stimmen als Hindenburg 1925 bei seiner Wahl zum Reichspräsidenten und 2 Millionen Stimmen mehr als Hitler 1932 im zweiten Wahlgang bei der Reichspräsidentenwahl erhielt. Einzig die RMV[87] machte sich zum Sprachrohr dieser Minderheit.[88] Abweichend von der Meinung der Zentrumspartei schrieb sie: »Wenn eine Lösung von den Grundsätzen nicht möglich ist, tritt der Grundsatz des kleineren Übels in den Vordergrund«.[89] Ihr Mut, gegen den »Grundsatz der Billigkeit«, d. h. gegen die offizielle Parteilinie und für den »Grundsatz des kleiner Übels«, d. h. für die persönliche Gewissensentscheidung, zu stimmen, war ein »psychologischer Erfolg«[90]

---

[85] Vgl. B. Lowitsch, Der Frankfurter Katholizismus in der Weimarer Republik und die »Rhein-Mainische Volkszeitung«, 67.

[86] NLB Ansprache auf dem 64. GV der Katholiken Deutschlands in Stuttgart am 23. Aug. 1925: Ähnlich wie die Wochenzeitschrift »Das Neue Reich« argumentierte Bolz 1925 auf der Generalversammlung der Katholiken Deutschlands: »Wir (die Katholiken) wollen (in dieser Zeit) ... sagen, daß die Gesetze binden und verpflichten, auch wenn sie dem einzelnen nicht gefallen, daß der einzelne sich nicht zum Richter in eigener Sache aufwerfen darf, daß der Staat eine von Gott gewollte Einrichtung ist, daß auch im Staate Autorität sein muß«.

[87] RMV = Rhein-Mainische Volkszeitung.

[88] Lowitsch 67 ff.

[89] Zitiert nach ebd. 66.

[90] Ebd. 64.

für die Linksparteien und zugleich »eine starke republikanische Demonstration«.[91]

3.4. Das Republikschutzgesetz

Unter dem Eindruck der Ermordung Rathenaus verabschiedete der Reichstag 1922 gegen die Stimmen der DNVP, BVP und KPD ein auf 5 Jahre befristetes »Gesetz zum Schutze der Republik«. Im Mai 1927 wurde über eine Verlängerung dieses Gesetzes beraten und mit großer Mehrheit unter Einschluß der Deutschnationalen erneuert.

Auf dem Zentrumsparteitag in Leutkirch im Mai 1927 meinte Bolz: Man müsse sich fragen, ob die Republik heute noch überhaupt ein derartiges Gesetz brauche. Seine nochmalige Verlängerung sei nur zu billigen vom Standpunkt der Beibehaltung einzelner strafrechtlicher Bestimmungen bis eine Revision des Strafgesetzbuches erfolgt sein werde. Von »einer wirklichen Gefährdung der Weimarer Verfassung« könne heute doch »nicht mehr gesprochen werden«. Nach seiner Auffassung werde »die heutige Staatsform ein Dauerzustand bleiben«. Die Wiedereinführung der Monarchie sei so gut wie abgeschlossen. Alle diesbezüglichen Bestrebungen seien »nutzlose Kraftvergeudung«.[92] Gleichwohl war für ihn dieses Bekenntnis zur Republik keine grundsätzliche Entscheidung. Ein Jahr zuvor argumentierte er auf dem Landesparteitag des Zentrums in Ulm: »Es wird ein grundsätzliches Bekenntnis gegen die Monarchie und für die Republik verlangt. Das hat die Partei bis jetzt abgelehnt. Mit Recht ... Die Zentrumspartei muß auch Raum haben für solche, die ihrer monarchistischen Überzeugung treu geblieben sind«.[93] Im Kern richtete sich diese Aussage gegen den Versuch seines Parteikollegen Joseph Wirth, eine »Republikanische Union« zu gründen, denn diese hätte ein eindeutiges Bekenntnis zur Republik impliziert.[94]

[91] A. Rosenberg, Geschichte der Weimarer Republik, 185.
[92] NLB ZPT in Leutkirch am 15. Mai 1927. DV 79, 1927, Nr. 111 (16. Mai 1927), 233 f.
[93] NLB LPT in Ulm am 24. Jan. 1926. DV 78, 1926, Nr. 15 (25. Jan. 1926), 219.
[94] Vgl. Becker IV 368–376.

In dieser Phase der Weimarer Republik besaß nach wie vor die Verfassung bei Bolz Priorität. Ihr galt seine ganze Aufmerksamkeit und Sorge. Daher hieß für ihn die entscheidende Frage beim Republikschutzgesetz: Gab es eine potentielle Gefahr für die Verfassung? Sie bedurfte primär der Sicherung, nicht die Republik. Die unbedingte Loyalität, die er gegenüber der Verfassung hatte, besaß er nicht gegenüber der Republik. Auch die Frage der Staatsform besaß für Bolz nach wie vor eine sekundäre Bedeutung. Ein grundsätzliches Bekenntnis zur Republik lehnte er ab. Er wollte von ihr nicht reden, sondern ihr in sachlicher Arbeit dienen. So sollte diese Staatsform sich auszeichnen und überzeugen. Staat und Monarchie bzw. Republik waren für ihn nicht identisch, sondern mußten prinzipiell getrennt werden. Er begriff die Monarchie bzw. die Republik als ein Akzidenz des Staates. Zwischen beiden existierte eine auffallende Divergenz.

3.5. Koalitionspolitische Aspekte

Am 15. Januar 1925 kam es zur ersten Regierung in der Geschichte der Weimarer Republik, in der die DNVP vertreten war. Diese bürgerliche Regierung unter dem parteilosen Hans Luther hatte jedoch nur bis zum Jahresende Bestand. Besonders Stresemanns Außenpolitik war für einen Teil der DNVP-Fraktion nicht akzeptabel. Nachdem am 27. November 1925 der Reichstag mit den Stimmen der SPD, des Zentrum, der DVP, DDP und BVP die Locarno-Verträge annahm, lag es nahe, diese »außenpolitische Mehrheit« auch als neue Regierungsmehrheit zu erhalten. Doch im Januar 1926 kam es wiederum zu einer bürgerlichen Minderheitsregierung aus Zentrum, DDP und BVP unter dem bisherigen Reichskanzler Luther. Diese Regierung sollte nach der Klärung der Fürstenabfindung zu einer Großen Koalition erweitert werden. Die Erweiterung fand jedoch nicht statt. Am 17. Dezember 1926 scheiterte das 3. Kabinett Marx, das auf Luther gefolgt war, an einem von der SPD eingebrachten Mißtrauensantrag, so daß es im Januar 1927 zu einer Neuauflage des Bürgerblocks in der Gestalt des 4. Kabinetts Marx kam.

Das Verhalten der Sozialdemokratie griff Bolz in seinen Reden scharf an. Auf dem Landesparteitag des Zentrums in Ulm zu Beginn des Jahres 1926 meinte er: »Parteivorstand und Fraktion hielten einstimmig die Große Koalition den wirtschaftlichen und politischen Verhältnissen für entsprechend. Die Sozialdemokratie als die energischste Vertreterin der Zahlenherrschaft der formalen Demokratie hat sich dem eigenen Prinzip nicht gefügt, die Angst vor den Massen ... hat sie zurückgehalten. Sie verleugnet ihr eigenes Kind und findet sich leichter mit der Gefährdung der Verfassung ab. Nach dem Scheitern der Großen Koalition waren einige Stimmen im Zentrum vorhanden für eine absolute Enthaltung. Die Folge davon wäre voraussichtlich die Diktatur der neuen Regierung ... gewesen ... Immer und immer hat die Partei auf ihren Parteitagen der letzten Jahre ihre absolute Verfassungstreue von ihren Anhängern verlangt. Diese Verfassungstreue ist nicht nur politische, sondern sittliche Pflicht und zwar gegenüber der ganzen Verfassung samt ihrer festgelegten republikanischen Staatsform«.[95] Bolz klagte hier scharf die Verantwortungsscheu der Sozialdemokratie an, weil diese befürchtete, durch eine erneute Regierungsbeteiligung sich zu kompromittieren. Ihrem »passiven« Verhalten stellte Bolz eine »aktive« Haltung der Zentrumspartei entgegen: »Die überwiegende Mehrheit der Partei und schließlich die Einheit der Fraktion war für volle Übernahme der Verantwortung mit all den Gefahren der Partei, welche die Agitationsanträge der Partei von rechts und links bringen werden«.[96] Hinter dieser Reaktion steckte Bolz' stets vorhandenes Mißtrauen, die SPD könne zwischen staatspolitischen und parteipolitischen Interessen nicht differenzieren. Darin sah er eine große Gefahr für die Verfassung. Aus einer grundsätzlichen Verpflichtung heraus – Bolz spricht von einer »sittlichen Pflicht gegenüber der Verfassung« – galt es, einen Verfassungsbruch und damit die Gefahr einer Diktatur zu verhindern. Bolz machte in diesem Zusammenhang darauf aufmerksam, daß bereits damals Pläne für eine autoritäre Präsidialregierung existierten, die nach dem

[95] NLB LPT in Ulm am 24. Jan. 1926. DV 78, 1926, Nr. 15 (25. Jan. 1926), 218 f.

[96] Ebd. 218 f. – Vgl. R. Morsey, Die Protokolle der Reichstagsfraktion und des Fraktionsvorstandes der Deutschen Zentrumspartei vom 12. Mai 1926, Nr. 313, 588.

Rücktritt der Regierung Luther in den Kreisen um Hindenburg und Schleicher erwogen wurde.[97]

3.6. Die Relevanz der Kulturpolitik

Am 29. Januar 1927 kam es zum 4. Kabinett Marx unter Einbeziehung der DNVP, der sog. zweiten »Bürgerblock«-Regierung. Einen großen Verdienst am Zustandekommen dieser Rechtsregierung hatten Heinrich Brüning und Prälat Ludwig Kaas. Dabei spielten kulturpolitische Überlegungen bei dem Trierer Prälaten, wie z. B. der Abschluß eines die Bekenntnisschule sichernden Reichsschulgesetzes und auf längere Sicht gesehen der Abschluß eines Reichskonkordats, eine nicht unwesentliche Bedeutung.[98] Zentrum und Deutschnationale kamen in ihrem Schulprogramm auf einen gemeinsamen Nenner: Forderte das Zentrum die konfessionelle Schule vom Standpunkt der katholischen Kirche aus, so befürworteten sie die Deutschnationale von dem der protestantischen Kirche aus.

Über den Stellenwert der Kulturpolitik äußerte sich Bolz auf einem Landesparteitag des Zentrums in Ulm 1926: »Konfessionelle Schule, konfessionelle Lehrerbildung und konfessionelle Oberschulbehörden ... sind auch heute noch Programmpunkte der Zentrumspartei, von denen sie sich nicht abbringen läßt ... Was den Reichsschulgesetzentwurf anbetrifft, so hat die Zentrumspartei mit Rücksicht auf die Diasporaschulen ein starkes Interesse an der baldigen Verabschiedung ... Mit Rücksicht auf die Diaspora wünscht das Zentrum auch den Abschluß eines Reichskonkordats«.[99] Den Gedanken der Diasporasituation konkretisierte er dann im Hinblick auf die Bedeutung der Zentrumspartei: »Was zur Gründung der Zentrumspartei geführt hat, die einheitliche Weltanschauung und das Gefühl der schlecht behandelten Minderheit, macht auch heute die Zentrumspartei notwendig. Unsere

---

[97] Vgl. Becker V 77. – Vgl. Becker III 206. – Vgl. Miller 300. – Vgl. Kolb 83 f.

[98] Vgl. Becker IV 373 u. 393. – Vgl. Becker III 206. – Vgl. Becker II 3–9.

[99] NLB ZPT in Ulm am 24. Jan. 1926. DV 78, 1926, Nr. 15 (25. Jan. 1926), 221.

Lebensauffassung ist heute die gleiche wie vor 50 Jahren. Wir sind auch heute noch eine Minderheit und die Voreingenommenheit der anderen uns gegenüber hat sich nicht geändert. Wir sind ungern gesehene Leute; wo man uns umgehen kann, da tut man es. Wir bekommen nichts, wenn wir es nicht erkämpfen. Dieser Vorwurf gilt denen rechts von uns und denen links von uns ... Die Zentrumspartei ist ihrem Wesen und ihrer Schichtung nach die alte; sie muß es auch ihrem politischen Ziel nach bleiben. Was sich geändert hat, ist nicht die Partei, sondern das sind die Umstände, unter denen die Partei arbeiten muß«.[100] Bolz betonte also den spezifisch »katholischen« Charakter des Zentrums, was im protestantisch geprägten Württemberg den Zusammenhalt der Katholiken stärken sollte. Mit dieser Feststellung wollte er aber nicht nur einer weiteren Zerklüftung des politischen Katholizismus entgegenwirken, sondern zugleich seinen Beitrag gegen die politische Orientierungslosigkeit innerhalb der Zentrumspartei in diesen Jahren leisten. Gegen Wirth, dessen Bemühen auf die Bildung einer linksdemokratischen Volkspartei zielte, die in der »Republikanischen Union« mit der SPD und den Demokraten eine feste Basis für die Republik hätte abgeben können,[101] plädierte Bolz für den Erhalt der Eigenständigkeit der Zentrumspartei und schlug damit naturgemäß eine konservative Orientierng ein: »Ganz gefährlich ist es, wenn von einzelnen Zentrumsanhängern die Behauptung nachgeredet wird, das Zentrum sei nicht mehr, wie früher, die politische Vertretung des deutschen Katholizismus. Die so reden, tun es, um die zentrale Stellung des Zentrums auszuschalten, um es aufzuteilen zwischen rechts und links, um es unter Abstoßung gewisser Gruppen in eine einseitige politische Richtung hineinzubuxieren. Das sind Zerstörer des Zentrumsgedankens und der Zentrumsgeschichte«.[102] Ab 1927 traten dann in Bolz' Politik kulturpo-

[100] Ebd. 215 f. – Vgl. sein Vorwurf gegenüber rechts vom November 1921. Damals sagte Bolz: »Leider müssen wir ... manche Anzeichen schon wieder sehen dafür, daß man uns Katholiken als Staatsbürger 2. oder 3. Klasse zu betrachten beginnt. Der Waffenstillstand zwischen den Bekenntnissen ist ... zu Ende«; NLB ZV in Horb am 20. Nov. 1921. Horber Chronik 1921, Nr. 268 (21. Nov. 1921), 669.
[101] Vgl. Becker IV 361 ff.
[102] NLB ZPT in Ulm am 24. Jan. 1926. DV 78, 1926, Nr. 15 (25. Jan. 1926), 215.

litische Belange in den Vordergrund. Dabei wies er auf die innere Neuformierung der liberalen Parteien hin, die mehr und mehr die Struktur der Vorkriegszeit annahmen und sich zur Zusammenarbeit mit den Sozialisten auf kulturellem Gebiet bereit machten: In den ersten Jahren nach dem Krieg habe man für kulturelle Fragen wenig Zeit gehabt. Nachdem nun wieder das Reich auf festen Füßen steht, treten auch die kulturpolitischen Belange in den Vordergrund. Die Verabschiedung des Gesetzes zum Schutz der Jugend und des Gesetzes gegen Schmutz und Schund sei berechtigt. Man sollte glauben, daß die Schaffung derartiger Gesetze von allen Seiten begrüßt wird. Das sei leider nicht der Fall. Man rede von einer Gefahr für die Freiheit der Kunst, da möchte man lieber die Jugend verkommen lassen. Hier mache die Zentrumspartei unter keinen Umständen mit. Jetzt, nachdem das Reich gesichert ist, sehen wir, daß Liberalismus und Sozialismus ihre frühere Einstellung wieder beziehen. Demgegenüber heißt es für das Zentrum, sich ebenfalls »auf seine Grundsätze zu besinnen und von da aus Politik zu machen«. Das Bestreben der Zentrumspartei müsse es sein, »alles, was früher zum Zentrum gehört hat, wieder zum Zentrum zurückzuführen«.[103] In seinem Tun und Handeln erhob Bolz – in kulturpolitischer Hinsicht – die Geschlossenheit des katholischen Denkens mehr und mehr zur bestimmenden Maxime. In dieser auf Geschlossenheit beruhenden Weltanschauung sah er eine Alternative zur Individualisierung und Atomisierung der Welt. Dieser Kontext bildet die Folie für seine Rede auf der 64. Generalversammlung der Katholiken Deutschlands im August 1925. Damals sagte Bolz: »Absolute Wahrheiten wollen wir in die

---

[103] Vgl. NLB ZPT in Leutkirch am 15. Mai 1927. DV 79, 1927, Nr. 121 (16. Mai 1927), 235 f. – Vgl. NLB ZPT in Riedlingen am 1. Mai 1927. DV 79, 1927, Nr. 99 (2. Mai 1927), 232: »Verschiedene Parteien sind auf dem besten Wege zu ihrer Einstellung, wie sie vor dem Krieg bestanden hat, zurückzukehren. Man darf hier an die Schulfrage und an das Konkordat erinnern. Es hat den Anschein, daß man aus der Vergangenheit so gut wie nichts gelernt hat. Wir sind im besten Zuge, einen Liberalismus und Sozialismus zu bekommen, der dem der Vorkriegszeit in nichts mehr nachsteht. Je mehr diese Erscheinung wahrnehmbar wird, desto mehr hat sich das Zentrum auf seine unverrückbaren Grundsätze zurückzuführen und seine Politik auf seine Grundanschauungen einzustellen«.

Gegenwart hineinstellen, in eine Gegenwart, in der alles wankt und schwankt ... Die Menschen wollen nicht die Wahrheit, sondern die Freiheit, nicht die Pflicht, sondern das Recht ... Diese Predigt der Freiheit ... wird auf der Straße und dem Markte feilgeboten, ... in der Politik, ... in Handzetteln ... Freiheit in der Ehe, Verfügungsrecht über die Leibesfrucht ... Die Predigt der Freiheit ist die Predigt der Revolution ... Wir wollen dem Irrlicht der Freiheit und Verantwortungslosigkeit die Leuchte der Wahrheit und das Banner der Pflicht gegenüberstellen ... Der schrankenlosen Freiheit wollen wir die absolute Wahrheit gegenüberstellen, dem Recht das Gebot, der Willkür die Autorität ... Absolute, ewige Wahrheit duldet kein Verhandeln und keinen Kompromiß. Sie verlangt das Opfer bedingungsloser Unterwerfung«.[104]

Dieser Aspekt der Bolzschen Politik machte deutlich: Wie der Idee Stegerwalds, so erteilte Bolz auch den Vorstellungen von Wirth eine deutliche Absage. Die »Einheitsfront der Katholiken« galt es unter allen Umständen zu erhalten; nur so konnte der Status, »Bürger 2. oder 3. Klasse« zu sein, überwunden werden. Die Aktivierung antikatholischer Affekte diente dem »Katholiken« Bolz zum Erhalt der

---

[104] NLB 64. GV der Katholiken Deutschlands am 23. Aug. 1925. – Weiter heißt es: »Wir wollen dem Menschen sagen: Daß er zu arm ist und zu schwach ist, allein die Wahrheit zu finden, daß er einen Lehrer braucht und daß auch beim Suchen nach Wahrheit Autorität notwendig ist ... Wir wollen die Kinder erziehen zum Verständnis für die Notwendigkeit der Autorität ... Je zügelloser der einzelne wird, je mehr die Achtung vor dem Ehrwürdigen schwindet, je mehr der Gehorsam verneint wird, desto unerschrockener wollen wir die Autorität verkünden, eine Autorität, gestützt und gegründet auf die ewige Wahrheit. Die ewige Wahrheit muß der Kompaß sein, der denen den Weg zeigt, die Autorität verlangen«. – Vgl. auch Bolz' Geleitwort zur Festbeilage des Deutschen Volksblatt zur 450–Jahrfeier der Universität Tübingen im Juli 1927: »Universitas Literarum – ein Begriff aus einer engeren, aber geschlossenen Welt. Heute ein Etwas, das Sehnsucht weckt ... Dahin! Kein Ganzes mehr. Nur Teile und Teilchen. Die Teile werden immer zahlreicher und abgeschlossener ... Keine Einheit mehr, nichts Umfassendes, Geschlossenes ... Nur die Gegenwart gilt ... Das alles zum Schaden der deutschen Kultur«, Miller 320 f. – Vgl. NLB KPT in Ellwangen am 28. Febr. 1926. DV 78, 1926, Nr. 49 (1. März 1926), 225 f.

»katholischen Einheit« und wirkte gegen die »Erosion« des katholischen Milieus. Seine Argumentation nahm dabei apologetischen Charakter an und in seinen Reden machte sich der Geist des Kulturkampfes bemerkbar. Dies trug im protestantischen Württemberg sicherlich mit dazu bei, den Zusammenhalt der Katholiken zu stärken.

Zudem besaßen kirchlich-kulturelle Belange in der Politik von Bolz einen hohen Stellenwert. Zu Beginn der Weimarer Republik verzichtete er auf deren Thematisierung, wies jedoch darauf hin, in einer Koalition mit der SPD keine Grundsätze preiszugeben. Jetzt, zu Beginn des Jahres 1927, da in der Außenpolitik »Windstille« herrschte, forderte er verstärkt die Rechte der katholischen Kirche ein. Eine gemeinsame Politik von Liberalismus und Sozialismus auf kulturellem Gebiet machte Bolz die Notwendigkeit der Existenz des »alten« Zentrums und dessen ursprünglicher Zielsetzung deutlich. Gegen eine zunehmende Atomisierung und Individualisierung des gesellschaftlichen und kulturellen Lebens stellte Bolz die Theorie von einer geschlossenen, auf Autorität sich gründenden Ordnung. Dieses Ganzheitsdenken wurzelte in der »katholischen Weltanschauung«. In ihrer »ewigen Wahrheit« fand er Orientierung und Hilfe. Ihr fühlte er sich »verpflichtet«. Seine Distanz zum Liberalismus beschränkte sich dabei im wesentlichen auf die Gleichsetzung mit sittlich-kultureller Libertinage. Im Freiheitsdrang des Liberalismus sah er eine revolutionäre Gefahr für die deutsche Kultur.

3.7. Kein Konkordat für Württemberg[105]

Am 16. Juli 1926 starb der Rottenburger Bischof Paul Wilhelm von Keppler. Mit seinem Tod wurde in Württemberg die Konkordatsfrage akut. Das Rottenburger Domkapitel bemühte sich, entsprechend den Abmachungen bei Errichtung des Bistums 1821 bzw. 1827 das Bischofswahlrecht zu erhalten. Nach Auffassung des damaligen Nuntius in Berlin, Eugenio Pacelli (des späteren Papstes Pius XII.), waren

---

[105] Vgl. Köhler III. – Vgl. Miller 306 f. – Vgl. K. Scholder, Eugenio Pacelli und Karl Barth. Politik, Kirchenpolitik und Theologie in der Weimarer Republik, 98 ff.

jedoch durch den politischen Umsturz von 1918 die päpstlichen Gründungsbullen unwirksam geworden.[106] Auch war bei den häufig wechselnden parlamentarischen Regierungen das Mitspracherecht der württembergischen Regierung fraglich geworden. Daher teilte Kardinalstaatssekretär Pietro Gasparri am 13. Oktober 1926 auf Anfrage des Domkapitels mit, daß Rom nicht gewillt sei, das Wahlrecht zuzugestehen. Es verlangte, daß zuvor ein neues Konkordat abgeschlossen werden müsse.[107] Nuntius Pacelli ließ in dieser Angelegenheit Innenminister Bolz nach Rorschach kommen. Pacelli erklärte Bolz gegenüber, Rom sei zu Verhandlungen über ein Konkordat mit Württemberg bereit. Bolz jedoch lehnte ab: Zum einen, weil ein Konkordat wegen der antikatholischen Grundstimmung im Lande keine Mehrheit im Landtag gefunden hätte;[108] zum andern, weil seit dem CIC von 1917 die römische Politik deutlich fixiert war: Rom wollte den Bischof gemäß dem ius commune frei ernennen und nicht vom Domkapitel wählen lassen.[109] Bolz hingegen trat für das alte historische Recht ein. Er bezeichnete daher das Verhalten Roms als einen »Vertragsbruch«[110] und wies den Nuntius darauf hin. Am 20. Januar 1927 suchte Bolz Pacelli in Berlin auf und erklärte, die Regierung in Stuttgart werde in keine allgemeinen Konkordatsverhandlungen eintreten. Bolz versprach ihm, mit den Regierungen der Oberrheinischen

---

[106] Vgl. Köhler III 290 (Quelle 3: Eugen Bolz an den Domdekan Max Kottmann in Rottenburg). – Vgl. Privatbrief von L. Baur am 30. Nov. 1931. – Vgl. K. Obermayer, Die Konkordate und Kirchenverträge im 19. und 20. Jahrhundert, 166–183; 174.

[107] Vgl. Köhler III 290 (Quelle 3). – Vgl. Privatbrief von L. Baur.

[108] Vgl. Morsey I 95. – Vgl. Miller 306 f. – Vgl. L. Volk, Das Reichskonkordat vom 20. Juli 1933. Von den Ansätzen in der Weimarer Republik bis zur Ratifizierung am 10. September 1933, 57. Volk führte dort allgemeine Realisierungschancen für das faktische Zustandekommen eines Länderkonkordates an: 1.) Die kulturpolitische Eigenständigkeit der deutschen Einzelstaaten und 2.) eine »beherrschende« oder »ausschlaggebende« oder zumindest eine »einflußreiche« Position des Zentrums. Mißt man die Möglichkeiten Württembergs an diesen beiden Voraussetzungen, dann waren die Realisierungschancen für ein Konkordat im protestantischen Württemberg durchaus positiv einzuschätzen.

[109] vgl. Köhler III 290 (Quelle 3).

[110] Ebd. 291 (Quelle 3).

Kirchenprovinz Kontakte aufzunehmen, was auch geschah.[111] Dort bestanden jedoch geringe Neigungen zu einem gemeinsamen Vorgehen. Am 15. März 1927 wurde die Presse in Kenntnis gesetz, daß das Rottenburger Domkapitel aus einer Liste von drei Kandidaten den bisherigen Generalvikar, Weihbischof und Kapitularvikar Joannes Baptista Sproll, zum neuen Bischof gewählt habe. Am 29. März wurde er dann von Papst Pius XI. bestätigt. Die Sedisvakanz vom letzten Bischof aus dem württembergischen Königreich zum ersten Bischof der Republik dauerte annähernd neun Monate.

[111] Ebd.

Exkurs I:

Die Wahl von Prälat Kaas

»Mit der zunehmenden Konsolidierung der politischen und wirtschaftlichen Verhältnisse etwa seit Mitte der 1920er Jahre ... vollzog sich in der (Zentrums-)Partei ... ein tiefgreifender Prozeß innerer Auseinandersetzung und Meinungsbildung«.[112] So umschrieb Rudolf Morsey die Situation des Zentrums in der zweiten Hälfte der zwanziger Jahre. 1925 trat Joseph Wirth wegen der parlamentarischen Zusammenarbeit des Zentrums mit den Deutschnationalen vorübergehend aus der Partei aus.[113] Im selben Jahr hatten einige westfälische Zentrumsabgeordnete im preußischen Landtag – u. a. v. Papen – die Wahl ihres eigenen Parteivorsitzenden, Wilhelm Marx, zum preußischen Ministerpräsidenten verhindert. Derselbe Kreis hatte einige Monate zuvor bei der Reichspräsidentenwahl zusammen mit der BVP gegen Marx und für den Kandidaten der Rechtsparteien, v. Hindenburg, gestimmt.[114] 1927 bildete das Zentrum wiederum unter Marx mit den Deutschnationalen und der Deutschen Volkspartei eine weitere Regierung, den sog. »Zweiten Bürgerblock«. Nach Kräften förderte ein Teil des Zentrums diese Koalition, von der man sich ein Entgegenkommen in den für das Zentrum in diesen Jahren im Vordergrund stehenden kulturpolitischen Fragen (u. a. das Reichsschulgesetz) erhoffte. Als im Februar 1928 die DNVP den Entwurf des Schulgesetzes zu Fall brachte, erklärte das Zentrum die Koalition für aufgelöst. Die Reichstagswahlen am am 20. Mai 1928 führten zur schwersten Wahlniederlage des Zentrums in der Weimarer Republik. Auf diesem Hintergrund gewann die Wahl eines neuen Vorsitzenden im Dezember 1928 in Köln auf dem Reichsparteitag ein besonderes Gewicht.

Am 6. Oktober 1928 hatte Wilhelm Marx, der insgesamt viermal Reichskanzler war und dabei jeweils an der Spitze sehr unterschiedlich zusammengesetzter Regierungen stand, den Vorsitz der Zen-

---

[112] Morsey II 284.
[113] Vgl. Becker IV 361 ff.
[114] Vgl. Eyck I 446.

trumspartei niedergelegt. Sein Nachfolger, der Trierer Prälat Ludwig Kaas,[115] setzte sich erst in einer Kampfabstimmung gegen seine beiden Mitbewerber, Adam Stegerwald und Josef Joos, durch. Zum ersten Mal in seiner Geschichte übernahm ein geistlicher Parlamentarier die Leitung des Zentrums. Seine Wahl zielte darauf ab, die Nähe zur Kirche respektive die weltanschaulichen Grundlagen der Partei wieder in den Vordergrund zu stellen. Zugleich bedeutete sie eine »endgültige Absage an eine grundsätzliche Wendung zur rein politischen Partei«.[116] Man umschrieb daher die Geschichte der Zentrumspartei in den folgenden Jahren als »Rückbesinnung auf die konservative Tradition des Katholizismus«.[117]

Exkurs II:

Die Katholische Aktion[118]

Die Kölner Prälatenwahl von 1928 widersprach der Grundlinie des neuen kirchenpolitischen Kurses. Dieser zielte auf keine »parteipolitische Exponierung des Klerus«, sondern auf eine »nichtpolitisierte Sammlung der Katholiken auf einem beständigeren, grundsätzlichen, politisch neutralen Boden«[119] ab, wie er sich in der »Katholischen Aktion« manifestierte. In ihren Anfängen war diese Aktion eine Bewegung, die an der Wende vom 19. zum 20. Jahrhundert in Italien entstand. Mit ihr wollte Papst Pius X. (1903–1914) den Katholiken in Italien wieder einen größeren Einfluß im öffentlichen Leben verschaffen. Diese Aktion war von Anfang an unpolitisch gedacht und

---

[115] Vgl. R. Morsey, Ludwig Kaas (1881–1952), 263 ff. – Vgl. G. May, Ludwig Kaas, 3 Bde.

[116] Becker I 167. – Vgl. Becker II 13. – Vgl. Köhler III 266.

[117] H. Grebing, Die Konservativen und die Christlichen seit 1918, 487 f.

[118] Vgl. J. Köhler, Katholische Aktion und politischer Katholizismus in der Endphase der Weimarer Republik, 141–153 (Köhler V). – Vgl. Becker I 149 ff. – Vgl. Becker II 5 f. – Vgl. Becker IV 434. – Vgl. Chenu 31 ff. – Vgl. J. Will, Die Katholische Aktion. Biblische und dogmatische Grundlagen.

[119] Becker I 165.

sollte unter der Führung des »hierarchischen Apostolats« stehen. Papst Pius XI. (1922–1939) wollte diese Bewegung auf die Gesamtkirche ausdehnen. Seine Enzyklika »Ubi arcano Dei« vom 23. Dezember 1922 galt als die eigentliche Programmschrift der »Katholischen Aktion«. Darin sprach sich der Papst gegen demokratische Parteien aus, da man in einem faschistischen, die parlamentarische Demokratie unterdrückenden Staat, nichts mit Parteien ausrichten könne.[120] Die Initiative zur Organisation der Aktion in Deutschland ging vom Vorsitzenden der Fuldaer Bischofskonferenz, dem Breslauer Kardinal Bertram, aus. Verkündet wurde sie 1928 einige Wochen vor der Wahl von Prälat Kaas zum Zentrumsvorsitzenden auf dem Magdeburger Katholikentag durch Nuntius Pacelli. In einem Rundschreiben Bertrams vom November 1928 an die Mitglieder der Fuldaer Bischofskonferenz hieß es: »Als spezifische Eigenart dessen, was Pius XI. mit der Katholischen Aktion erstrebte, werden ... einige Grundanliegen angegeben ... : ›Teilnahme der Laien am hierarchischen Apostolat‹, umfassend: a) Apostolat der Katholiken von Bildung und einflußreicher Stellung; und b) Einbau des Laienapostolats in die Verfassung der Kirche ... Daß ... noch viel zur Durchführung der Grundlinien geschehen kann und muß, ist nicht zu bestreiten. Die Gefahr eines zu großen Selbständigkeitsgefühls in der Laienwelt ist nicht zu leugnen«.[121] In den Richtlinien der Fuldaer Bischofskonferenz vom August 1929 schlugen die Bischöfe vor, alle katholischen Organisationen und Vereinigungen zusammenzufassen, um eine Vereinheitlichung ihrer Aktivitäten zu erhalten. Die Koordinierung dieser Sammelbewegung sollte von Anfang an unpolitisch erfolgen. Einer Unabhängigkeit der Laien von der Amtskirche wollte man so entgegenwirken: »Seelsorgerliches Denken im Klerus und in der Hierarchie richtete sich gegen emanzipatorische und pluralistische Tendenzen im deutschen Katholizismus«.[122] Daher bestand die Gefahr, die

[120] Vgl. K. Buchheim, Warum das Zentrum unterging, 27.

[121] Bertram, Rundfrage betr. Katholische Aktion. An die hochw. Herren Mitglieder der Fuldaer Bischofskonferenz vom 27. November 1928. EAF: EOA 55/97. – Vgl. Bertram, Richtlinien für die Arbeit der Katholischen Aktion. Entwurf für die Fuldaer Bischofskonferenz. EAF: EOA 55/97. – Vgl. Bertram, Nachrichtliche Mitteilung für den hochw. Klerus der Diözese Breslau vom 14. März 1928. EAF: EOA 55/97.

[122] Ebd. 147.

»Katholische Aktion« als »Ersatz« für den politischen Katholizismus in Anspruch zu nehmen. Diese Ambivalenz in der Diagnose der »Katholischen Aktion« manifestierte sich in der Feststellung von Papst Pius XI. auf einem Kongreß in Rom 1926: »Die Katholische Aktion ... entfaltet ihr Wirken über und abseits jedweder politischen Partei ... Sie will weder die Politik einer Partei treiben, noch eine politische Partei sein ... Daraus ergibt sich als Folgerung, daß die Katholische Aktion, wenn sie auch keine Parteipolitik treibt, vorbereitend wirken will, daß gut Politik, große Politik getrieben werde«.[123] Diese Absage an eine parteipolitische Exponierung signalisierte einen Rückzug in die Innerlichkeit. Ziel war es einerseits, den Laien in der Kirche einen Raum für ihre Aktivitäten zu geben, andererseits sollten »die laikalen Aktivitäten und Verbände nur als Instrument der Seelsorge gesehen werden«.[124]

Exkurs III:

Eugen Bolz – württembergischer Staatspräsident[125]

Bis Juni 1928 regierte in Württemberg die Regierung Bazille, bestehend aus Bürgerpartei, Bauern- und Weingärtnerbund und Zentrum. Diese Rechtskoalition mußte bei den Landtagswahlen am 20. Mai 1928 hohe Verluste hinnehmen.[126] Eindeutiger Wahlsieger wurde die SPD. Sie erwarb von 80 Sitzen 22 und war damit stärkste Fraktion im Landtag. Nach diesem »Rekordergebnis«[127] rechnete man allgemein damit, daß, wie im Reich, auch in Württemberg die SPD in

---

[123] Zitiert nach F. Ritter v. Lama, Papst Pius XI. Sein Leben und Wirken, 66. – Vgl. Köhler V 151.

[124] Köhler V 145.

[125] Vgl. Besson 27 ff. – Vgl. Miller 333 ff. – Vgl. W. Keil, Erlebnisse eines Sozialdemokraten, Bd. 2, 376 ff.

[126] Während das Zentrum im Reich zusammen mit der BVP um 2,2% zurückging, verlor es in Württemberg über 3%, die Bürgerpartei verlor die Hälfte ihrer Stimmen und sank auf 5,7% ab; der Bauern- und Weingärtnerbund verlor 2,1% der Stimmen.

[127] G. Scholz, Kurt Schumacher, 63.

die Regierung eintreten würde. Sogar eine Weimarer Koalition aus Zentrum, SPD und DDP hätte in Stuttgart – im Unterschied zu Berlin – eine solide Mehrheit besessen (47 von 80 Sitzen). Man entschied sich aber für die Bildung einer bürgerlichen Koalition als Gegengewicht zur Reichsregierung. Mit 36 von 80 Sitzen war dieses Minderheitskabinett auf die parlamentarische Tolerierung von einzelnen Abgeordneten des Christlichen Volksdienstes und der Deutschen Volkspartei, sowie auf die Hilfe der Geschäftsordnung des Landtags angewiesen. Anstelle von Bazille, der das Kultministerium erhielt, wobei Dehlinger Finanzminister wurde, wurde der bisherige Innenminister Bolz am 8. Juni 1928 zum württembergischen Staatspräsidenten gewählt. Erst Anfang 1930, mit dem Eintritt der beiden liberalen Parteien in die Regierung, besaß das Kabinett Bolz-Bazille wieder eine Mehrheit im Parlament. Neben traditionellen Elementen sprachen für diese Lösung auch weltanschauliche Gründe: Das württembergische Zentrum war viel stärker als im Reich landwirtschaftlich orientiert, woraus sich ein größerer Gegensatz zur SPD ergab.[128] Darüber hinaus setzte sich das Zentrum besonders für die Konfessionsschule und die Eigenständigkeit der Länder ein.

[128] Vgl. Blackbourn I. – Vgl. Blackbourn II 73 ff. – Vgl. W. Loth, Das Zentrum und die Verfassungskrise des Kaiserreichs, 204 ff. (Loth IV).

4. Die Auflösung der Weimarer Republik[129]

4.1. Der Verlauf der politischen Ereignisse

Als das Kabinett der Großen Koalition am 27. März 1930 seine Demission beschloß, wurde kein weiterer Versuch einer parlamentarischen Regierungsbildung unternommen. Hindenburg ernannte auf Vorschlag von General Schleicher den Zentrumsabgeordneten Heinrich Brüning zum Reichskanzler. Dieser sollte seine Regierungbasis nach rechts erweitern und die weitaus stärkste Partei im Reichstag, die SPD, ausschalten. Als der Reichstag im Sommer 1930 Brünings Sanierungsprogramm nicht annahm, löste dieser ihn auf. In den Septemberwahlen erhielten die Nationalsozialisten 107, die Kommunisten 77 Mandate; damit waren die Nationalsozialisten zweitstärkste Partei im Reichstag. Da sich keine parlamentarische Regierung mehr fand, regierte Brüning mit Hilfe von Notverordnungen. Er war der vom Reichspräsidenten eingesetzte und vom Parlament »geduldete Diktator«. Trotz aller Gegensätze wurde er, wegen seiner Gewissenhaftigkeit in der Einhaltung der Verfassung, von der SPD toleriert. Im Frühjahr 1932 war die siebenjährige Präsidentschaftsperiode Hindenburgs abgelaufen. Im zweiten Wahlgang am 10. April 1932 siegte Hindenburg gegen seine Mitkonkurrenten. Mit ganzer Macht hatte sich Brüning für dessen Wiederwahl eingesetzt. Kurz Zeit später – am 30. Mai 1932 – wurde Brüning jedoch entlassen. Sein Nachfolger war der ehemalige Zentrumsabgeordnete Franz von Papen. Dessen »Kabinett der Barone« besaß keine Bindung an die Parteien; es war ein überwiegend aus Adligen zusammengesetztes Präsidialkabinett, das in der NSDAP eine neue Machtbasis finden sollte. Das Zentrum wurde bei der Regierungsbildung nicht beteiligt und war darüber sehr

---

[129] Vgl. Eyck II. – Vgl. G. Jasper, Die gescheiterte Zähmung. Wege zur Machtergreifung Hitlers 1930–1934. – Vgl. M. Broszat, Die Machtergreifung. Der Aufstieg der NSDAP und die Zerstörung der Weimarer Republik. – Vgl. D. J. K. Peukert, Die Weimarer Republik. – Vgl. Junker 43 ff. – Vgl. Morsey IV 13 ff. – Vgl. W. J. Doetsch, Württembergs Katholiken unterm Hakenkreuz 1930–1933. – Vgl. R. Müller, Stuttgart zur Zeit des Nationalsozialismus.

empört. Daher betrieb es eine reine Oppositionspolitik gegen Papen. Angesichts der Erfolge, die die Nationalsozialisten in den Landtagswahlen erringen konnten, hoffte Papen, sich über eine vorzeitige Reichstagsauflösung eine Machtbasis verschaffen zu können. Daher erfolgte bereits am 4. Juni 1932 die Auflösung des Reichstags; Neuwahlen wurden auf den 31. Juli anberaumt. Sie brachten der NSDAP einen großen Wahlerfolg. Angesichts der hohen Stimmengewinne lehnte Hitler eine Tolerierung der Regierung Papen ab. Papen sah sich nun mit der Tatsache konfrontiert, daß NSDAP und KPD im Reichstag zusammen über eine Sperrmajorität verfügten und in der Lage waren, seiner Regierung das Mißtrauen auszusprechen. Papens Ziel war die Auflösung des Reichstages, ohne jedoch Neuwahlen auszuschreiben; dies wäre einem Verfassungsbruch gleichgekommen. Hitler dagegen forderte eine völlige Neubildung der Regierung unter seiner Führung, was jedoch der Reichspräsident ablehnte. Nach wie vor verneinte das Zentrum eine Tolerierung Papens; es forderte eine »Notgemeinschaft der Parteien«. Der Zentrumsvorschlag implizierte eine Regierungsbeteiligung der NSDAP. Ende August führte die Partei daher »Koalitionsverhandlungen« mit den Nationalsozialisten, an denen auch Bolz teilnahm. Am 12. September löste Papen den Reichstag auf, wagte jedoch nicht den Verfassungsbruch. Er setzte Neuwahlen in der verfassungsmäßigen Frist an. Eindeutiger Verlierer der Wahl am 6. November war die NSDAP, die rund 2 Millionen Stimmen verlor; die KPD ging als großer Gewinner aus der Wahl hervor. NSDAP und KPD zusammen verfügten jedoch nach wie vor über eine Sperrmajorität. Ziel Papens war eine Präsidiallösung, Hitler dagegen forderte die Kanzlerschaft für sich. Hindenburg wollte der Forderung Hitlers nur dann zustimmen, wenn es diesem gelänge, eine parlamentarische Mehrheitsregierung zu bilden. Dies jedoch lehnte Hitler ab. Am 3. Dezember 1932 entschloß sich Hindenburg – höchst ungern –, Papen zu entlassen. Sein Nachfolger wurde der Reichswehrminister Schleicher. Nach kurzer Zeit erkannte auch dieser, daß ihm als letztes Mittel nur der Verfassungsbruch blieb: Er war bereit, den Reichstag aufzulösen und Neuwahlen verfassungswidrig hinauszuschieben. Dies jedoch lehnte Hindenburg ab. Inzwischen hatte Papen Hitler in Hindenburgs Augen »kanzlerfähig« gemacht und am 30. Januar 1933 wurde Hitler zum Reichskanzler ernannt. Dieser schrieb sofort Neuwahlen aus.

4.2. Bolz' Einschätzung des Links- und Rechtsradikalismus

Nach den großen Wahlerfolgen von NSDAP und KPD im September 1930, warnte Bolz in seinen Reden vor den Zielen der beiden radikalen Parteien. Auf einer Zentrumsversammlung in Friedrichshafen meinte er im April 1931: »Wir haben ... heute zwei radikale Parteibewegungen, die eine rechts, die andere links ... Die Kommunisten kennt jeder ... Sie haben seit Jahren offen ... für die Revolution Propaganda gemacht ... Hier wissen wir, daß wir eine revolutionäre Partei vor uns haben. Viel schwerer ist es für den einzelnen, einen Blick in die nationalsozialistische Partei zu tun und darüber klar zu werden, was diese Partei eigentlich will ... Zunächst kritisiert sie, klagt an und verspricht ... Man weiß gar nicht recht, ist die nationalsozialistische Partei eine legale oder eine revolutionäre Partei ... Was der Sieg des Kommunismus bedeutet, weiß jeder; er bedeutet Revolution. Der Sieg des Nationalsozialismus ... bedeutet die Diktatur. Und eine solche Diktatur wäre die Revolution«.[130] Bolz machte dabei auf einen bedeutungsvollen Wandel innerhalb der NSDAP aufmerksam. Seiner Meinung nach bekannte sich Hitler nach seinem Legalitätseid im September 1930 zu einem legalen Weg: »Hitler hat sich angewöhnt, seit Monaten zu betonen, wir sind eine legale Partei, und scharfe Erlasse herausgegeben, die Legalität vor Ungesetzlichkeit zu schützen, und hat eine Reihe führender Persönlichkeiten ausgeschlossen. Trotzdem war die Partei in ihrer Gründungszeit unter Hitler eine revolutionäre Partei«.[131] Aus diesem Grund zeigte sich Bolz gegenüber der Partei weiterhin vorsichtig und war der Ansicht: »Einzelne Führer der Sturmabteilungen, die inzwischen abgesprungen sind, machen jetzt Hitler den Vorwurf, daß er die Bewegung verleugne, daß er sie schwäche. Sie sagen es offen, die Bewegung muß eine revolutionäre sein, wenn sie überhaupt einen Sinn haben soll. Die Nationalsozialisten werden es uns also nicht übel nehmen, wenn wir ihre Bewegung mit mißtrauischen Augen ansehen«.[132] Einer gemeinsamen Politik mit dieser Partei erteilte er vorerst eine

---

[130] NLB ZV in Friedrichshafen am 20. Apr. 1931, 269 f.
[131] Ebd.
[132] Ebd.

deutliche Absage: »Wären denn etwa die radikalen Parteien rechts, wäre etwa eine von Hugenberg oder von einem Hitler oder seinem Beauftragten geführte Regierung geeigneter, Verhandlungen zu führen, im Verhandlungsweg etwas zu erreichen? Man darf die Frage nur aufwerfen, um sie verneinen zu müssen. Wenn die radikale Rechte die Regierung führen würde, die Außenpolitik treiben, dann würde dies den ganzen Widerstand unserer Regierung ... herbeiführen und wir kämen zu der Überzeugung, daß wir mit einer solchen Regierung auch im Verhandlungsweg zu keinem brauchbaren Ergebnis kommen könnten«.[133] Fürs erste wollte Bolz die Nationalsozialisten in einer Art »Erziehungsquarantäne« am Rande des Weges liegen lassen und zwar so lange, bis diese »Vernunft« annahmen. Erst dann war eine gemeinsame Politik mit dieser Bewegung möglich. Auf längere Sicht gesehen, hielt Bolz allerdings die Gefahr des Linksradikalismus für gefährlicher und größer; aus zwei Gründen:

Zum einen glaubte er nicht, daß die Massen auf der Linken, die seit mehr als einem halben Jahrhundert gewerkschaftlich wohl organisiert waren, in Ruhe zusehen würden, wie Hitler in Deutschland nach dem Vorbild eines Mussolini regieren würde: »Alle Wahlerfolge am 14. September dürfen uns nicht darüber hinwegtäuschen, daß die Linke nichts verloren hat, wenn auch den Sozialdemokraten einige Mandate entfielen. Aber dafür haben die Kommunisten entsprechend gewonnen und den 6 bis 7 Millionen Wählerstimmen Hitlers stehen 12 bis 13 Millionen kommunistischer Stimmen gegenüber«.[134] Dieselbe Meinung vertrat Bolz ein halbes Jahr später in der Wiener Kulturzeitschrift »Schönere Zukunft«: »Der Faschismus ist die naturgemäße Bewegung gegenüber dem Internationalen ... Der Faschismus wird, so kräftig er sich auch da und dort entwickeln mag, als Nationalismus eine vorübergehende Erscheinung sein ... Der Bolschewismus ist das gewaltigste und gefährlichste für die Welt«.[135]

Den zweiten Grund erkannte Bolz in der sozialen Orientierungslosigkeit des Nationalsozialismus. Dadurch bestand die potentielle

[133] Ebd. 260. – Vgl. NLB Rede im Reichstag in Berlin am 24. Febr. 1932. – Vgl. NLB WV der BVP in München am 10. März 1932.
[134] Ebd. 270.
[135] NLB SZ 6 (1931) Nr. 52 (Fassung A).

Gefahr, daß seine Massen nur allzu leicht Beute des Kommunismus werden konnten. Auf einer Wahlversammlung im Frühjahr 1932 in München meinte er: »Diese Gruppe muß eines Tages die begeisterte Jugend schwer enttäuschen, und diese enttäuschten Massen werden dann zu den Bolschewisten gehen. Den nationalsozialistischen Massen, die nur vom Haß leben, fehlt die innerliche Verbundenheit, und ihnen gegenüber stehen die Arbeitermassen der Linken, die sechzig Jahre gewerkschaftlich erzogen sind, die ein gemeinsames Klassenbewußtsein besitzen. Werden die Massen durch eine falsche Politik, durch Diktatur ... zum Kampf herausgefordert, wo bleibt dann das dumme Spießerpack der Nationalsozialisten! Dann ist nichts mehr zu sehen auf der äußersten Rechten«.[136] Diese Einschätzung der NSDAP veranlaßte ihn, im August 1932 mit den Nationalsozialisten in »Koalitionsverhandlungen« zu treten und sie in der Regierungsverantwortung zu »zähmen«: »Es gibt keine solche Arbeitsgruppe, ohne daß das Zentrum dabei ist und ohne daß die Nationalsozialisten eingespannt werden ... Wir brauchen eine starke Mitte als Mittel gegen den Radikalismus. Je stärker die Mitte wird, je mehr Besonnenheit und Ruhe ... vorhanden ist, desto mehr Aussicht ist auf Ruhe und Ordnung«.[137] Den Radikalismus begriff Bolz also als ein Problem von Ruhe und Ordnung; er sollte von einer besonnenen und ruhigen Mitte aus »gezähmen« werden: »Nicht mit dem Radikalismus links und rechts kann die Gefahr des Bürgerkriegs gebannt werden, sondern nur aus der Mitte heraus kann die Überwindung kommen ... Die Rettung unseres Vaterlandes geht nicht über Hitler und die Kommunisten, sondern sie geht über die Mitte. Bei uns ist Vernunft, Ruhe und ehrlicher Wille, die Not des Volkes zu überwinden ... Aus der Mitte heraus ist allein das Heil zu erwarten, auf der anderen Seite aber Bürgerkrieg, Revolution und Untergang«.[138]

Damit zeigte sich: Während der Kanzlerschaft Brünings sah Bolz die eigentliche Gefahr für den Staat nicht im Nationalsozialismus;

[136] NLB WV der BVP in München am 10. März 1832, 278. – Vgl. BB vom 22. März 1932.
[137] NLB KG der Zentrumspartei in Fulda am 29. Okt. 1932, 297.
[138] NLB ZV in Friedrichshafen am 20. Apr. 1932, 271. – Vgl. NLB 25jährige Jubiläumsfeier der Ortsgruppe Ost der Stuttgarter Zentrumspartei am 15. Nov. 1930, 255 vgl. Keil 479–484.

ihm maß er keine Dauer bei. Die unmittelbare Bedrohung ging seiner Meinung nach vom Bolschewismus aus. Mit dem Experiment einer nationalsozialistischen Regierungsbeteiligung glaubte Bolz, eine kommunistische Revolution – »das Gewaltigste und Gefährlichste für die Welt« – vermeiden zu können. Nach der Entlassung Brünings und der Ernennung Papens zum Reichskanzler änderte sich seine Begründung für eine nationalsozialistische Regierungsbeteiligung; verfassungsrechtliche Gründe traten nun in den Vordergrund seiner Argumentation.

4.3. Der Grundsatz der Verfassungstreue

Mit der Ernennung Papens zum Reichskanzler am 1. Juni 1932 nahm bei Bolz das Experiment einer nationalsozialistischen Regierungsbeteiligung konkrete Formen an. In seinen Reden führte er einen energischen Kampf gegen Papens Verfassungsbruchpläne: Zum einen verurteilte er Papens Plan, Neuwahlen für den Reichstag über den verfassungsmäßigen Termin hinauszuschieben, zum anderen seinen Wunsch, eine Verfassungsreform mit Hilfe des Artikels 48 durchzuführen. Gegen diesen »zweifachen Staatsstreich«[139] äußerte sich Bolz: »Solange die Verfassung da ist, muß sie eingehalten werden, wenn wir nicht jeden Rechtsboden verlieren wollen. Deshalb müssen wir im jetzigen Wahlkampf die Gefahren dieser Parolen und Ziele aufzeigen«.[140] Eine Verfassungsreform, die für Bolz durchaus denkbar war, konnte nicht gegen die Verfassungsvorschriften durchgeführt werden. Bei einer Wahlkampfrede im November 1932 erklärte er: »Es ist wahr, wir haben zuviel Formaldemokratie. Es ist wahr, daß einige Verfassungsbestimmungen änderungsbedürftig sind. Das alles aber zu seiner Zeit. Nichts übertreiben und wahrhaftig bleiben«.[141] Voraussetzung für eine Änderung der Verfassung sei, »daß die Verfassungsreform auf normalem Weg erfolgt, und daß man keine Wege geht, die

---

[139] Th. Eschenburg, Die Republik von Weimar, 163.
[140] NLB Tagung des Landesauschusses des württ. Zentrums in Stuttgart am 10. Okt. 1932, 288.
[141] NLB Wahlkampf-Tribüne der Voß am 1. Nov. 1932, 299.

mit der Verfassung im Widerspruch stehen«.[142] Noch deutlicher wurde er bei einer Kundgebung in Günzburg im November 1932: »Wie hält es die Regierung Papen mit der Verfassung? Hier liegt der Hauptpunkt, warum wir die Regierung Papen angreifen. Papen will ... »autoritär« an die Verfassung heran: ›Mit Hindenburg für ein neues Deutschland und der Reichstag hat den Mund zu halten, und hält er ihn nicht, dann wird er heimgeschickt!‹. Das klingt sehr forsch, aber es ist nichts anderes als grobe Verfassungsverletzung ... Wir sind auch der Ansicht, daß sich die Parteien in den Parlamenten nicht zum Schaden des Volksganzen austummeln dürfen. Brüning hat es fertig gebracht, den Einfluß des Parlaments ... zurückzudämmen, ohne dabei mit der Verfassung zu brechen. Aber bei Papen stößt man ja von vornherein auf den deutlichen Willen zum Konflikt mit dem Parlament, und diese Methoden haben mit »verfassungsmäßig« nichts mehr zu tun«.[143] Mit dieser Haltung erteilte Bolz auch allen Vorstellungen »profilierter Republikaner«,[144] die für eine verfassungswidrige Aufschiebung der Neuwahlen als letzte Alternative zu einer nationalsozialistischen Regierungsbeteiligung plädierten,[145] eine klare Absage. Um die Gefahr des Verfassungsbruchs zu vermeiden, plädierte Bolz für eine Notgemeinschaft der Parteien: »Eine Notgemeinschaft der Parteien ist die entscheidende politische Frage nach den Wahlen. Kommt sie nicht zustande, dann ist der Verfassungsbruch und die Diktatur unvermeidbar«.[146] Praktisch bedeutete dieser Standpunkt eine Einladung an Hitler. Bei einer Sitzung des Finanzausschusses

---

[142] NLB Tagung des Landesausschusses des württ. Zentrums in Stuttgart am 10. Okt. 1932, 288.

[143] NLB KG der BVP in Günzburg im November 1932, 309. – Vgl. NLB KG der Zentrumspartei in Fulda am 29. Okt. 1932, 300: »Es ist schon so, daß eine kleine Schicht den Konflikt will, daß eine gewisse Presse Diktatur will und ungestraft zum Bruch der Verfassung auffordert ... Verfassungsänderungen, um verlorene ... Macht wiederzugewinnen! Verfassungsänderungen, um wiedergewonnene Macht rechtlich zu verankern! Konservative Menschen fordern Revolution! Konservative Menschen fordern Mißachtung der Verfassung«.

[144] Becker V 106.

[145] Vgl. Becker V 105 f. – Vgl. Eschenburg 175 ff.

[146] NLB KG der Zentrumspartei in Fulda am 29. Okt. 1932, 300. – Vgl. KG der BVP in Günzburg im Nov. 1932, 304.

hatte Bolz am 7. März 1931 erklärt: »Kein Beamter dürfe in einer gegen die Verfassung gerichteten Partei und Bewegung sich betätigen. Bei der derzeitigen Einstellung der Leitung der nationalsozialistischen Partei sei es schwer, eine Feststellung dahin zu treffen, daß die Partei gegen die Verfassung verstoße«.[147] Obwohl Bolz in seinen Wahlkampfreden die Nationalsozialisten zum Teil heftig attackierte, meinte er im Oktober 1932: »Die Nationalsozialisten müssen ohne Rücksicht auf ihre Stärke nach den Wahlen in die Verantwortung hinein ... Sie müssen zeigen, was sie Positives leisten, sie müssen aus ihrer Oppositionsstellung heraus«.[148] Die Begründung dafür lautete: »Keine auf dem Boden der Verfassung stehende Partei darf von der Mitarbeit grundsätzlich ausgeschlossen werden«.[149] Bolz strebte also eine Mehrheitsregierung mit den Nationalsozialisten an. Diese standen für ihn auf dem Boden der Verfassung, ganz im Gegensatz zu Papen. Eine Distanzierung vom Parlamentarismus oder eine Zerschlagung des Parteienstaates lehnte Bolz mit Blick auf die Verfassung ab: »Es ist ... in der Verfassung nun einmal festgelegt, daß die Macht verteilt ist zwischen dem Reichspräsidenten auf der einen und dem Parlament auf der anderen Seite. Solange die Verfassung da ist, muß sie eingehalten werden, wenn wir nicht jeden Rechtsboden verlieren wollen«.[150] Gegenüber den Leuten, die in einem Verfassungsbruch eine praktikable Lösung sahen, meinte er: »Ich habe Verständnis für die Skepsis mancher Volkskreise an der Arbeit des Parlaments. Aber es kommt darauf an, daß man dann das Parlament zum

[147] NLB Staatsanzeiger Nr. 57 vom 10. März 1931, 4.
[148] NLB Tagung des Landesparteiausschusses des württ. Zentrums in Stuttgart am 10. Okt. 1932, 281.
[149] NLB KG der Zentrumspartei in Fulda am 29. Okt. 1932, 292. – Vgl. ebd. 297: »Es gibt keine Arbeitsgruppe, ohne daß ... die Nationalsozialisten eingespannt werden«. – Vgl. NLB Rede im Reichstag in Berlin am 24. Febr. 1932, 437: »Den Natinalsozialisten sagen wir: Das Zentrum ist in seiner ganzen Vergangenheit und inneren Einstellung nach zur Zusammenarbeit mit jeder Partei bereit, die auf dem Boden der Verfassung aufbauende Arbeit leisten will«. Vgl. dazu K. D. Bracher, Die Auflösung der Weimarer Republik, 467 Anm. 94, der in dieser Äußerung von Bolz »eine gewisse Koalitionsbereitschaft des Zentrums auch nach rechts« sieht.
[150] NLB Tagung des Landesparteiausschusses des württ. Zentrums in Stuttgart am 10. Okt. 1932, 288.

Selbstverzicht bringt. Es ist Brüning gelungen, zwei Jahre lang mit Notverordnungen zu regieren, ... ohne daß er die Verfassung verletzte. Die Leute, die jetzt die Regierung zum Verfassungsbruch ermuntern und gegen das Parlament hetzen, gehören vor einen Gerichtshof wegen Aufwiegelung zum Hochverrat. Man braucht sich unter diesen Umständen nicht zu wundern, wenn auch andere Volksgruppen für sich das Recht der Revolution in Anspruch nehmen«.[151] Noch im Februar 1933 meinte Bolz: »Das Allerschlimmste in dieser Zeit ist die Rechtsunsicherheit ... Ob uns die Verfassung gefällt oder nicht, ... Recht ist Recht und Verfassung ist Verfassung ... Unsere Aufgabe ist es, diesen Wahlkampf zu führen unter der Parole: für die Verfassung, für das Recht und für die politische Freiheit«.[152]

4.4. Koalitionspolitische Aspekte

Neben Argumenten wie: Es ist »Pflicht« des Zentrums, auf verfassungsmäßige Zustände zu insistieren und die Gefährdung von »Ruhe und Ordnung« rechtfertigt eine vorübergehende Zusammenarbeit mit den Nationalsozialisten, traf man bei Bolz in der Begründung einer gemeinsamen Politik mit den Nationalsozialisten auch auf ein Argument, das bereits zuvor in seiner Politik eine bestimmende Konstante dargestellt hat. Auf einer Kundgebung in Günzburg meinte er im November 1932: »Ich ... selbst habe gegen den Nationalsozialismus den Kampf mit allem Nachdruck geführt. Aber so gut wir mit den Sozialdemokraten zusammengearbeitet haben – nicht aus Gesinnungsgemeinschaft, sondern um die Masse der Arbeiter nicht in die fruchtlose Opposition zu drängen –, ebenso können wir uns eine Zusammenarbeit mit den Nationalsozialisten denken ... Man kann eine Millionenbewegung auf die Dauer nicht beiseiteschieben«.[153] Wie zu-

[151] NLB KG der Zentrumspartei in Fulda am 29. Okt. 1932, 296.
[152] NLB ZPT in Ulm am 13. Febr. 1933, 316 f. – Vgl. NLB ZV in Hechingen am 18. Febr. 1933, 326: »Wir stellen uns vor Verfassung und Recht, die man in Preußen geboten hat ... Heute macht man den andern den Rechtsbruch und die Revolution vor«.
[153] NLB KG der BVP in Günzburg im November 1932, 303. – Vgl. NLB Tagung des Landesparteiausschusses des württ. Zentrums in Stuttgart am

vor die »Arbeitsgemeinschaft« mit der SPD und die Koalition mit der DNVP, so hatte auch die Kooperation mit den Nationalsozialisten das Ziel, diese in einer Art »Erziehungsquarantäne« zu zähmen und zu einer positiven Arbeit zu bewegen. In Fulda meinte Bolz im Oktober 1932: »So scharf wir die Nationalsozialisten bekämpft haben, so haben wir doch immer betont, daß diese Volksbewegung an die Verantwortung heran müsse, damit sie an den Staat gebunden werde, damit sie ruhiger und aufgeklärter werde«.[154] Wie zu Beginn der Weimarer Republik in einer gemeinsamen Politik mit den Sozialdemokraten, so sollten auch jetzt in einer Kooperation mit den Nationalsozialisten keine Grundsätze preisgegeben werden. Allein die Gefährdung des Gemeinwohls und der »Zwang der Verhältnisse« rechtfertigten eine vorübergehende Zusammenarbeit: »Wenn wir gezwungen waren, mit den Sozialdemokraten zu gehen, weil uns die politische Lage keinen anderen Weg mehr ließ, so muß man auch Verständnis dafür haben, daß wir auf Grund der politischen Lage im Interesse des Volkes auch mit den Nationalsozialisten verhandeln, trotz aller Grundsätze, die uns trennen«.[155] In Übereinstimmung mit Prälat Kaas proklamierte Bolz eine »Notgemeinschaft der Parteien«: »Und wenn der Zentrumsführer Kaas in seiner Rede in Münster davon gesprochen hat,

10. Okt. 1932, 281: »Die Nationalsozialisten müssen ohne Rücksicht auf ihre Stärke ... in die Verantwortung hinein. Wir haben nicht nur gegen die Nationalsozialisten gekämpft, um sie von der Macht fernzuhalten, sondern wir haben auch immer gesagt: Sie müssen jetzt unter allen Umständen in die Verantwortung hinein. Sie müssen zeigen, was sie Positives leisten, sie müssen aus ihrer Oppositionsstellung heraus«. – Vgl. Zentrumsprotokoll vom 29. Aug. 1932, Nr. 707, 583: Joos und Bolz forderten hier die »Einbeziehung der Nationalsozialisten in die Regierungsverantwortung«.

[154] NLB KG der Zentrumspartei in Fulda am 29. Okt. 1932, 297. – Vgl. NLB Tagung des Landesparteiausschusses des württ. Zentrums in Stuttgart am 10. Okt. 1932, 281.

[155] NLB KG der Zentrumspartei in Fulda am 29. Okt. 1932, 283. – Vgl. NLB KG der BVP in Günzburg im November 1932, 303: »Zentrum und Bayer. Volkspartei wollen die Gegensätze zu den Nationalsozialisten keineswegs verwischen, so wenig wie sie die Gegensätze zu den Sozialdemokraten ... verwischt haben. Aber es liegt eben im Wesen der Stellung in der Mitte, daß man gezwungen ist, einmal mit rechts und einmal mit links Arbeitsgemeinschaften zu bilden«.

daß die Zeit reif sei für eine Notgemeinschaft der Parteien, ... und wenn dieser Ausspruch auch außerhalb der Parteipresse begrüßt und als mutig bezeichnet wurde, so müssen wir sagen: Für uns ist das nur etwas Selbstverständliches«.[156] Auch nach der Machtergreifung hielt er unvermindert an diesem Ziel fest: »Nur Geduld meine lieben Parteifreunde, ohne das Zentrum kann man auf die Dauer nicht arbeiten. Und wir wollen dabei sein, nicht aus Eigennutz, sondern einzig und allein weil wir glauben, daß die Art der Volksgemeinschaft in unserer Partei die Grundlage zu einem Wiederaufbau bieten kann, und weil wir nicht daran glauben, daß der politische Radikalismus rechts oder links jemals das Volk dem inneren Frieden ... entgegenführen wird«, so Bolz im Februar 1933 in einer Zentrumsversammlung.[157] In Hitlers Kanzlerschaft sah Bolz daher eine »politische Notwendigkeit: »Es (das Volk) will jetzt sehen, was diese Regierung unter dem Volkskanzler Adolf Hitler leisten kann. Wir sind nicht dagegen, daß Hitler Reichskanzler geworden ist ... Wir waren ... seit Monaten davon überzeugt, daß die Kanzlerschaft Hitlers eine politische Notwendigkeit geworden ist«.[158]

4.5. Wider eine Eliminierung des politischen Katholizismus

In seinen Reden nach der Entlassung von Brüning stand Bolz in einer ständigen Opposition zu Papen. In dessen »Kabinett der Barone« sah er eine klare Absage an den Parteienstaat. Bolz' Antipathie fand ihren Höhepunkt in einem Ausspruch auf dem Zentrumsparteitag in Ulm 1933: »Es tut mir in der Seele weh, daß wir einen Papen

[156] NLB KG der Zentrumspartei in Fulda am 29. Okt. 1932, 291. – Vgl. NLB KG der BVP in Günzburg im November 1932, 304: »Was wird nach dem 6. November geschehen? Der Führer der Zentrumspartei, Prälat Kaas, hat in seiner ersten Wahlrede am Schluß klar und deutlich und unmißverständlich gesagt, was als einzig gangbarer Weg in Betracht kommt, und er hat damit ausgesprochen, was im Wesen der Mittelparteien liegt: Die Bildung einer politischen Notgemeinschaft«.
[157] NLB ZPT in Ulm am 13. Febr. 1933, 322 f. – Vgl. NLB ZV in Hechingen am 18. Febr. 1933, 324.
[158] NLB ZPT in Ulm am 13. Febr. 1933, 312.

in dieser Gesellschaft haben«.[159] V. a. Papens Ziel, das Zentrum nicht an der Regierung zu beteiligen, konnte er dem ehemaligen Zentrumsmann nicht verzeihen. Auf einer Kundgebung der BVP meinte Bolz im November 1932:»Man wollte die Deutschnationalen und die aufstrebende nationalsozialistische Partei zu einer Regierungsmacht zusammenschweißen ... Auf die neue nationale Mehrheit gestützt, sollte dann eine neue »autoritäre Staatsführung« aufgebaut werden ... Was war in dem ganzen Spiel dem Zentrum und der treu zu diesem stehenden Bayerischen Volkspartei für eine Rolle zugedacht? Man hat zwar mit ihnen bei der Geburt der Regierung Papen geredet; aber man mußte von vornherein den Eindruck haben, daß man die beiden von jedem Regierungseinfluß ausschalten wollte, daß man sie in die klägliche Rolle des Duldenmüssens hineinzudrängen suchte. Diese minderwertige und unwürdige Rolle konnten die beiden großen katholischen Weltanschauungsparteien unter keinen Umständen annehmen«.[160] Ähnlich äußerte er sich kurz zuvor in Fulda:»Die Stellung des Zentrums gegenüber der Regierung Papen wird beeinflußt durch die Rolle, die ihm diese Regierung zugedacht hatte. Es war die Rolle des Duldens ... Die Stellung des Zentrums läßt es nicht zu, dauernd in Opposition zu bleiben. Es steht unter dem Zwang zur sachlichen Möglichkeit«.[161] Zu dieser »aktiven« Haltung fühlte sich das Zentrum verpflichtet. Dieser Standpunkt bildete zugleich einen Rechtfertigungsgrund, mit den Nationalsozialisten »Koalitionsverhandlungen« zu führen: »Das Zentrum sieht es als seine vaterländische Pflicht an, jetzt selbst einen Versuch zu machen ... mit den Nationalsozialisten zu verhandeln ... Das ist das Schicksal der Partei der Mitte, daß sie nicht frei ist in der Auswahl ihrer Partner, sondern daß sie gezwungen ist, je nach der politischen Lage sich nach der einen oder anderen Seite zu entscheiden«.[162] Ziel dieser Verhandlungen sollte die von

[159] Ebd. 321. – Vgl. Keil 451.
[160] NLB KG der BVP in Günzburg im Nov. 1932, 302.
[161] NLB KG der Zentrumspartei in Fulda am 29. Okt. 1932, 291 f. – Vgl. Tagung des Landesparteiausschusses des württ. Zentrums in Stuttgart am 10. Okt. 1932, 282.
[162] NLB KG der Zentrumspartei in Fulda am 29. Okt. 1932, 291. – Vgl. NLB KG der BVP in Günzburg im Nov. 1932, 302 f.: »Warum verhandeln Zentrum und BVP mit den Nationalsozialisten? Was war ... dem Zentrum

Prälat Kaas proklamierte »Notgemeinschaft der Parteien« sein. Durch die »Notgemeinschaft« wollte man die Ausschaltung des politischen Katholizismus verhindern; diese Mehrheitsregierung sollte sich aus NSDAP, DNVP, DVP und Zentrum/BVP rekrutieren.[163] Noch im Februar 1933 bekundete Bolz den »ehrlichen Willen«, mit Hitler zusammenzuarbeiten und wehrte sich gegen eine Ausschaltung des politischen Katholizismus: »Das Zentrum halte es für richtig, daß Hitler mit der Kanzlerschaft betraut wurde. Wenn man aber das Zentrum bewußt ausschalte, stimme das nicht mit dem Gerede von der Volksgemeinschaft überein ... Wir kämpfen für die Volksgemeinschaft, gegen den heraufziehenden Bürgerkrieg«.[164] Hinter der Politik

und der ... BVP für eine Rolle zugedacht? ... Die klägliche Rolle des Duldenmüssens ... Da trat an Zentrum und BVP die schicksalsschwere Frage heran, wie ... großes Unheil für das deutsche Volk verhütet werden muß ... Für beide ... war das Verhandeln ein Risiko ... Zentrum und BVP sind durch ihre Weltanschauung zu positiver Arbeit gezwungen. Sie können keine reine Oppositionsparteien bleiben; das widerspräche ihrem Wesen ... und ihrer ganzen Vergangenheit. Ihre Aufgabe besteht allzeit in tätiger Mitarbeit an der Lösung der jeweils vorhandenen Schwierigkeiten«. – Vgl. NLB Tagung des Landesparteiausschusses des württ. Zentrums in Stuttgart am 10. Okt. 1932, 287: »Zu diesem Zusammengehen mit den Nationalsozialisten noch ein Wort grundsätzlicher Art! Man hat dem Zentrum Charakterlosigkeit vorgeworfen, weil es schon Koalitionen mit der Sozialdemokratie eingegangen war und jetzt mit den Nationalsozialisten arbeiten wollte. Das geschah nie aus freien Stücken, sondern im Zwang jeweiliger politischer Verhältnisse. Wer praktisch arbeiten will, muß sich je nach der Lage einfügen. Im anderen Fall würde auch die Zentrumspartei verurteilt sein, reine Oppositionspartei zu werden«.

[163] Vgl. NLB KG der Zentrumspartei in Fulda am 29. Okt. 1932, 291. – Vgl. NLB KG der BVP in Günzburg im Nov. 1932, 304. – Vgl. Keil 455 u. 466. Bolz dort in Bezug auf eine Regierungsbeteiligung der NSDAP zu Keil: « Es ist ein Wagnis, aber man muß es riskieren«.

[164] NLB ZV in Hechingen am 18. Febr. 1933, 324. – Vgl. NLB ZPT in Ulm am 13. Febr. 1933, 322 f.: »Das zweite Ziel das wir haben, ist die kräftige Gegenwehr gegen die Ausschaltung des Katholizismus. Zu dem Zweck wollen wir das katholische Volk aufrufen, damit es den mühsam errungenen Einfluß im Staat nicht verliert. Wir sehen, wie man in der Reichsregierung und preußischen Regierung alles, was nach Zentrum und Katholizismus aussieht, hinauswirft. Das ist keine Futterkrippenpolitik! ...

einer Ausschaltung des Zentrums vermutete er Papen und Hugenberg. Ihnen warf er vor: »Wir bedauern, nicht um unserer Partei, sondern um der Sache und des Vaterlandes willen, daß die Zentrumspartei trotz des ehrlichen Willens mitzuarbeiten, ... ausgeschaltet worden ist. Man wollte uns nicht ... Nicht Hitler war es, sondern Hugenberg und Papen, die das taten. Wir bedauern, daß ein Papen, einer der einmal Zentrumsmann sein wollte, sich bei der Aktion zur Ausschaltung des Zentrums an die Spitze stellt ... Hier mache ich einen Unterschied zwischen Hitler und Hugenberg. Mit Hitler wären wir einig geworden, mit Hugenberg werden wir nicht einig werden«.[165]

4.6. Die Ablehnung einer Staatsallmacht

In seinen Reden nach der Machtergreifung im Januar 1933 warnte Bolz eindringlich vor einem Auschließlichkeitsanspruch einer einzigen politischen Bewegung, weil er die Gefahren dieses »Parteiabsolutismus« für den Parteienstaat klar erkannte: »Wir haben das Gefühl, daß in dieser neuen Regierung der Geist von Potsdam, der preußisch-militärische Geist, wieder lebendig ist ... Das ist der Geist, der die ganze Welt erobern wollte, ... das ist der Geist, der in Wirklichkeit die Ursache unseres Elends ist. Aus diesem Geist heraus kann man die Allmacht des Staates bejahen. Und aus diesem Geist heraus kann man sich auch an die Aufgaben wagen, mit Gewalt den Marxismus

Wir wollen dabei sein, nicht aus Eigennutz, sondern einzig und allein, ... weil wir nicht daran glauben, daß der politische Radikalismus rechts und links jemals das Volk dem inneren Frieden und dem entgegenführen wird, was der Reichskanzler Hitler am Schluß seiner Rundfunkrede genannt hat: einen Staat der Gerechtigkeit und der Wohlfahrt ... Wir kämpfen dafür, daß man den politischen Katholizismus braucht und nicht an die Wand drücken kann«.
[165] NLB ZPT in Ulm am 13. Febr. 1933, 313–320. – Vgl. ebd. 316: »Der Redner kam dann auf die einzelnen Vorgänge bei der Bildung der Regierung Schleicher zu sprechen, der wieder gut machen sollte, was Papen zerschlagen hatte ... Nun habe man Hitler mit der Aufgabe betraut, das sei aber ohne gewissen Druck nicht gegangen. Hitler sei tatsächlich mehr oder weniger der Gefangene von Hugenberg und Papen«.

ausrotten zu wollen ... Ist das nicht eine Politik, die sich ausreifen muß in Revolutionsgefahren? ... Und wir wehren uns gegen einen anderen Geist, den Geist Hugenbergs, der siegreich verkündet, daß es ihm gelungen sei, das Zentrum auszuschalten. Das ist der preußisch-protestantisch-ostelbische Geist«.[166] Wohin ein solcher Totalitarismus führen mußte, zeigte Bolz deutlich auf: »Man formuliert einen neuen Begriff vom Staat, der sagt: Der Staat kann alles und darf alles; der einzelne ist nichts und bedeutet nichts. Das bedeutet in Wirklichkeit die absolute Verneinung jeder persönlichen Freiheit«.[167] Eine solche Auffassung stand seiner Meinung nach im Widerspruch mit der christlichen Lehre: »Das ist eine Lehre, die mit dem Naturrecht, mit unserem christlichen Glauben in absolutem Gegensatz steht. Wie Katholiken sich an einer solchen Staatsauffassung beteiligen können, ist mir unverständlich, denn die letzte Konsequenz ist die, daß auch in religiöser Beziehung keine Freiheiten mehr bestehen. Deshalb wollen wir ... gegen diesen Begriff des Staates und diese Übersteigerung der staatlichen Macht Front machen. Hier sagen wir, ihr versündigt euch an Gott und der ganzen christlichen Auffassung des Menschen und am Wesen des Staates«.[168] Seiner Meinung nach konnte also der »totale Staat« niemals absolutes Ziel sein, auch ihm waren Grenzen gesetzt – z. B. die natürliche Rechts- und Freiheitssphäre der menschlichen Persönlichkeit, der eine dem Staat gegenüber selbständiger Eigenwert zukam, oder aber auch durch das »göttliche Recht«. Bereits 1928 formulierte er auf dem Diözesanjubiläum in Stuttgart sein Verhältnis zum Staat: »Christus selbst hat unser Verhältnis zum Staat selber bezeichnet: ›Gebt dem Kaiser, was des Kaisers ist, und Gott, was Gottes ist.‹ – ›Es gibt keine Gewalt außer von Gott, und die, die da ist, ist von Gott‹. Darin liegt eine eindeutige Bejahung des Staates. Solche Bürger schaffen gute Staatsbürger. Ein guter Katholik muß auch ein guter Bürger sein. Er muß den Gesetzen des Staates Gehorsam leisten. Er kann keinen revolutionären Geist haben. Er arbeitet mit am Aufbau des Staates ... Nur eine Schranke gibt es, der Verstoß des staatlichen Gesetzes gegen Gottes Gesetz«.[169] Die Be-

[166] NLB ZPT in Ulm am 13. Febr. 1933, 320.
[167] Ebd. 318.
[168] Ebd.
[169] NLB Diözesanjubiläum in Stuttgart am 1. Juli 1928. DV 80, 1928, Nr. 149 (2. Juli 1928), 238.

102

griffe »absolut« und »total« waren für Bolz einzig und allein auf das »göttliche Recht« anwendbar. Der Staat war seiner Meinung nach an Recht und Verfassung gebunden: »Wir stellen uns vor Verfassung und Recht, die man in Preußen gebrochen hat. Im völkischen Staat soll es ja keine rechtlichen Schranken für den Staatswillen geben. Heute macht man den anderen den Rechtsbruch und die Revolution vor«.[170] Worin das Ziel der nationalsozialistischen Bewegung lag, erkannte Bolz deutlich; er deutete auf einer Zentrumsversammlung in Hechingen 1933 an: »Der Nationalsozialismus strebt seinem Wesen nach zur Alleinherrschaft. Sogar über die Herrenschicht der Deutschnationalen hat der Nationalsozialismus noch nicht vor langer Zeit seinen Haß kübelweise ausgegossen. Das erste Tun der Nationalsozialisten ist die Schaffung eines Unterbaues für die Nationalsozialistische Macht. Wenn das erreicht ist, fliegt Hugenberg hoch im Bogen«.[171] Mit einer großen Leidenschaft kämpfte Bolz gegen die Übergriffe der totalitären Bewegung an. Im Februar 1933 klagte er darüber, daß der Rundfunk von den Nationalsozialisten immer stärker zu parteipolitischen Zwecken mißbraucht wurde, indem Hitler ihn durch amtlich erzwungene Aufklärungsvorträge in seine Regierungspropaganda miteinbezog.[172] Eine Instrumentalisierung des Staatsapparates zu parteipolitischen Zwecken lehnte Bolz ab. In einer Sitzung des Staatsministeriums sagte Bolz zur selben Zeit: »Dagegen sei nichts einzuwenden, daß ein Kanzler und ein Reichsminister das Regierungsprogramm im Rundfunk darlegen, aber es gehe zu weit, wenn die Reichsminister Parteireden, die über die Darlegung des Regierungsprogramms hinausgehen, halten oder wenn in einer durch den Rundfunk übertragenen Versammlung andere Parteiredner sprechen oder wenn eine Reportage, die auf Stimmungsmache, also auf Werbung für eine Partei hinauslaufe, gegeben werde«.[173] Nach seiner Auffassung durfte eine Reichsregierung keine reine Parteipolitik treiben. Dies war mit der Tradition des deutschen Beamtentums unver-

---

[170] NLB ZV in Hechingen am 18. Febr. 1933, 326 f.
[171] Ebd.
[172] Ebd. 324: »In einem nie dagewesenen Maße werde der Rundfunk zur parteipolitischen Propaganda benützt«. – Vgl. NLB ZPT in Ulm am 13. Febr. 1933, 314.
[173] Besson 412 (Dokument Nr. 18).

einbar. Aus derselben staatspolitischen Gesinnung heraus verbot Bolz die Verbreitung eines Aufrufs der Reichsregierung in den Schulen: »Man will den Aufruf der Regierung an allen Plakatsäulen anschlagen und in den Schulen verteilen. Das letztere haben wir verhindert. Wir haben verboten, daß dieser Aufruf in den Schulen verteilt wird. Wir haben aber nichts dagegen, wenn dieser phrasenreiche, nichtssagende Aufruf an den Plakatsäulen hängt«.[174] Bolz kritisierte an der neuen Regierung, daß ihr Staatsapparat nur noch der verlängerte Arm einer parteipolitischen Ideologie war. Er erkannte, daß der Reichskanzler Hitler nicht mehr vom Parteiführer zu unterscheiden war, weshalb er seine Wahlrede in Hechingen im Februar 1933 mit den Worten begann: »Er spreche nicht als Staatspräsident, genau so wenig wie Hitler als Reichskanzler gesprochen habe«.[175] In diesen Worten drückte sich nochmals die ganze Ambivalenz aus, die der Staatspräsident Bolz gegen die »Stimmungsmache« von Politikern empfand.

Man kann konstatieren: Das Ziel der nationalsozialistischen Bewegung, die Errichtung eines »Parteienabsolutismus«, erkannte Bolz in seinen Reden nach der Machtergreifung im Januar 1933 deutlich. Darin sah er eine große Gefahr für die Freiheit des Einzelnen, der Parteien und v. a. der Kirchen. Eine solche Ideologie stand seiner Meinung nach zur Lehre der katholischen Kirche und zum Christentum im Widerspruch.

Gegen den drohenden Totalitarismus hielt Bolz in seiner Argumentation allerdings an einer isoliert staatspolitischen Sicht fest. Er beklagte z. B. eine zunehmende Instrumentalisierung des Staatsapparates zu parteipolitischen Zwecken. In seinem Klagen drückte sich eine grundsätzlich verschiedene Auffassung von Öffentlichkeitsarbeit und parteipolitischer Propaganda durch den Staat aus:[176] Bolz achtete streng auf die Überparteilichkeit des Rundfunks und des Staatsapparats. In seinem Politikverständnis orientierte er sich am »Staat«, d. h. dem »Beharrenden«; Hitler dagegen orientierte sich an der Partei, d. h. der Bewegung. Bolz' Ziel war es, einen integren Staat durch die Krise hindurchzuretten.

[174] NLB ZPT in Ulm am 13. Febr. 1933, 314.
[175] NLB ZV in Hechingen am 18. Febr. 1933, 324.
[176] Vgl. dazu K. D. Bracher, Staatsgesinnung und Widerstand, 3–7; 6 f.

4.7. Autoritäre Tendenzen

Seit Papens Regierungsantritt im Juni 1932 führte Bolz einen permanenten Kampf gegen dessen Vorstellungen von einer »autokratischen Republik«. Gegen die Regierung Papen richtete er im Oktober 1932 folgende Erklärung: »Sie sucht das Ziel zu erreichen mit der Parole: Autoritäre Staatsführung, gegen Parlament und Parteien ... Wir müssen im jetzigen Wahlkampf die Gefahren dieser Parolen aufzeigen. Wir müssen klar erkennen, was die Ziele der Schicht mit dem Herrenklub und anderer Kreise sind. Man sucht den Staat so umzugestalten, daß die Schicht, die die Macht verloren hat, sie wieder in die Hände bekommt; das geht gegen die großen Volksmassen«.[177] Bolz erkannte die Gefahren für die Demokratie angesichts dieser autoritären Stimmung: »Heute stößt man vielfach auf die Stimmung: ›Es ist uns gleichgültig, wer regiert. Wenn nur jemand da ist, der regiert‹. Das ist eine gefährliche Stimmung, die eine schwere Gefahr für die innenpolitische Entwicklung bedeutet. Eine Zeitlang kann eine Regierung, gestützt auf eine solche Stimmung, sich am Ruder halten. Aber das ist etwas Vorübergehendes; auf längere Zeit ist es ohne innenpolitische Erschütterungen nicht möglich, gegen ein Parlament und gegen die Parteien zu regieren. Das mag ein paar Monate gehen, aber dann gärt und schafft es, und dann kommt die Gegenwehr gegen eine Diktatur«.[178] Aber auch Bolz bejahte autoritäre Lösungen: Angesichts des »Totlaufens des Parlamentarismus« plädierte er für eine reformierte Demokratie. Ihm ging es allerdings, im Gegensatz zu Papen, um kein konkretes Interesse oder eine Ideologie, sondern um Regierbarkeit. Dabei sollte das Parlament angesichts der permanenten Regierungskrisen nur noch eine »moralische Aufgabe« übernehmen, durfte aber niemals übergangen werden. In Stuttgart meinte er im Oktober 1932: »Was wir brauchen, ist ein Parlament und sind Parteien, die sich selbst bescheiden und die sich sagen: Wir sind zwar da, wir gewähren einer Regierung aber eine gewisse Freiheit, wir anerkennen, daß man rasch handeln muß und daß man auch

---

[177] NLB Tagung des Landesparteiausschusses des württ. Zentrums in Stuttgart am 10. Okt. 1932, 288.
[178] Ebd. 284.

über gewisse Parteiwünsche zur Tagesordnung übergehen muß. So wie Brüning zwei Jahre praktiziert hat, muß auch eine neue Regierung praktizieren. Sie muß die moralische Stütze einer parlamentarischen Mehrheit haben«.[179] Bolz setzte sich also für eine reformierte – autoritäre – Demokratie ein, die jedoch den Rahmen der Verfassung nicht sprengen durfte.[180] Dieser »funktionalistische« und »technokratische« Lösungsvorschlag[181] implizierte auch die Bejahung eines »kommissarischen Diktators«. Auf dem Zentrumsparteitag in Stuttgart 1930 setzte er sich, im Gegensatz zu einer »verfassungswidrigen, revolutionären« Diktatur von links und rechts, für eine »verfassungsmäßige«, »gesetzlich geregelte«, »vorübergehende« Diktatur ein.[182] Der Wunsch nach autoritärer Führung und Politik war keineswegs allein bei Bolz zu finden; er entsprach einem allgemeinen Bedürfnis in der Zentrumsführung.[183] In diesem Kontext sind auch Bolz' Äußerungen vom November 1930 auf einem Zentrumsparteitag zu sehen:»Wo ist einer, der den Weg aus der heutigen Notzeit zeigen kann, der mit absoluter Sicherheit sagen kann, das und das ist das Richtige? Was wir jetzt erleben, ist ein Ringen um das Richtige, bei dem es ohne Verluste und Opfer nicht abgeht«.[184] Ähnlich äußerte er sich in der Kulturzeitung »Schönere Zukunft« im September 1931:»Was wir brauchen sind nicht Männer, die rückschauend beschreiben, sondern vorausschauend führen und handeln ... Was wird die Frucht dieser gewaltigen Gärung in der Welt sein? ... Niemand vermag das zur Stunde übersehen. Oder sollte es doch möglich sein, daß einzelne mit prophetischem Blick das Ende sehen und mit titanischer Kraft die

[179] NLB Tagung des Landesparteiausschusses des württ. Zentrums in Stuttgart am 10. Okt. 1932, 284.
[180] Vgl. NLB KG der Zentrumspartei in Fulda am 29. Okt. 1932, 296. – Vgl. NLB KG der BVP in Günzburg im November 1932, 309.
[181] Vgl. Eschenburg 134.
[182] NLB ZPT in Stuttgart am 24. März 1930: »Versagen des Parlaments und der Parteien bedeutet Diktatur. Diktatur kann sein: 1. eine verfassungsmäßige, gesetzlich geregelte, ihrer Natur nach vorübergehende, oder 2. eine verfassungswidrige, revolutionäre, des Links- oder Rechtsradikalismus«. – Vgl. Miller 357–369.
[183] Vgl. Morsey II 290–298. – Vgl. Eschenburg 133 ff.
[184] NLB 25jährige Jubiläumsfeier der Ortsgruppe Ost der Stuttgarter Zentrumspartei am 15. Nov. 1930, 255.

106

Welt meistern? War etwa Lenin ein solcher, ist es Stalin? Wo ist auf der anderen Seite ein Partner von gleicher Kraft und gleicher Wirkungsmöglichkeit? Für faschistische Versuche, die wir kennen, ist der Radius zu klein, um die Führung zu übernehmen. Wird der Führer noch kommen? Vielleicht? ... Unsere Zeit ist groß. Sie ist eine Zeit der Starken. Und Großes wird sie gebären«.[185] In diesem Aufsatz, aber auch in seinen Reden, glaubte Bolz an keine ernsthafte Gefahr des Faschismus: »Eine Diktatur, wie sie in Italien besteht und die auch nur durch die dort besonders gearteten Verhältnisse (kleinere Industrie, Analphabeten usw.) möglich sei, könne in Deutschland niemals Bestand haben«.[186]

4.8. Die Relevanz der Kulturpolitik

Die Wahl von Prälat Kaas zum Zentrumsvorsitzenden im Dezember 1928 zielte darauf ab, stärker die Kirchennähe und damit die weltanschaulichen Grundlagen der Partei als einigende Klammer zu betonen; zugleich bedeutete sie die strikte Verneinung aller weiteren Bestrebungen zu einer Politisierung der Zentrumspartei.[187] Dieser neue Kurs stand im Einklang mit einer übergreifenden Bewegung im Raum des zeitgenössischen Katholizismus, die in der Gründung der »Katholischen Aktion« ihren für das Zentrum potentiell bedeutsamsten Ausdruck fand. Ziel dieser Bewegung sollte es sein, die deutschen Katholiken außerhalb der Politik auf dem religiösen und konfessionellen Gebiet zu sammeln. Bis zur Ernennung Papens zum Reichskanzler im Juni 1932 trug Bolz in seinen Reden diesem Anliegen von Papst Pius XI. verstärkt Rechnung. Er beklagte in diesem Zusammenhang den »Verfall von Christentum und Sitte« und sprach sich für deren Erhalt aus.[188] Einen Höhepunkt erreichte sein Klagen

---

[185] NLB SZ (1931) Nr. 52 (Fassung A), 3–16.
[186] Ebd. – NLB ZV in Friedrichshafen am 20. Apr. 1931, 270. – Vgl. NLB ZV in Hechingen am 18. Febr. 1933, 327.
[187] Vgl. Becker I 149 ff. – Vgl. Becker IV 422 ff. – Vgl. Becker II 3 ff. – Vgl. Morsey II 283 ff. – Vgl. Loth II 26.
[188] NLB ZV in Friedrichshafen am 20. Apr. 1931, 268.

bei der feierlichen Konsekration von Weihbischof F. J. Fischer im Februar 1930 in Rottenburg. In seiner Glückwunschrede meinte Bolz: »Gibt es einen, der die gewaltige Revolution nicht nur der Wirtschaft, sondern unserer gesamten Ideenwelt in ihrer Tiefe erkennt und das Ende sieht, dem diese Bewegung zutreibt? Viele spüren zwar die wirtschaftliche Not und schreien nach Revolution, wenige merken, daß unsere ganze Kultur in den Grundmauern bebt und zittert. Tanz und Spiel und Sport übertönen vielfach das unterirdische Dröhnen. Oh, daß einer der Propheten aufstände und mit Seherblick ausgestattet dem Volk die Wahrheit in ihrer ganzen Bitternis zeigen könnte!«[189] V. a. zwei Ursachen nannte Bolz in seinen Reden, die eine Gefahr für das Christentum und dessen Kultur darstellten: Zum einen der Liberalismus und zum andern der Bolschewismus.[190] Gegenüber dem Bolschewismus schrieb er in der Wiener Kulturzeitschrift »Schönere Zukunft« im September 1931: »Der wirtschaftliche Bolschewismus geht Hand in Hand mit dem Kulturbolschewismus.[191] Er bedeutet praktisch die Verneinung und Verfolgung jeder Vorstellung von Gott und Religion, jeder Einrichtung, die davon ausgeht (Ehe), er bedeutet die Zerstörung unserer ganzen gesellschaftlichen Ordnung. »Bund der Gottlosen«, »Haus der Gottlosen«, »Brigade der Gottlosen« zeigt den organisierten, haßerfüllten, gewalttätigen Kampf gegen das Überkommene. Kinos, Theater, Kunst: Alles wird bewußt und gewollt in den Dienst der Propaganda gestellt ... In der ganzen Welt finden wir kommunistische Zellen, die auf Befehl Moskaus ... Propaganda treiben«.[192] Die zweite Gefahr für Kultur und Sitte, den Liberalismus,[193] charakterisierte Bolz beim Stiftungsfest der studenti-

[189] NLB Glückwünsche zur Konsekration von Wb. Fischer am 24. Febr. 1930 in Rottenburg.

[190] NLB ZPT in Stuttgart am 24. März 1930.

[191] Darauf wies auch 1932 der Münchner Domkapitular Scharnagl hin; seiner Meinung nach war der Bolschewismus wie auf wirtschaftlichem Gebiet so auch auf dem kulturellen Gebiet nichts anderes als die rücksichtslose Durchführung der sozialistischen Grundsätze; vgl. A. Scharnagl, Die Gottlosenbewegung in Rußland und Deutschland, 11 ff.

[192] NLB SZ 6 (1931) Nr. 52 (Fassung A), 15.

[193] Die Gegnerschaft zwischen katholischer Lehre und Liberalismus betonte auch der Jesuit und Professor an der Hochschule in Frankfurt/St. Georgen, Gustav Gundlach, in seinem Beitrag ›Sozialismus‹ im Staatslexikon. Da-

schen Verbindung Guestfalia im August 1929 wie folgt: »Wenn wir auf geistigem Gebiet nicht zu einer Volksgemeinschaft kommen, so liegt der tiefste Grund darin, daß es uns in der Epoche der Freiheit nicht gelungen ist, als Ersatz für das Zerstörte eine Wahrheit zu finden, die vom Volk als bindend, als einigend hingenommen wurde ... Dieser Kulturzustand lastet besonders schwer auf unserer Jugend ... Wahrlich bequem hat es unsere Jugend, die schon bald ungestraft aussuchen darf, und ablehnen, was ihr nicht behagt. Es ist keine Hemmung mehr da durch irgendwelche Autorität ... Negativ liegt darin ein Ausdruck der Unzufriedenheit mit dem Gebotenen, eine Anklage gegen die Alten, die Gesellschaft und den Staat ... Wir haben tatsächlich eine Überbefreiung ... Lebensgenuß, Recht auf Erotik wird ihm (dem Menschen) an allen Ecken vorgepredigt«.[194]

Hilfe und Orientierung suchte Bolz in dieser Zeit des Umbruchs und des Autoritätsverlusts im Grundsätzlichen: »Unser Volk hat den weltanschaulichen Halt, hat das Ewige verloren, es hat nichts mehr in sich, was ihm Stütze bietet. Deshalb sucht es im Neuen Begeisterung und Hoffnung«,[195] so Bolz auf einem Zentrumsparteitag 1930. Positiv beurteilte er daher die 1928 mit der Wahl von Kaas zum Zentrumsvorsitzenden erfolgte Rückbesinnung des Zentrums auf seine weltanschaulichen Grundlagen: »Es ist nicht von ungefähr, daß bei der letzten Wahl einzelne Parteien aufgelöst wurden und andere ihren Bestand erhalten konnten, wie z. B. das Zentrum. In dieser Partei wurde seit ihrem Bestehen ständig darauf hingewiesen, daß unsere Parteigrundsätze in einer einheitlichen Welt- und Lebensanschauung wurzeln. Daher kommt es, daß unsere Partei sich so gehalten hat«.[196]

---

bei stellte er den Sozialismus mit dem Liberalismus auf die gleiche Stufe; vgl. G. Gundlach, Sozialismus, in: Staatslexikon, Sp. 1687–1695.
[194] NLB 70. Stiftungsfest der studentischen Verbindung Guestfalia am 3. Aug. 1929. Schwäbischer Volksbote 1929, Nr. 193 (13. August 1929), 250 f.
[195] NLB 25jährige Jubiläumsfeier der Ortsgruppe Ost der Stuttgarter Zentrumspartei am 15. Nov. 1930, 254 f. – Vgl. NLB 70. Stiftungsfest der studentischen Verbindung Guestfalia am 3. Aug. 1929. Schwäbischer Volksbote 1929, Nr. 193 (13. Aug. 1929), 252.
[196] NLB 25jährige Jubiläumsfeier der Ortsgruppe Ost der Stuttgarter Zentrumspartei am 15. Nov. 1930, 255.

Für den Erhalt und den Bestand von Christentum, Kultur und Sitte erfüllte daher die »Katholische Aktion« für Bolz ein legitimes und berechtigtes Anliegen. Ihre Aufgabe lag auf einer pastoralen Ebene, und hier v. a. auf der Seelsorge in den Großstädten, der Quelle des »Unheils«: »Das Großstadtproblem ist die eigentliche Frage der Katholischen Aktion. Von dorther kommt im wesentlichen das Unheil ... Die Seelsorge dürfe sich heute nicht auf die Kirche beschränken. Wir müssen hinein in die Familien, in die gefährdeten Viertel der Großstädte«.[197] Bolz verglich die Aufgaben der »Katholische Aktion« mit denen der Heilsarmee: Wie sie, so müsse auch die Aktion v. a. in den Städten seelsorgerlich überzeugen und wirken.[198] In den weltanschaulichen Grundlagen der katholischen Kirche sah er dafür eine Hilfe und Orientierung: »Wir brauchen mehr Glauben, mehr Überzeugung, wenn wir über die schwere Zeit hinwegkommen wollen. So schwer die letzten zehn Jahre waren, so werden die nächsten nicht leichter sein ... Es ist notwendig, daß das Volk innerlich einen Halt findet, damit es über die Krisenjahre hinwegkommt. So wünschen wir der Katholischen Aktion vollen Erfolg ... Und wir wollen uns bereit erklären, mitzuarbeiten«.[199]

Aus dem Frühjahr 1931 sind einige Stichworte von Bolz zu einer politischen Rede überliefert. Er stellte damals die Frage: »Wer ist der Verteidiger unserer Kultur? « Seine Antwort lautete: »Die Bischöfe und die Nationalsozialisten«.[200] Vermutlich wollte er damit sagen: Angesichts der Bedrohung der christlichen Kultur und Sitte durch Liberalismus und Bolschewismus besteht die potentielle Gefahr, daß die Nationalsozialisten von dieser Stimmung profitieren werden, indem sie sich zum Anwalt der christlichen Kultur machen.[201] Wie

[197] NLB Ipf- und Jagstzeitung vom 30. Sept. 1929, 253.
[198] Vgl. ebd.
[199] Ebd.
[200] NLB Stichworte zu einer politischen Rede im Frühjahr 1931.
[201] Vgl. T. Schnabel, Die NSDAP in Württemberg 1928–1933. – Die Schwäche einer regionalen Parteiorganisation, 61: »Der Kampf gegen diesen »Kulturbolschewismus« schuf auch eine gemeinsame Basis mit den Kirchen, die sich ebenfalls gegen tatsächliche oder vermeintliche Auswüchse in Literatur, Presse, Theater und Film einsetzten. In der Betonung der Gemeinsamkeit auf Teilgebieten entwickelten die Nationalsozialisten eine

berechtigt Bolz Ängste angesichts des Stimmenzuwachs der Nationalsozialisten waren, zeigte sich nach der nationalsozialistischen Machtergreifung. Im Februar 1933 hielt Hitler in Stuttgart eine Wahlkampfrede, in der er mit der Politik der letzten 14 Jahre abrechnete. Dabei bezeichnete er die Nationalsozialisten als die Verteidiger der christlichen Kultur; er polemisierte: »›Das Christentum – heißt es – sei in Gefahr, der katholische Glaube sei nunmehr bedroht‹. Zunächst stehen heute an der Spitze Deutschlands Christen und keine internationalen Atheisten ... Die Männer, die ... das bedrohte Christentum glauben in Schutz nehmen zu müssen – wo war für die das Christentum in diesen 14 Jahren, da sie mit dem Atheismus Arm in Arm gingen? War etwa in dieser Zeit das Christentum nicht bedroht? Werfen Sie nur einen Blick zurück in diese Zeiten, auf unsere Theater, auf unsere Literatur, ... in unsere ganze Kultur überhaupt ... Wollen die Herren etwa behaupten, daß das alles vom christlichen Geist bestimmt war? Dem Christentum ist niemals ... ein größerer Abbruch zugefügt worden, als in den letzten vierzehn Jahren, da diese theoretisch-christlichen Parteien praktisch mit den Gottesleugnern in einer Regierung saßen ... Sie sollen heute nicht plötzlich vom ›bedrohten Christentum‹ reden. Das werden wir in Schutz nehmen, und nicht nur in der Theorie, – nein: Austreiben wollen wir die Fäulniserscheinungen unserer Kultur, unseres Theaters, ... ausbrennen dieses ganze Gift, das in diesen 14 Jahren in unser Leben hineingeflossen ist«.[202] In einer Rede, die Bolz eine Woche später hielt, ging er auf die »kulturpolitischen Verfehlungen« der Weimarer Parteien nicht ein, sondern wies Hitler energisch darauf hin, »daß das Zentrum seit 1924 in Württemberg mit der Rechten regiert und daß hier die Linke keinen Einfluß auf die Regierung hatte«.[203] Allerdings stellte Bolz bereits zwei Tage vor Hitlers Rede in Stuttgart auf einem Zentrumsparteitag fest: »Wir wollen nicht Kampfgenossen der Marxisten sein, so wenig wir Kampfgenossen Hitlers und Hugenbergs sein wollen ...

solche Meisterschaft, daß es ihnen gelang, fast alle Bevölkerungs- und Interessengruppen das Gewünschte zu versprechen, ohne daß die Betroffenen bemerkten, daß sich die Versprechungen gegenseitig aufhoben«.
[202] NLB Hitlerrede in Stuttgart am 15. Febr. 1933.
[203] NLB WV in Stuttgart am 23. Febr. 1933. DV 85, 1933, Nr. 46 (24. Februar 1933).

Einen Kampf gegen den Marxismus müssen wir auch in diesem Wahlkampf führen«.[204] Fünf Tage nach der Rede in Stuttgart fügte er in Hechingen hinzu: »Der Kampf gegen den Marxismus muß ein geistiger und wirtschaftlicher sein. Jetzt wird eine Politik geführt, die zum Bruderkampf und zur Revolution führt ... Man kann hier nicht, wie in Italien, den Marxismus mit einem Federstrich beseitigen«.[205] Diese Aussage machte nochmals Bolz' mentale Vorbehalte gegenüber links deutlich. Nach wie vor ging für ihn auch nach der nationalsozialistischen Machtergreifung eine potentielle Gefahr von einer kommunistischen Revolution aus. Allerdings galt im Frühjahr sein Kampf dem Nationalsozialismus.

Es zeigt sich, daß die Zentrumspartei in ihrer Existenzkrise Rekurs auf die weltanschauliche Grundlage nahm.[206] In diesem Rekurs auf das Grundsätzliche sah Bolz einen entscheidenden Grund für die relative Stabilität der Zentrumspartei bei der Septemberwahl 1930. Die Nähe von Bolz' Politik zur katholischen Kirche zeigte sich dabei in einer positiven Einschätzung der Katholischen Aktion; diese hatte die kirchliche Approbation erhalten.

Gegenüber dem Bolschewismus zeigte Bolz in seinen Reden grundsätzlichere Vorbehalte. In ihm sah er »das Gewaltigste und Gefährlichste der Welt«, eine Gefahr, die er größer einschätzte als den Nationalsozialismus. Ein Grund für das Experiment einer nationalsozialistischen Regierungsbeteiligung ist in dieser Charakterisierung des Bolschewismus zu sehen.

4.9. Die Reichspräsidentenwahl 1932

Am 10. März 1932 hielt Bolz in München eine Wahlrede. Dabei trat er impulsiv für die Wiederwahl Hindenburgs ein: »Am nächsten Sonntag entscheidet sich ein Stück deutscher Geschichte: Hitler oder Hindenburg? Ist es nicht ein Zeichen einer Krankheit unseres Volkes,

[204] NLB ZPT in Ulm am 13. Febr. 1933, 318 ff.
[205] NLB ZV in Hechingen am 18. Febr. 1933, 326 f.
[206] Vgl. Kap II 3.1. Exkurs I.

daß man diese beiden Namen in einem Satz überhaupt nennen muß? ... ›Wir wählen Hindenburg‹, als den Mann ernster Pflichterfüllung und ernsten Verantwortungsgefühls; als ein Mann positiver Leistungen«.[207] In scharfer Form rechnete er mit Hitler und dessen NSDAP ab; er bezeichnete sie als »dummes Spießerpack« und sprach ihnen grundsätzlich »ein Programm und einen Weg« ab: »Was will eigentlich Hitler machen? Wenn man seine Kreaturen der verschiedensten Grade hört, dann ist es nur notwendig, gut uniformiert aufzumarschieren, die Klappe aufzureißen, auf den Tisch zu hauen – und dann wird alles besser! So redet man aber nur vor dem dummen Volk«.[208] Zu der Frage der Zusammensetzung der NSDAP meinte Bolz: »Gewiß ist ein mit begeisterter nationaler Gesinnung erfüllter Stamm vorhanden, aber dann kommt die große Masse der Spießbürger, der Verärgerten, der wirtschaftlich Heruntergekommenen, aller derer, die mit sich selbst und Gott und der Welt unzufrieden sind. Und dann kommt noch ... ein großer Teil hysterischer Weiber. Aber dann kommt auch noch eine Menge von Leuten, solche, die vielleicht an der Spitze stehen, die Schaden gelitten haben, ... die sog. Deklassierten, die nun hoffen, mit dieser neuen Bewegung wieder in die alte Stellung hineinzukommen«.[209] Ihnen allen machte Bolz in seiner Rede den Vorwurf, daß sie sich nicht die Frage nach Hitlers Zielen stellten: »Man sollte glauben, daß die Masse auch bei Hitler wenigstens einmal die Frage beantwortet wissen möchte: Ja, welchen Weg müssen wir denn mit Dir gehen? Von all dem keine Rede. Niemand fragt danach. Die Masse ist zufrieden, wenn sie Anklage und Prophezeiungen hören. Das ist das traurigste, daß dem Führer einer Partei Millionen nachlaufen, ohne sich Rechenschaft zu geben; nur aus Haß und Verneinung, ohne irgendwelche positive Leistungen zu verlangen«.[210] Geradezu emphatisch appellierte Bolz am Schluß seiner Rede: »Erwache deutsches Volk, wach auf von deinem blinden Haß, arbeite mit, ruhig, besonnen ... Sorgen Sie dafür, daß der nächste Sonntag ein Ehrentag für das deutsche Volk werde«.[211] Hindenburg,

---

[207] NLB WV der BVP in München am 10. März 1932, 272.
[208] Ebd. 275.
[209] Ebd. 277 f.
[210] Ebd. 274 f.
[211] Ebd. 278.

der pflichtbewußte und verantwortliche Mann, schien ein Garant für Ruhe und Ordnung und die Alternative zu Hitler zu sein. Ihm galt Bolz' ganzes Vertrauen. Deutlich brachte dies Bolz nochmals im Reichstag im Februar 1932 zum Ausdruck: »Heute verlangt man von der Person des Kandidaten (zur Reichspräsidentenwahl), daß er der Vergangenheit abschwört und einem neuen zukünftigen System seine Zustimmung im voraus gibt, und als Beweis des guten Willens verlangt man von Hindenburg, daß er zuerst die Regierung zum Teufel jagt. Dann wäre man bereit gewesen, auch die Person Hindenburgs als Kandidat anzunehmen. Ein mit solcher Charakterlosigkeit belasteter Hindenburg, der wäre genehm, aber ein freier, nur seinem Volk und seinem Gewissen verpflichteter Hindenburg wird abgelehnt!«[212]

Es wird deutlich: Während des Wahlkampfes zur Reichspräsidentenwahl rechnete Bolz ungewöhnlich scharf mit dem Nationalsozialismus ab. Bei der Frage Hindenburg oder Hitler votierte er eindeutig gegen Hitler. Hindenburg war für Bolz ein Mann von »Pflicht« und »Verantwortung«. Bei der Frage Hitler oder Papen votierte Bolz allerdings für Hitler; dieser erschien ihm das kleinere Übel zu sein.

5. ZWISCHENBILANZ

Analysiert man die letzten Kapitel unter dem Blickwinkel des skizzierten Erkenntnisinteresses, so fallen unter den Faktoren, die Bolz' Politik bestimmten, charakteristische Merkmale auf:

Zunächst stand Bolz' Politik in der Kontinuität des württembergischen Zentrums. Dieses war aufgrund seiner starken agrarischen Prägung und des schwachen Arbeiterflügels »konservativ«. Geprägt von seiner Rottenburger Heimat stand Bolz dem »agrarisch-konservativen« Flügel seiner Partei nahe. Dieser Flügel war für »autoritäre Vorstellungen«[213] anfällig. Aus Bolz' konservativer Haltung ergab sich ein »natürlicher« Gegensatz zur SPD. Eine Koalition mit ihr konnte für ihn immer nur eine temporäre Konzession an die Parteien-

---

[212] NLB Reichstagsrede am 24. Febr. 1932 in Berlin 427 f.
[213] Loth III 266.

landschaft zu Beginn der Weimarer Republik sein. Seit 1923 waren daher die Sozialdemokraten im Stuttgarter Landtag in keiner Regierung mehr vertreten. 1924 bildete das Zentrum zusammen mit der Rechten eine sog. »kleine bürgerliche Koalition«, die auch 1928 nicht abgelöst wurde. Damals war die SPD zwar klarer Wahlsieger und eine »Weimarer Koalition« hätte im Landtag eine solide Mehrheit besessen, dennoch wurde Bolz mit Hilfe der Rechten zum neuen Staatspräsidenten gewählt. Er war der erste »katholische« Staatspräsident in Württemberg. Die Lage der Katholiken in Württemberg war gekennzeichnet durch eine Diasporasituation. Eine starke protestantische Tradition in Bürgertum und Bürokratie verhinderte bis 1918 eine adäquate politische Beteiligung der katholischen Minderheit. Bolz' Politik war geprägt von dieser Diasporasituation. In seiner Politik besaß das konfessionspolitische Elemente eine nicht geringe Bedeutung. Er aktivierte in seinen Reden bewußt antikatholische Affekte – »Bürger 2. und 3. Klasse« oder »schlecht behandelte Minderheit« – die zwar eine subkulturelle Separierung förderten, zugleich aber die Katholiken enger zusammenbanden. Eine »ideologische Verflachung« der Zentrumspartei, wie sie Stegerwald oder Wirth anstrebten, lehnte Bolz aus seiner Diasporasituation heraus ab. In einem potentiellen Abschluß des Reichskonkordats sah er eine Aufwertung der »katholischen Sache« im neuen Staat.

Neben den »traditionellen« Voraussetzungen traten in der Politik von Bolz noch andere Faktoren in Erscheinung: Oberste Handlungsmaxime seiner Politik bildete die Orientierung auf ein »einheitschaffendes Prinzip« hin. Zu diesem Zweck postulierte er bestimmte »Verfahrensregeln«, die seiner Politik ein charakteristisches Gepräge gaben: Gegenüber der konkreten Staatsform und in der Wahl der Koalitionspartner verhielt sich der Politiker prinzipiell indifferent, wenn auch bei letzterem eine Sympathie für die Rechtsparteien spürbar war. Einen großen Raum nahmen in Bolz' Politik die kirchlich-kulturellen Belange ein, die er in keiner Koalition preiszugeben bereit war. Seiner Meinung nach besaß das Zentrum die »Pflicht«, unter allen Umständen auf verfassungsmäßige Zustände zu insistieren; auf keinen Fall durfte es den verfassungskonformen Weg verlassen. Einen vorbeugenden Verfassungsbruch aus rein politischen Gründen bezeichnete er als »Revolution«. Zugleich zeichnete sich sein Denken und Handeln durch eine stark staatspolitische Motivation aus; er glaubte in seiner Politik zwischen »Staat« und »Republik« bzw. »Gesellschaft« differenzieren zu müssen. Außerdem fanden sich in Bolz' politischer Haltung deutlich autoritäre Tendenzen. Auf der Suche nach einem gangbaren Weg aus der Krise der Weimarer Demokratie zu Beginn der dreißiger Jahre forderte er gar einen »kommissarischen Diktator«. Prinzipiell ablehnend stand er in seiner gesamten Weimarer Politik dem berufsständischen und überkonfessionellen Gedanken gegenüber. Vehement bekämpfte Bolz nach der Ernennung Papens zum Reichskanzler im Juni 1932 dessen Bestrebungen, den politischen Katholizismus in Deutschland zu eliminieren; er wurde zu einem Anwalt des politischen Katholizismus. Auch konkordatäre Bestrebungen, sowohl landes- als auch reichspolitisch, trafen bei Bolz auf wenig bzw. keine Sympathie.

Unter den Faktoren, die die Politik von Bolz bestimmten, traten in der Rechtfertigung seiner Politik neben »traditionellen« und »pragmatischen« Argumenten auch »eigentümliche« Verhaltensweisen in Erscheinung, die seiner Politik eine typische Prägung gaben. Die Frage, die im weiteren Verlauf der Arbeit zu diskutieren sein wird, lautet daher: Lassen sich aus diesen »empirischen« Beobachtungen Affinitäten eruieren, die auf einen »katholischen« Hintergrund in seiner Politik schließen lassen? Konkret: Zeigen sich z. B. in den autoritären Dispositionen der Politik von Bolz allein »populistische Grundemotionen«, oder steckt hinter dieser Haltung nicht auch eine typisch »katholische Mentalität«?

III. Acht Grundsätze Bolzscher Politik

1. Der Grundsatz vom »Zwang der Verhältnisse«[1]

1.1. Die Indifferenz gegenüber der konkreten Staatsform[2]

Das Zentrum war nach der Meinung von Bolz in keiner Weise am Untergang der Monarchie beteiligt. Als Zentrumsmann hielt er daher bis zuletzt am bestehenden Recht fest.[3] Als die Republik jedoch konstituiert war, anerkannte er sie als eine gegebene Tatsache.[4] Sie bildete nun die Basis, von der aus es galt, praktische Politik zu treiben. Zu dieser Haltung fühlte sich Bolz grundsätzlich »verpflichtet«. Eine Restauration der Monarchie hielt er – zumindest in den Einzelstaaten – für unrealistisch. Allerdings bedeutete für ihn die Anerkennung der neuen Staatsform kein grundsätzliches Bekenntnis zur Republik. Darin sah er lediglich eine pragmatische Entscheidung. Für ihn mußte das Zentrum sowohl für Monarchisten als auch für Republikaner Platz haben. Theoretisch stellte er es jedem Parteimitglied frei, die Monarchie oder die Republik für die geeignetere Staatsform zu halten.[5] Kriterium für eine gemeinsame Politik bildete die Verfassung.

---

[1] Vgl. A. M. Knoll, Katholische Kirche und scholastisches Naturrecht, 23; 39 f.; 56 ff.; 67 f. – Vgl. Becker I 160. – Vgl. Böckenförde I 215 ff.

[2] Die Neutralität gegenüber einer konkreten Staatsform beschränkte sich bei Bolz auf die Varianten eines »Parteienstaates« – im Gegensatz zu »seiner« Kirche! – Vgl. Morsey III 236 ff.; 612 ff.

[3] Vgl. Kap. II 1.3.2.

[4] Vgl. NLB WV in Rottenburg am 23. Mai 1920. Zeitungsausschnitt vom 25. Mai 1920 (Herkunft unbekannt), 8: »Die Republik mußte einfach unter dem Druck der Ereignisse anerkannt werden«. – Vgl. NLB WV in Schwäbisch Hall am 27. Mai 1920. Haller Tagblatt vom 31. Mai 1920, 14 f.

[5] Vgl. Kap. II 1.3.2.; 2.1.1.; 3.4. – Vgl. K. D. Bracher, Staatsgesinnung und Widerstand, 3–7. Für Bracher stand Bolz »stark in der Tradition des Zen-

Sie war das Mittel zur Parteiintegration. Auf diesem Hintergrund könnte man Bolz als einen »Vernunftsrepublikaner«[6] bezeichnen.

1.2. Die Wahl der Koalitionspartner

Die einzige Möglichkeit, zu Beginn der Weimarer Republik eine konstruktive Politik zu treiben, sah Bolz in der sog. Weimarer Koalition.[7] In einer solchen Koalition gab allerdings das Zentrum keine Grundsätze preis. Allein die Notlage des Staates rechtfertigte eine Weimarer Koalition. Zu diesem »notwendigen Opfer« fühlte sich die Zentrumspartei »verpflichtet«.[8] Auf die Veränderung der Parteienlandschaft im Juni 1920 reagierte er mit dem Wunsch nach einer Erweiterung der Regierung nach rechts.[9] Die Tendenz, Gegebenes anzuerkennen, zeigte sich auch nach dem großen Wahlerfolg der DNVP 1924. Bolz sprach in diesem Zusammenhang vom »Zwang der Verhältnisse« und fühlte sich zur Rechtskoalition »verpflichtet«.[10] In der anfänglichen Koalition mit den Sozialdemokratie sah Bolz lediglich eine temporäre Konzession an die besondere Notlage des Staates zu Beginn der Weimarer Republik; rückblickend urteilte er auf einem Katholikentag 1924 höchst despektierlich über die Sozialdemokraten, indem er sie als »religionsfeindlich« und »revolutionär« bezeichnete.[11] Eine Regierungsbeteiligung der SPD in Form einer Großen bzw. Weimarer Koalition lehnte Bolz daher 1928 in Württemberg ab, obwohl die Partei damals klarer Wahlsieger war.[12] Als

trums, in der die praktische Anerkennung der Demokratie doch unter starken Vorbehalten stand«, ebd. 6.

[6] Dieser Ausdruck stammte von Friedrich Meinecke; er stand bei ihm, im Gegensatz zu Bolz, in einem bewußten Gegensatz zur Monarchie; vgl. F. Meinecke, Verfassung und Verwaltung der deutschen Republik (Januar 1919), 281.

[7] Vgl. Kap. II 1.3.1. – Vgl. Morsey III 165 ff.

[8] Vgl. ebd. – Vgl. Kap. II 2.2. – Vgl. Morsey III 612: Er spricht in diesem Zusammenhang von einem »Topos vom Opfer des Zentrums«.

[9] Vgl. Kap. II 2.2. – Vgl. Morsey III 329 ff.; 610 ff.

[10] Vgl. Kap. II 2.2.

[11] Vgl. ebd.

[12] Vgl. Kap. II 3. (Exkurs III).

die Reichstagswahl im Juli 1932 den Nationalsozialisten einen hohen Stimmengewinn einbrachte, nahm Bolz an den »Koalitionsverhandlungen« mit ihnen teil. Wiederum sprach er vom »Zwang der Verhältnisse«, denen das Zentrum sich beugen mußte.[13] Hitlers Kanzlerschaft betrachtete er auf diesem Hintergrund als eine »politische Notwendigkeit«.[14]

1.3. Die Haltung zum Versailler Friedensvertrag

Die Unterzeichnung des Versailler Vertrags betrachtete Bolz sowohl zu Beginn als auch gegen Ende der Weimarer Republik als den einzig möglichen Weg, um zu Recht und Ordnung zurückzukehren. Er sah in diesem Vertrag ein »notwendiges Opfer« auf dem »Weg zur Freiheit«. Allerdings war er von der Unerfüllbarkeit der Forderungen überzeugt[15]

2. DER GRUNDSATZ DER KIRCHLICH-KULTURELLEN PRIORITÄT[16]

Bolz' Grundsatz vom »Zwang der Verhältnisse« gilt es zu präzisieren. Er offenbarte in Bolz' Politik die Tendenz, Gegebenes anzuerkennen – allerdings mit dem Vorbehalt des Depositum fidei: Kirchlich-kulturelle ›bona particularia‹ durften in einer Koalitionsregierung vom Koalitionspartner weder angetastet noch verletzt werden. Diese Forderung besaß in seinem politischen Vorstellungsbild eine hohe Bedeutung und fixierte in gewisser Hinsicht sein politisches Denken. So sprach er zu Beginn der Weimarer Republik vom »Zwang der

[13] Vgl. Kap. II 4.2.; 4.4; 4.5.
[14] Vgl. Kap. II 4.5. – Vgl. NLB ZPT in Ulm am 13. Febr. 1933, 312. – Vgl. W. Hoegner, Die verratene Republik, 345.
[15] 16 Vgl. Kap. II 4.4.
[16] Vgl. Knoll 15 f.; 39 f.; 108. – Vgl. Böckenförde I 215 ff. – Vgl. J. Mausbach, Kulturfragen in der Deutschen Verfassung. – Vgl. Morsey III 208–220.

Verhältnisse« und bejahte eine gemeinsame Politik mit den Sozialdemokraten; zugleich jedoch gab es für ihn in kirchlich-kulturellen Angelegenheiten keinen Ausgleich mit deren »grundsätzlich«
glaubensfeindlichem Programm. Dieser Politik fühlte er sich als Zentrumsmann »verpflichtet« und war bereit, »Opfer« zu bringen. Eine
Erörterung der kirchlich-kulturellen Themen sollte auf einen späteren
– ruhigeren – Zeitpunkt verschoben werden.[17] War eine Politik auf
der Grundlage seiner Prinzipien nicht realisierbar, drohte Bolz mit
der Opposition.[18] Auch gegenüber der Rechten vertrat er hartnäckig
diesen »grundsätzlichen« Standpunkt, wenngleich er ihnen in kir-
chen- und schulpolitischen Fragen näher stand.[19] Um koalitionsfähig
zu sein, mußten auch die Nationalsozialisten für Bolz seinen grundsätzlichen Standpunkt akzeptieren; in einer gemeinsamen Politik mit
der Partei durften keinerlei Grundsätze preisgegeben werden.[20] Stegerwalds Idee einer überkonfessionellen Partei erteilte Bolz Anfang
der zwanziger Jahre eine Absage, weil eine damit verbundenen Auflösung des Zentrums seiner Meinung nach eine ideologische Verflachung des politischen Katholizismus bedeutet hätte.[21] Zu Beginn
des Jahres 1926 forderte Bolz angesichts der Neuformierung der liberalen Parteien, die zur Zusammenarbeit mit den Sozialisten auf
kulturellem Gebiet bereit waren, verstärkt einen Rekurs des Zentrums
auf seine weltanschaulichen Grundlagen.[22] Die Wahrung kirchlicher

[17] Vgl. Kap. II 1.3.1.
[18] Vgl. ebd. – Vgl. Miller 172. In einem Interviev mit der der DDP nahe-
stehenden »Württembergischen Zeitung« ließ Bolz nach der Juniwahl
1920 auch ein Zusammengehen des Zentrums mit der Rechten offen,
wenn versucht werden sollte, in Kirchen- und Schulfragen über die Grundsätze des Zentrums hinwegzugehen.
[19] Vgl. Kap. II 2.2.
[20] Vgl. Kap. II 4.4.
[21] Vgl. Kap. II 2.4.
[22] Gegen T. Schnabel, Das Wahlverhalten der Katholiken in Württemberg
1928–1933, 104. Dieser führte die hohen Verluste der Zentrumspartei bei
der Wahl 1928 auf ein Wegfallen der kulturpolitischen Belange zurück:
»Bei der Erklärung dieser Verluste fällt auf, daß 1928 die einzige Wahl
war, die in eine relativ konfliktfreie Zeit fiel, während es bei den Wahlen
von 1919, 1920, 1924 und später dann seit 1930 immer um grundlegende
politische Entscheidungen mit erbitterten Auseinandersetzungen ging, von

Rechte und das Festhalten am katholischen Kultureinfluß im Staat sowie eine paritätische Behandlung von Katholiken waren für Bolz nur mit Hilfe des politischen Katholizismus zu erreichen. Bestrebungen zu einer stärkeren »Politisierung« der Partei, wie sie der Vorschlag von Wirth zur Gründung einer »Republikanischen Union« beinhaltete, stand Bolz ablehnend gegenüber. Seine Reden nahmen kulturkampfähnliche Züge an,[23] wobei die Geschlossenheit des katholischen Denkens mehr und mehr zur bestimmenden Maxime wurde. In seinem Politikverständnis stand die Kulturpolitik im Dienste der Parteipolitik, weshalb sie zur Aufwertung der »katholischen Sache« beitrug. In diesem Sinne begrüßte Bolz 1928 sowohl die Wahl von Prälat Kaas zum Zentrumsvorsitzenden, als auch die Proklamation der »Katholischen Aktion«. Beide Ereignisse interpretierte er primär aus der Sicht seiner Stuttgarter Diasporasituation: Sie sollten angesichts der »Benachteiligung« von Katholiken im Staat zu deren »Aufwertung« beitragen.[24] Zu Beginn des Jahres 1931 machte Bolz auf eine Gefahr aufmerksam, die durch den enormen Stimmenzuwachs der Nationalsozialisten drohte: In ihrer Wahlpropaganda machten diese sich mit Erfolg zum Anwalt der christlichen Tradition. Darin sah Bolz eine Gefahr für die Erosion der christlichen Kultur. Seine Befürchtungen bestätigten sich nach der nationalsozialistischen Machtergreifung.[25]

denen auch der politische Katholizismus direkt betroffen war. Somit entfiel aber 1928 ein wichtiger Mobilisierungsfaktor für das Zentrum, nämlich die Gefahr für Glaube, Kirche oder Partei ... Dies hatte in den katholischen Kerngebieten naturgemäß stärkere Auswirkungen als in der katholischen Diaspora«.

[23] Vgl. Kap. II 3.6. – Vgl. Miller 290. Bischof Paul Wilhelm v. Keppler sprach Mitte Juli 1925 in Stuttgart auf dem Festabend der katholischen kaufmännischen Vereinigungen Deutschlands folgende Worte: »Der Kulturkampf kommt nicht, der Kulturkampf ist schon da. Wir Katholiken fangen bereits wieder an, vogelfrei zu werden«. Dazu Miller: »Dieses Wort wurde kurz darauf auf einer großen Zentrumsversammlung in Aulendorf von den Ministern Bolz und Beyerle aufgenommen, als sie die oberschwäbischen Katholiken zum geistigen Wachsein und zur politischen Mitarbeit ermahnten«. – Vgl. 316 f.; 329 ff.; 335.

[24] Vgl. Kap. II 3.6.

[25] Vgl. Kap. II 4.8.

3. DER GRUNDSATZ DER VERFASSUNGSTREUE

In der vom Zentrum 1918 mitgeschaffenen Weimarer Verfassung sah Bolz einen verpflichtenden Wert, für den er bereit war, sich zu engagieren.[26] Charakteristisches Merkmal des Zentrums war sein Bekenntnis zur Verfassung, weshalb es für ihn die »Verfassungspartei«[27] schlechthin war. Dieser Begriff stellte zugleich ein Mittel zur Parteiintegration dar, d. h. er bildete den kleinsten gemeinsamen Nenner, worauf sich Monarchisten und Republikaner in der Partei einigen konnten.[28] Für Bolz galt in der Politik der Grundsatz von der »absoluten Verfassungstreue«.[29] Diese unstrittige Treue zur Verfassung implizierte bei ihm de facto auch eine Treue zur verfassungsmäßigen republikanischen Regierungsform, wenngleich er ein explizites Bekenntnis zur Republik grundsätzlich ablehnte. Praktische politische Arbeit durfte nur auf dem Boden der Verfassung geleistet werden. Entschieden verurteilte Bolz daher 1920 den sog. Kapp-Lüttwitz-Putsch, 1923 den sog. Hitler-Putsch und die kommunistischen Aktivitäten in Mittel- und Norddeutschland. Nicht aus einer überzeugten demokratisch-republikanischen Haltung heraus verurteilte er allerdings diese revolutionären Aktivitäten, sondern aus einer »sittlichen Pflicht«[30] gegenüber der Verfassung heraus. Konsequenterweise stellte Bolz 1921 nach dem Mord an Erzberger dem Ruf »Die Republik ist in Gefahr« vom Zentrumsstandpunkt aus gesehen den Satz »Die Verfassung ist in Gefahr«[31] entgegen. Nachdem am 17. Dezember 1926 das 3. Kabinett Marx über einen von der SPD eingebrachten Mißtrauensantrag stürzte, was zu einer Neuauflage des Bürgerblocks

---

[26] Zur Weimarer Verfassung vgl. R. Schuster, Deutsche Verfassungen, 16–18; 169–208.

[27] Vgl. Kap. II 2.5.

[28] Vgl. Kap. II 2.1. u. 3.4.

[29] Vgl. Kap. II 2.5.

[30] Vgl. Kap. II 2.1. u. 3.4.

[31] Vgl. Kap. II 2.1. – Vgl. Miller 210: Auf den Mord an Walter Rathenau im Juni 1922 reagierte Bolz entsprechend. Bei der Vorberatung des Republikschutzgesetzes im Ministerrat meinte Bolz, die bessere Kennzeichnung dieser Verordnung wäre »Gesetz zum Schutz der Verfassung«. – Vgl. Morsey III 461.

in Gestalt des 4. Kabinetts Marx führte, warnte Bolz eindringlich vor der Gefahr eines »stillen Verfassungswandels«,[32] der bereits damals in den Kreisen um Hindenburg und Schleicher erwogen wurde: Es sei die »sittliche Pflicht« der Zentrumspartei, einen potentiellen »Verfassungsbruch« zu verhindern.[33] Der von ihm 1930 auf einem Zentrumsparteitag in Stuttgart proklamierte »kommissarische Diktator« mußte daher ein innerhalb der Verfassung autoritär führender, national eingestellter, christlicher Staatsmann sein.[34] In Brünings Politik sah Bolz »eine Meisterleistung«, weil dieser es fertigbrachte, auf der Grundlage des Artikels 48 zu regieren, ohne dabei mit der Verfassung in Konflikt zu geraten.[35] Darin unterschied sich Brüning seiner Meinung nach grundsätzlich von Papen: Brüning wollte mit legalen Mitteln den Staatsnotstand überwinden, Papen dagegen den offenen Bruch mit der Verfassung. Gegen Papens Verfassungsbruchpläne – Neuwahlen über den verfassungsmäßigen Termin hinauszuschieben und eine Verfassungsreform mit Hilfe des Artikels 48 durchzuführen – kämpfte Bolz mit aller Macht an. Damit erteilte er auch allen »ernstgemeinten« Vorschlägen »profilierter Republikaner«, wie z. B. Otto Braun und Heinrich Köhler, die ebenfalls einen verfassungswidrigen Lösungsversuch vorschlugen, eine klare Absage. Aus einer »sittlichen Pflicht« gegenüber der Verfassung versuchte er, diese Lösungsversuche zu verhindern. Mit Hitler hoffte er, den verfassungskonformen Weg gehen zu können.[36] Zugleich wollte Bolz mit seinem Insistieren auf die Verfassung Papens Absicht, einer Zerschlagung

---

[32] Kolb 81.
[33] Vgl. Kap. II 3.5.
[34] Vgl. Kap. II 4.7. – Vgl. Miller 365 ff.; 550 f.
[35] Vgl. Kap. II 4.3.
[36] Vgl. ebd. – Vgl. Miller 405: Ende Februar 1932 urteilte Bolz im Landtag gegenüber dem Nationalsozialismus: »Ich hätte als reiner Parteimann auch Veranlassung, das eine oder andere nicht zu wünschen. Aber ich muß mich auch überwinden und mich in meinem Amt auf den Standpunkt stellen: Was standhält gegenüber dem Wortlaut der Verfassung, ... gegen das können wir nicht einschreiten, auch wenn die Stimmung draußen ab und zu so ist«. Damit rechtfertigte Bolz das »moderate« Verhalten der Polizei gegenüber der NSDAP. Selbst dem »Deutschen Volksblatt« schien diese Loyalität Bolz' nach allen Seiten »übertrieben« zu sein. – Vgl. ebd. 247; 251; 432.

des Parteienstaates und im besonderen, der Eliminierung des politischen Katholizismus, verhindern.[37]

4. DER GRUNDSATZ DER STAATLICHKEIT

Nach den Wirren der November-Revolution 1918 war für Bolz die Schaffung einer neuen Legalität oberstes Ziel. Eine Gefahr für die öffentliche Sicherheit und Ordnung des Staates sah er im Radikalismus von links und rechts. Sein Wunsch nach einer raschen Wiederherstellung der staatlichen Autorität und Ordnung macht dies deutlich.[38] »Staat«, das hatte für ihn den Klang nach Ordnung, Autorität und Sauberkeit, deshalb mußte dieser u. U. den Mut zu einer »unpopulären Politik«[39] aufbringen.[40] Die Aufgaben des Staates sah Bolz jedoch nicht nur in einer Disziplinierung der gesellschaftlich-politischen Kräfte, sondern auch in deren Integrierung in den Staat. Koalitionen mit rechts und links waren daher für ihn zu Beginn der Weimarer Republik eine »staatspolitische Notwendigkeit«.[41] Gegenüber diesen primären Aufgaben des Staates besaß für ihn die Frage nach der konkreten Staatsform lediglich eine sekundäre Bedeutung. Ein grundsätzliches Bekenntnis gegen die Monarchie oder für die Republik lehnte er ab.[42] Staat und Monarchie bzw. Republik standen bei

[37] Vgl. Kap. II 4.3.; 4.4.; 4.5.
[38] Vgl. Kap. II 1.3.
[39] Vgl. Kap. II 2.1.1.
[40] Vgl. Miller 180. – Vgl. K. D. Bracher, Staatsgesinnung und Widerstand, 3: Bracher schreibt dort, daß für Bolz »der Staat mehr bedeutete als ein leicht in Frage zu stellendes Zweckbündnis«.
[41] Vgl. Kap. II 1.3.1. u. 2.2.
[42] Vgl. Kap. III 1.1. – Vgl. Miller 206. Bolz meinte 1922 im Ministerrat zur Anpassung des Strafgesetzbuchs an das Verfassungsrecht: »Es sei schon ein Novum, daß die Staatsform unter einen besonderen Schutz gestellt werde; nachdem aber gewisse Volkskreise einen systematischen Kampf gegen die Staatsautorität führten, und zwar nicht sachlich, sondern durch brutale Beschimpfung, erscheine eine besondere Strafbestimmung in dieser Richtung zweckmäßig; einen Schutz der Reichs- und Landesfarben möchte er nicht für notwendig halten«. Diese Äußerungen von Bolz in-

ihm in einem merkwürdigen Zwiespalt. Beides war nicht identisch, sondern mußte prinzipiell getrennt werden. Die Staatsform begriff er als ein Akzidenz des Staates. Sie war in seinen Augen ein Produkt der Politik, ein »Kind der Straße« und trug die Farbe des Parteiischen. Im überparteilichen Staat dagegen sah er »eine von Gott gewollte Einrichtung«,[43] etwas »Ewiges und Dauerndes«,[44] etwas, das nie starb und daher auch keinen Augenblick ohne einen Träger der Staatsgewalt war.[45] Weil für Bolz die staatliche Gewalt als solche unter jeder Voraussetzung und in jedem Falle von Gott war,[46] besaß sie Anspruch auf unbedingten Gehorsam. Ungehorsam gegenüber ihr war nur dann erlaubt, wenn sie etwas gegen Gott befahl: »Nur eine Schranke gibt es, der Verstoß der staatlichen Gewalt gegen Gottes Gesetz«.[47] Kirchenarbeit mußte für Bolz daher immer auch Staatsarbeit sein, »Erziehung zur rechten Staatsgesinnung, zur Pflichterfüllung gegenüber dem Gemeinwesen«.[48] Aus staatspolitischen Motiven

terpretierte Miller als »sehr konservativ« und »fast zu formal juristisch«. – Vgl. Morsey III 230 ff.

[43] NLB Ansprache auf dem 64. GV der Katholiken Deutschlands in Stuttgart am 23. Aug. 1925: »Wir (Katholiken) wollen (in dieser Zeit) ... sagen, daß die Gesetze binden und verpflichten, ... daß der Staat eine von Gott gewollte Einrichtung ist, daß auch im Staat Autorität sein muß«.

[44] Vgl. Kap. II 3.3.

[45] Vgl. dazu H. Heller, Professor für öffentliches Recht, der 1924 in einem Artikel schrieb: »Es liegt ... im Wesen von Recht und Staat, daß sie, wie alles Geistige, zwar ihre Entwicklung dem Kampfe gesellschaftlicher Interessen verdanken, ihren göttlichen Funken aber damit erweisen, daß sie immer strebend sich bemühen, sich aus dieser Verhaftung mit Interessen zu lösen, sich zu verselbständigen von einseitigen Ansprüchen ... Und dieses Steben ist dem Staate um seinetwegen notwendig«. H. Heller, Gesellschaft und Staat, 210 f.

[46] NLB Diözesanjubiläum in Stuttgart am 1. Juli 1928, 238: »Es gibt keine Gewalt außer von Gott und die, die da ist, ist von Gott«. Darin liegt eine eindeutige Bejahung des Staates. Solche Lehren schaffen gute Staatsbürger«. – Zur Problematik der sog. Delegationstheorie und der sog. Designationstheorie vgl. Furger 158 f., Monzel 292 f. und W. Weber, Gesellschaft und Staat als Problem für die Kirche, 247.

[47] Ebd. 238.

[48] NLB 25jähriges Bischofsjubiläum von Bischof Paul Wilhelm Keppler in Rottenburg am 2. Aug. 1925.

heraus trat Bolz zu Beginn des Jahres 1926 für die sog. Fürstenabfindung ein. In den Fürsten sah er nicht »bloß Privatpersonen«, sondern primär ehemalige »Leiter des Staates«. Gegen den »Lärm der
Straße«, d. h. gegen den Antrag der Linksparteien, sprach er sich
entsprechend den offiziellen Parteigrundsätzen und der Haltung der
Amtskirche für die Erfüllung der fürstlichen Ansprüche aus. Ein
Reichsgesetz sollte diesem Standpunkt einen »verpflichtenden« Charakter geben. Hierin drückt sich eine Distanz aus, die der »Staat«
gegenüber den gesellschaftlichen Willensäußerungen, wozu man den
Antrag der Linksparteien zählen mußte, empfand. Diese Motivation
bestimmte auch seine Haltung gegenüber der Politik von Papen und
der nationalsozialistischen Bewegung.[49] Gegen deren totalitären Anspruch kämpfte er mit einer isoliert staatlichen Gesinnung an. Eine
Instrumentalisierung des Staatsapparates zu parteipolitischen Zwek-
ken lehnte er entschieden ab; eine Überparteilichkeit des Rundfunks
oder des Schulwesens hielt er für unbedingt notwendig.[50] Damit wird
etwas Grundsätzliches in der Amtsauffassung und dem politischen
Selbstverständnis von Bolz deutlich: Er glaubte an die Möglichkeit,
die Politik gegenüber der Staatlichkeit zurücktreten lassen zu können
und zwischen beiden, »Staat« und »Politik« bzw. »Gesellschaft«,
differenzieren zu können. Hitler orientierte sich in seinem Politikverständnis an der Partei, der Bewegung, Bolz dagegen am »Staat«,
dem Beharrenden, d. h. dem »Ewigen und Dauernden«. Der »Lärm
der Straße« war aber – trotz aller Abdichtung – in den Staat hineinge-
gedrungen. Ja, er war längst selbst zum »Staat« geworden.

[49] Vgl. Besson 275–294: Ganz staatspolitisch motiviert war Bolz' Haltung
gegenüber dem Reichskanzler Papen. Obwohl er eine große Gefahr für die
Sicherheit und Ordnung des Staates in der Aufhebung des SA- und Uni-
formverbots sah, konnte er sich nicht, wie etwa Bayern, zu einem »politischen« Handeln gegen Papen entscheiden. Auch nicht als dieser am 20.
Juli 1932 in Preußen die Regierung absetzte. Bolz wandte sich nicht gegen
Maßnahmen der höchsten staatlichen Autorität. Eine schlechte staatliche
Autorität blieb selbst »in verkümmerter Gestalt« für ihn »Staat«.
[50] Vgl. Kap. II 4.6. – Vgl. Besson 350 ff.: Aus denselben Motiven entsprang
Bolz' Protest gegen das Hissen der Hakenkreuzfahne am 7. März auf den
öffentlichen Gebäuden, den Ministerien und dem Landtag.

5. DIE GRUNDSÄTZLICHE ABLEHNUNG EINER REVOLUTION

Auf einer Katholikenversammlung in Neuhausen 1924 sagte Bolz: »Ein überzeugter Katholik kann kein Revolutionär sein ... Wir vom Zentrum stehen auf dem Boden dieses katholischen Grundsatzes. Wir verwerfen ... jede revolutionäre Bestrebung«.[51] Die November-Revolution 1918 widersprach Bolz' Gefühl für Recht, Freiheit und Ordnung diametral.[52] Vorrangiges Ziel einer Politik mußte es sein, durch eine »vernünftige Koalitionspolitik« die revolutionäre Gefahr zu bannen. Alleinige Rechts- oder Linkskoalitionen hielt er für äußerst gefährlich. Von einer »vernünftigen Mitte« aus wollte er die »unkatholischen Extreme«[53] zähmen. Nachdrücklich sprach er sich in dieser Phase der Republik für eine Koalition des Zentrums mit den Sozialdemokraten aus, um so die revolutionären Elemente des Linksradikalismus abzuschwächen und die Arbeitermassen an den Staat zu führen.[54] Nach der Vereinigung der Rest-USPD mit der SPD im August 1922 schien ihm diese Gefahr gebannt.[55] Aufgrund ihres Klassengedankens blieben allerdings die Kommunisten für ihn die revolutionäre Partei par excellence.[56] Darin dürfte der eigentliche Grund liegen, weshalb Bolz noch 1924 gegen die SPD mentale Vorbehalte hegte und die Partei als »revolutionär« bezeichnete.[57] Von den Kommunisten ging seiner Meinung nach selbst nach dem starken Stimmengewinn der Nationalsozialisten im September 1930 nach wie vor die größte Gefahr aus.[58] Die Morde an Erzberger 1921 und Rathenau 1922 bestärkten Bolz in seinem Vorhaben, die DNVP ebenfalls durch

---

[51] NLB KV in Neuhausen am 17. Febr. 1924. DV 76, 1924, Nr. 42 (18. Febr. 1924), 136 f. – Vgl. Diözesanjubiläum in Stuttgart am 1. Juli 1928. DV 80, 1928, Nr. 149 (2. Juni 1928), 238: »Ein guter Katholik muß ... ein guter Bürger sein ... Er kann keinen revolutionären Geist haben«. – Vgl. NLB 64. GV der Katholiken Deutschlands in Stuttgart am 22. Aug. 1925.

[52] Vgl. Kap. II 1.3.

[53] Lowitsch 61.

[54] Vgl. Kap. II 1.3.1.

[55] Vgl. Kap. II 2.2.

[56] Vgl. Kap. II 2.2.; 2.5.; 4.2.

[57] Vgl. ebd.

[58] Vgl. Becker V 86 f. – Vgl. F. Heer, Der Glaube des Adolf Hitler, 242 ff.

Einbinden in der Regierungsverantwortung zu zähmen.[59] Die Vorgänge in Sachsen und Thüringen im Herbst 1923 und den sog. Hitler-Ludendorff-Putsch im November 1923 in München verurteilte Bolz entschieden. In beiden Vorhaben sah er einen »revolutionären Akt«.[60] Eine Unterstützung der »revolutionären Aktivitäten« in Bayern verbot der württembergische Innenminister;[61] er lehnte eine Zusammenarbeit und eine potentielle Mitgliedschaft der Katholiken in dieser Bewegung kategorisch ab. Nach Hitlers Legalitätseid im September 1930 und den Wahlerfolgen der NSDAP 1932 änderte Bolz seine Meinung in Bezug auf eine nationalsozialistische Regierungsbeteiligung: Aus Angst, die vom Rechtsradikalismus mobilisierten Massen könnten nur allzu leicht Beute des Kommunismus werden, entschloß er sich im März 1932, die NSDAP in die Regierungsverantwortung einzubeziehen.[62] Zugleich wollte er mit dieser sog. »Totallösung« Papens Verfassungsbruchpläne verhindern. In ihnen sah er – im Gegensatz zur nationalsozialistischen Machtergreifung im Januar 1933 – einen »revolutionären Akt«.[63]

6. DER GRUNDSATZ DER AUTORITÄT

Den Parlamentarismus bezeichnete Bolz 1925 in Biberach auf einem Zentrumsparteitag als etwas »plötzlich Gewordenes«, etwas, das sich »nicht organisch und langsam ... entwickelt hat« und daher »Mängel« aufweist.[64] Er fand sich allerdings mit dieser Wirklichkeit ab und trat zu Beginn der Weimarer Republik als ein ehrlicher Anhänger einer funktionierenden parlamentarischen Politik auf. An der

[59] Vgl. ebd.
[60] Vgl. Kap. II 2.5.
[61] Vgl. ebd.
[62] Vgl. Kap. II 4.
[63] Vgl. Kap. II 4.3. u. 4.5.
[64] Vgl. NLB ZPT in Biberach am 9. März 1924. Oberschwäbischer Anzeiger 121, 1924, Nr. 59 (10. März 1924), 140 f.: »Eine parlamentarische Regierung ... ist für das deutsche Volk etwas Neues und etwas, das nicht organisch und langsam sich entwickelt hat, sondern mit den Revolutionsstürmen über Nacht gekommen ist. Eine solche Entwicklung hat ihre Mängel

gegenwärtigen Politik beklagte er hingegen, daß diese den Spielregeln des Parlamentarismus nicht gerecht werde: In der geringen Bereitschaft der politischen Parteien, Regierungsverantwortung zu übernehmen, zeigte sich deren parlamentarische »Unreife«; in der »Unvernunft« des Volkes eine große Gefahr für die Sicherheit und Ordnung des Staates.[65] Dieses Urteil verstärkte sich in den folgenden Jahren bei Bolz, und seine Politk wurde infolge ununterbrochener Koalitions- und Regierungskrisen zunehmend autoritärer: Gegenüber dieser Instabilität forderte er bei der Matthias Erzberger-Gedächtnisfeier 1921 in Stuttgart den »Mut zu einer unpopulären Politik«,[66] verlangte in Saulgau 1924 »starke Regierungen und Parlamente«[67] und bejahte »politische Führernaturen«.[68] In seiner Distanziertheit zum Liberalismus traten bei Bolz Mitte der zwanziger Jahre zuneh-

... An der Größe der Aufgabe ist ... das alte System zusammengebrochen, und es kann niemand erwarten, daß das plötzlich Gewordene imstande ist, das Testament, das der zusammengebrochene Staat seiner Volksvertretung hinterlassen hat, in wenigen Jahren meisterhaft und ohne Fehler vollständig zu erfüllen«.

[65] Vgl. Kap. II 1.3.; 2.2; 2.5. – Vgl. Miller 268: Bolz im Juni 1924 in einem Brief an seine Frau:»Der politische Betrieb ... erregt allmählich starken Widerwillen in mir ... Wenn die Parlamente so weitermachen?! Freilich geht es in anderen Parlamenten nicht viel anders her; ein Beweis für die politische Unreife der Völker«. – Vgl. Miller 248: »Der Reichstag ist eine hilflose, unfähige Gesellschaft«, so Bolz im November 1923. – Vgl. ebd. 216:»Es sind überall zu viele Menschen, die schwätzen und Wichtiges und Unwichtiges nicht auseinanderhalten können. Parlamente taugen nicht für große Aufgaben«, so Bolz im Oktober 1922. – Vgl. ebd. 104–108; 115–122; 174–177; 194–216; 243; 268; 357.

[66] NLB Rede bei der Matthias Erzberger-Gedächtnisfeier in Stuttgart am 4. Sept. 1921. DV 73, 1921, Nr. 202 (5. Sept. 1921), 49.

[67] NLB ZV in Saulgau am 10. Febr. 1924. Zeitungsausschnitt (Herkunft unbekannt), 129:»Die Regierung kann keine vernünftige Politik machen ohne ein vernünftiges Volk ... Es fehlt an einer starken Regierung, an einem starken Parlament, an einem opferfreudigen Volk«.

[68] NLB Rede in Rottenburg am 24. Mai 1921. Rottenburger Zeitung vom 23. Mai 1921, 42:»Darum sind politisches Gefühl, politische Instinkte, politische Führernaturen nötiger als der Fachmann, dem aus Mangel an politischem Talent der Blick für das Mögliche im parlamentarischen Leben abgeht«.

mend autoritäre Tendenzen hervor. Deutlich artikulierte er diese im August 1925 auf der 64. Generalversammlung der Katholiken Deutschlands: »Der schrankenlosen Freiheit wollen wir die absolute Wahrheit gegenüberstellen, dem Recht das Gebot, der Willkür die Autorität ... Je ... mehr Gehorsam verneint wird, desto unerschrockener wollen wir die Autorität verkünden«.[69] Die »ewige Wahrheit« bildete dabei den Richtpunkt für seine autoritäre Politik: »Die ewige Wahrheit muß der Kompaß sein, der denen den Weg zeigt, die Autorität verlangen ... Die Ausübung jeder Gewalt macht verantwortlich vor dem ewigen Gesetz. Mißbrauch der Gewalt wiegt schwerer als Mißbrauch der Freiheit«.[70] Einen vorläufigen Höhepunkt erlangten seine autoritären Tendenzen in seiner Rede zur Konsekration des Weihbischofs Fischer im Februar 1930: Sein Wunsch nach einem »vorausschauenden Propheten« muß in diesem Kontext gesehen werden.[71] Angesichts der Krise der parlamentarischen Demokratie zu Beginn der dreißiger Jahre übertrug Bolz dieses Verlangen nach Autorität und Führung zunehmend auf den politischen Alltag. Seine Politik zielte auf eine »reformierte«, d. h. »autoritäre Demokratie«, eine Synthese von Präsidialgewalt und eingeschränktem Parlamentarismus. Im Gegensatz zu Papen, der den Parteienstaat beseitigen wollte, ging es Bolz um dessen Rettung. Daher strebte er eine Mehrheitsregierung zusammen mit den Nationalsozialisten an. Allerdings sollte das Parlament seine Aufgabe auf eine »moralische Stütze« reduzieren, d. h. die Parteien sollten nur noch von Fall zu Fall zur Unterstützung bzw. Tolerierung einer »sachlichen Verordnung« aufgerufen werden.[72] Dabei ging es Bolz um kein konkretes Interesse oder eine Ideologie, sondern um Regierbarkeit. Eine solche Lösung implizierte auch die Möglichkeit eines »kommissarischen Diktators«,[73] der aller-

---

[69] NLB 64. GV der Katholiken Deutschlands in Stuttgart am 23. Aug. 1925. – Vgl. Kap. II 3.6.

[70] Ebd.

[71] Vgl. Kap. II 4.8.

[72] Vgl. Kap. II 4.7.

[73] Vgl. ebd. – Vgl. Miller 367 f.: »Ich schreibe während einer Fraktionssitzung ... Was wird heute abend sein? Keiner weiß es. Jeder fühlt die Schwäche und Ohnmacht. Ohnmacht unseres ganzen Regierungssystems. Ich bin längst der Meinung, daß das Parlament die schweren innenpoliti-

dings nicht jenseits von Gesetz und Moral stehen, sondern ein innerhalb der Verfassung »ordnender« und »autoritär führender«, national
eingestellter christlicher Staatsmann sein sollte.[74] Diesen Kriterien
schien Hitler eher zu entsprechen als Papen.[75]

schen Fragen nicht lösen kann. Wenn ein Diktator für zehn Jahre möglich
wäre – ich würde es wünschen. Denn es handelt sich um ein Volk und
seine ganze Zukunft«, so Bolz im März 1930. – Vgl. ebd. 369 f.: »Die
Frage nach der Arbeitsfähigkeit des Parlaments und der Parteien ist eine
unmittelbar gegenwärtige und praktische, die jetzt und in den nächsten
Jahren zur Entscheidung steht. Sind die Parteien dazu nicht imstande,
versagt das Parlament, dann bleibt freilich nur die Möglichkeit, die bei uns
immer als letzte an die Wand gemalt wird: Die Diktatur. Diktatur! Be-
wahre uns das Schicksal davor! «, so Bolz im März 1930. – Vgl. ebd. 357
»Im Reichstag ist der Eindruck ein übler. Trotz miserabler Finanzlage des
Reiches bringen es die Parteien nicht fertig, die Arbeitslosenfrage zu ord-
nen. Ich gehe weiter und sage: Die Parteien sind gar nicht imstande, die
großen innenpolitischen Fragen, vor deren Entscheidung wir stehen, zu
meistern«, so Bolz im Oktober 1929. Diese Äußerungen interpretiert Besson als »Mißvergnügen an der Koalitionspolitik« und nicht als »Äußerungen eines augenblicklichen Überdrusses am parlamentarischen Getriebe«,
Besson 119 f.

[74] Vgl. Besson 188–250: Er meint, daß die erweiterte Regierung Bolz –
Bazille im Juni 1931 eine Phase autoritärer, nicht mehr in Abstimmung
mit der Volksvertretung bemühter Regierungspolitik, einleitete. Obwohl
die Regierung über die Majorität im Landtag verfügte und damit auch eine
Mehrheit für ihre unpopulären Sparmaßnahmen, ließ sie sich vom Parlament eine »Blankovollmacht« für weitere Einsparungen geben. – Vgl.
dazu B. Schönhagen, Zwischen Verweigerung und Agitation: Landtagspolitik der NSDAP in Württemberg 1928/29–1933, 114–123. – Zum Füh-
rertyp im Zentrum vgl. S. Neumann, Die Parteien der Weimarer Republik,
47 f. – Vgl. Eschenburg 132 ff. – Vgl. Morsey II 288 ff. – Zum Führer-
gedanke bei den sog. Jungkonservativen vgl. W. Bussmann, Politische
Ideologien zwischen Monarchie und Weimarer Republik, 55 ff.

[75] Vgl. Kap. II 4.2.

7. DIE GRUNDSÄTZLICHE ABLEHNUNG EINES KONKORDATS

7.1. Das Landeskonkordat[76]

Am 16. Juli 1926 starb P. W. v. Keppler. Mit seinem Tod wurde in Württemberg die Konkordatsfrage akut. Zusammen mit dem Rottenburger Domkapitel wollte Bolz das Bischofswahlrecht erhalten, was jedoch Rom ablehnte. Es insistierte auf den Abschluß eines Landeskonkordats. Dafür setzte sich auch Bolz' Freund, der Universitätsprofessor Ludwig Baur, ein. In einem Brief zu Bolz' 50. Geburtstag hieß es im November 1931: »Ich hatte den Versuch gemacht, es dahin zu bringen, daß die Neuordnung der kirchlichen Verhältnisse in Württemberg durch ein Konkordat geregelt werden. Aber es zeigte sich schon beim ersten Vorfühlen, daß dieser Gedanke nicht durchführbar war, in der damaligen Lage ... Da der Apostolische Stuhl in einer Consistorialansprache vom 11. November 1919 darauf hingewiesen hatte, daß infolge der Staatsumwälzungen frühere Abmachungen durch neue zu ersetzen sein werden, so blieb eine Reihe von wichtigen Fragen, wie z. B. die Besetzung des bischöflichen Stuhls, der Kanonikate u. a. , unerledigt übrig. Das wird sich auch in Zukunft immer in beunruhigender Weise bemerklich machen und drängt zu einer definitiven Regelung durch direkte Verhandlungen mit dem Apostolischen Stuhl«.[77] Im Gegensatz zu Baur lehnte Bolz den Abschluß eines Konkordats ab.[78] Für ihn hatte das alte historische Recht weiterhin Bestand, weshalb er entschieden die Rechte der Rottenburger Kirche und damit das Wahlrecht des Domkapitels verteidigte.

---

[76] Vgl. Kap. II 3.7. – Vgl. Miller 186 f.; 306 ff.

[77] NLB Privatbrief von L. Baur am 30. Nov. 1931.

[78] Vgl. J. Beyerle, Eugen Bolz zum Gedächtnis, 1: »So hat er (Bolz), als ... auch bezüglich Württembergs inoffiziell die Frage eines Konkordats angeschnitten wurde, entschieden abgeraten«.

7.2. Das Reichskonkordat

Zu Beginn des Jahres 1927 kam es zum 4. Kabinett Marx unter Einbeziehung der DNVP. Am Zustandekommen dieser Rechtsregierung war neben Heinrich Brüning wesentlich Prälat Ludwig Kaas beteiligt. Für Kaas spielten dabei kulturpolitische Überlegungen, u. a. der Abschluß eines Reichskonkordats, eine nicht geringe Rolle. Auch Bolz stand in dieser Phase seiner Politik dem Gedanken eines Reichskonkordats durchaus positiv gegenüber;[79] er instrumentalisierte ihn für seine Stuttgarter Diasporasituation: Ein Reichskonkordat trug seiner Meinung nach wesentlich zu einer Aufwertung der katholischen Angelegenheiten bei. Seine Einstellung änderte sich jedoch mit der Ernennung Papens zum Reichskanzler im Juni 1932: In seinen Reden zeigte er sich nun – im Gegensatz zu L. Baur[80] – äußerst zurückhaltend in der Frage eines Reichskonkordats. Obwohl nach Hitlers Machtergreifung der Konkordatsgedanke »in der Luft«[81] lag, wurde er in keiner Rede von Bolz nochmals aufgegriffen.

8. DIE GRUNDSÄTZLICHE ABLEHNUNG EINER ELIMINIERUNG DES POLITISCHEN KATHOLIZISMUS

8.1. Die Absage an den berufsständischen Gedanken[82]

In seinen Reden erteilte Bolz dem berufsständischen Gedanken eine klare Absage. Hinter diesen leistungsgemeinschaftlichen Zusammenschlüssen vermutete er einen Ersatz für die politischen Parteien, was notwendigerweise eine Eliminierung des politischen Katholizismus zur Folge gehabt hätte. Im demokratischen Zeitalter waren für ihn nur echte Parteien in der Lage, politische Verantwortung zu

---

[79] Vgl. Kap. II 3.6.
[80] Vgl. NLB Privatbrief vom 30. Nov. 1931: Er hielt damals noch den Abschluß eines Konkordats für notwendig!
[81] Vgl. Jasper 205.
[82] Vgl. Kap. II 2.3.

übernehmen. Darunter verstand er Parteien, die über ein umfassendes politisches Programm für das ganze Volk und alle wichtigen staatlichen Aufgabengebiete verfügten. »Parteien«, die bloß irgendein spezielles Anliegen vertraten, wie z. B. eine ausgesprochene Arbeiter- oder Bauernpartei, lehnte er ab.[83] Die Zentrumspartei ging nach Meinung von Bolz auf diesem Gebiet den anderen Parteien beispielhaft voran. In ihr sah er eine »Volksgemeinschaft im kleinen«, weil sie in der Lage war, alle Berufsstände zu umfassen und zu integrieren.[84] Nur so konnte seiner Meinung nach im Parlament und durch dieses im Staat eine ausgleichende und integrierende Arbeit gegenüber den einseitigen Interessen der Leistungsgemeinschaften betrieben werden.

8.2. Die Absage an den überkonfessionellen Gedanken[85]

Stegerwalds Plan, eine christliche Volkspartei zu gründen, stand Bolz sehr reserviert gegenüber. Eine Realisierung dieses Gedankens hätte seiner Meinung nach eine Auflösung des Zentrums zur Folge gehabt[86] und zu einer Geringschätzung der »katholischen Sache« im

---

[83] Vgl. ebd. – Vgl. Miller 221. Bolz am 19. Febr. 1923: »Politische Parteien sind notwendig ... Die kommunistische Bewegung sei die konsequente Durchführung des Gedankens der berufsständischen Vertretung. Die Politik müsse ausarten in einen nackten Interessenkampf der Berufsstände«.

[84] Letztendlich wird man darin einen Grund für die mentalen Vorbehalte entdecken können, die Bolz gegenüber der SPD besaß. Seiner Meinung nach vertrat diese Partei lediglich die Interessen des Arbeiterstandes. Um sich in der Regierungsverantwortung nicht zu kompromittieren, ging sie in die Opposition – aus parteipolitischen Gründen. Seiner Meinung nach war diese Partei daher nicht in der Lage, staatspolitische Verantwortung zu übernehmen. – Vgl. Kap. II 2.2.; 3.4. – Vgl. Miller 194. Mitte Juni 1921 schrieb Bolz seiner Frau: »Die Beratungen haben wieder einmal bewiesen, daß die deutschen Parteien noch nicht reif sind für den Parlamentarismus, daß sie den Mut nicht finden, ihren Wählern gegenüber Verantwortung zu übernehmen ... Ohne Zentrum kann das deutsche Parlament zur Zeit nicht existieren«. – Vgl. ebd. 174 f.; 180; 231; 549 f.

[85] Vgl. Kap. II 2.4.; 3.5.

[86] Vgl. Junker 35. – Vgl. Morsey III 372 ff.

Staat geführt. Christlich, d. h. überkonfessionell, sollte das Grundprinzip dieser demokratischen Sammlungspartei sein. Damit stand sie für Bolz im Gegensatz zum eigentlichen Zentrumsgedanken. Das Zentrum stand für Bolz zwar grundsätzlich auch den evangelischen Christen offen, aber in seiner Substanz mußte die Partei katholisch bleiben. In ihm sah er primär die politische Vertretung des deutschen Katholizismus. Von seiner Stuttgarter Diasporasituation aus betrachtet, war das Zentrum »zu einem unentbehrlichen Institut der Selbstbestätigung geworden für die von fest verwurzelten politisch-kulturellen Inferioritätskomplexen belastete konfessionelle Minderheit«.[87] Mit denselben Argumenten lehnte Bolz zu Beginn des Jahres 1926 Wirths Idee einer linksdemokratischen Volkspartei, die in der »Republikanischen Union« mit SPD und Demokraten eine feste Basis für die Republik abgegeben hätte sollen, ab. Diese Beide Reformbewegungen, die konservative Stegerwalds und die progressive Wirths riskierten mit ihren Plänen eine Auflösung des ursprünglichen Zentrumsgedankens und waren daher für Bolz indiskutabel.[88]

8.3. Gegen eine Ausschaltung des politischen Katholizismus

In seinen Reden nach der Entlassung Brünings im Mai 1932 erteilte Bolz Papens Ziel, den Parteienstaat zu zerschlagen, eine klare Absage;[89] er verurteilte Papens Idee als einen Verstoß gegen die Verfassung und die in ihr grundgelegte Parteiendemokratie. Bolz beteiligte sich daher im August 1932 an den »Koalitionsverhandlungen« mit den Nationalsozialisten um zu einer parlamentarischen Mehrheitsregierung zu gelangen. In dieser Haltung drückte sich einerseits das Gegenteil einer Distanzierung vom Parlamentarismus aus und andererseits der Versuch, den politischen Katholizismus als eigenständige politische Größe zu erhalten. Seinen Anspruch begründete Bolz mit der katholischen Weltanschauung: Aufgrund dieser Lehre war das Zentrum zu »positiver Arbeit« oder zu »allzeit tätiger Mitarbeit« im

---

[87] Vgl. Becker II 13.
[88] Vgl. Miller 278; 281; 292; 312.
[89] Vgl. Kap. II 4.

Staat »verpflichtet«. Zusammen mit Hitler sollte das Zentrum bereit sein, an einem Staat »der Gerechtigkeit und Wohlfahrt« mitzuarbeiten.[90] Gerade in dieser Phase der Republik war Bolz davon überzeugt, daß das Zentrum eine staatserhaltende Notwendigkeit darstellte.[91] Mit seinem Modell einer »Volksgemeinschaft« sollte es nach der Machtergreifung im Januar 1933 »die Grundlage« für einen neuen Staatsaufbau bilden.[92]

9. ANALYSE DER DARGESTELLTEN GRUNDSÄTZE

Analysiert man die eben dargestellten Grundsätze in der Politik von Bolz, so wird deutlich: Die ersten sechs waren im Kern »defensiv«, die letzten zwei dagegen »offensiv«: Der Grundsatz vom »Zwang der Verhältnisse« war »politisch« nichtssagend; er gab Bolz die Möglichkeit, sich in der Frage nach der konkreten Staatsform oder nach dem jeweiligen Koalitionspartner »opportun« zu verhalten. Bolz weigerte sich auch entschieden, ein klares Bekenntnis für oder gegen die Demokratie abzulegen. Um seines Kulturideals oder seiner

[90] Vgl. NLB ZPT in Ulm am 13. Febr. 1933, 323: »Wir wollen dabei sein, ... weil wir nicht daran glauben, daß der politische Radikalismus rechts oder links jemals das Volk dem inneren Frieden und dem entgegenführen wird, was der Reichskanzler Hitler am Schluß seiner Rundfunkrede genannt hat: einen Staat der Gerechtigkeit und der Wohlfahrt«.

[91] Vgl. Kap. II 4.2. – Vgl. NLB ZPT in Ulm am 13. Febr. 1933, 322 f.: »Das zweite Ziel, das wir haben, ist die kräftige Gegenwehr gegen die Ausschaltung des politischen Katholizismus. Zu dem Zweck wollen wir das katholische Volk aufrufen, damit es den mühsam errungenen Einfluß im Staat nicht verliert. Wir sehen, wie man in der Reichsregierung und preußischen Regierung alles, was nach Zentrum und Katholizismus aussieht, hinauswirft. Das ist keine Futterkrippenpolitik! ... Wir kämpfen dafür, daß man den politischen Katholizismus braucht und nicht an die Wand drücken kann«.

[92] Vgl. NLB ZPT in Ulm am 13. Febr. 1933, 322: »Je stärker wir sind, desto eher wird unsere Stunde kommen ... Wir wollen dabei sein, nicht aus Eigennutz, sondern einzig und allein weil wir glauben, daß die Art unserer Volksgemeinschaft in unserer Partei die Grundlage zu einem Wiederaufbau bieten kann«.

konfessionellen Interessen willen fühlte er sich als Katholik »ver-pflichtet«, »politische« Standpunkte nicht absolut zu setzen. Von den Zentrumswählern und -abgeordneten verlangte er daher kein Be-kenntnis zu einer bestimmten Staatsform, sondern »nur« die Beja-hung der Verfassung. Die Zentrumspartei war in diesem Sinne für ihn keine »demokratische« Partei, sondern die »Verfassungs«-Partei schlechthin. Dieser Topos bildete für ihn zugleich den kleinsten ge-meinsamen Nenner, auf den sich innerhalb des Zentrums die diver-gierenden Richtungen einigen konnten. »Politische« Extratouren, wie die Ideen Stegerwalds oder Wirths, die sich für eine »Politisierung« der Partei stark machten, wurden mit dem Appell an die »Einheit und Treue« der katholischen Minderheit vereitelt. Die »Rückkehr« zur konfessionell integrierten Weltanschauungspartei, wie sie in der Wahl von Kaas zum Parteivorsitzenden 1928 manifest wurde, bejahte Bolz. Als »Verfassungspartei« mußte das Zentrum für ihn auf verfassungs-mäßige Zustände insistieren. Dieser verfassungskonforme Weg zwang Bolz zu einer »legalistischen Verfassungstreue«,[93] weshalb er einen vorbeugenden Verfassungsbruch aus rein politischen Gründen[94] prinzipiell ablehnte und als einen revolutionären Akt bewertete. Als »revolutionär« bezeichnete Bolz auch die »neuen« Lehren des Li-beralismus und Sozialismus; ihnen gegenüber besaß er starke mentale Vorbehalte und attackierte sie teilweise heftig in seinen Reden. Der Grundsatz der »Staatlichkeit« war in der Sache ähnlich strukturiert. Er offenbarte in Bolz' Politik einen Dualismus zwischen »Staat« und »gesellschaftlich-politischen Willensäußerungen«. Beides, »Staat« und »Politik« bzw. »Gesellschaft« mußten prinzipiell getrennt wer-den. Primär die »Staatsautorität« bedurfte der Sicherung, weshalb Bolz in seiner Politik zu Beginn der dreißiger Jahre zunehmend au-toritärer wurde. »Politik«, darunter verstand Bolz primär Staatsge-staltung und Staatsführung. Die Absolutsetzung der staatlichen Be-lange hieß aber, den »Staat« über die konkreten Sorgen und Nöte der Menschen zu stellen.

[93] Becker II 10.
[94] Dazu müssen die Versuche von Papen und Schleicher gezählt werden; vgl H. Köhler, Geschichte der Weimarer Republik, 92: Köhler meinte, das Konzept von Schleicher könne man »in Anbetracht der von ihm erstrebten Zusammenarbeit mit den Gewerkschaften und anderen Verbänden nicht von vornherein als Militärdiktatur bezeichnen«. – Vgl. Junker 43 ff.

Damit wird deutlich: Die ersten sechs Grundsätze der Bolzschen Politik standen konträr zu allen Bestrebungen, die eine weitere Politisierung der Zentrumspartei intendierten. Sie waren in Bezug auf die Politik indifferent, neutral und passiv[95] und offenbarten einen Rückzug aus den Angelegenheiten der Welt. Bolz argumentierte deduktiv, d. h. von einem im voraus festgelegten Standpunkt aus. Im Widerspruch zu dieser »passiven« Haltung standen Bolz' »offensive« Haltungen: Entschieden lehnte er gegenüber Rom ein Konkordat für Württemberg ab und erteilte dem »berufsständischen Gedanken« eine klare Absage. Im Kern ebenfalls »offensiv« war sein Ziel, in der Endphase der Weimarer Republik den politischen Katholizismus als eigenständige Größe zu erhalten. In ihnen zeigte sich eine kritische Distanz zur aktuellen römisch-kurialen Kirchenpolitik und zu den reaktionären Staatsvorstellungen Papens. Dies und der »Sitz im Leben«, d. h. die Provenienz dieser ersten sechs Grundsätze seiner Politik, wird in den nächsten Kapiteln zu diskutieren sein.

---

[95] Vgl. Morsey III 609.

IV. DIE REZEPTION DER KATHOLISCHEN STAATSLEHRE IN DER POLITIK VON EUGEN BOLZ

Bolz' Politik wies charakteristische Merkmale auf, die auf konstanten Faktoren beruhten. Zur Frage nach dem »Sitz im Leben« seiner Politik gab er auf einer Zentrumsversammlung in Horb 1921 einen ersten Hinweis: »Die Enzykliken eines Leo XIII. und die Rundschreiben unseres jetzigen Papstes muten wie Evangelien an, wie frohe Botschaften, die der leidenden Menschheit mitgeteilt werden«.[1] Deren Zusammenstellung ergab für ihn das Zentrumsprogramm: »Die katholische Kirche nimmt Stellung zu allen, die Welt und die Wirtschaft bewegenden Fragen ... Die Zusammenstellung der Lehren der katholischen Kirche über Staat, über Kultur-, Sozial- und Wirtschaftspolitik ... ergibt ein politisches Programm. Katholisches Denken und Fühlen wie katholische Erziehung geben dem Katholiken ein Programm mit, dem er sich nicht entziehen kann. Er folgt dabei nicht einem äußerlichen Zwang, sondern seiner Überzeugung als dem Produkt seiner Erziehung«.[2] Für Bolz gab es also eine enge Verbindung zwischen Politik und Religion; beides durfte nicht getrennt werden, sondern mußte eine Einheit bilden.

---

[1] NLB ZV in Horb am 20. Nov. 1921. Horber Chronik 1921, Nr. 268 (21. Nov. 1921), 59.
[2] NLB LPT des württ. Zentrums in Stuttgart am 12. Dez. 1921. DV 73, 1921, Nr. 286 (13. Dez. 1921), 68 f. – Vgl. NLB WV in Ellwangen am 30. Nov. 1924. Ipf- und Jagstzeitung 1924, Nr. 260 (1. Dez. 1924), 204 f. – Vgl. NLB WV in Bad Waldsee und Aulendorf am 16. Nov. 1924. DV 76, 1924, Nr. 270 (18. Nov. 1924), 185. – Vgl. NLB ZV in Bad Mergentheim am 26. Nov. 1922. Tauberzeitung vom November 1922 (Zeitungsausschnitt im NLB), 90.

1. Die katholische Staatslehre und Moral

1.1. Der historische Kontext[3]

Grundlegend für den Aufbau einer »Soziallehre« innerhalb der katholischen Kirche war die Tatsache, daß Thomas von Aquin die Sozialethik des Aristoteles rezipierte und modifizierte. Damit besaß die kirchliche »Soziallehre« eine philosophische Basis, die im Laufe der Jahrhunderte ausgebaut werden konnte. Im 19. Jahrhundert erfolgte die Applikation dieser »Lehre« auf die soziale Lage der frühkapitalistischen Gesellschaft. Damals fand in der katholische Kirche nach den Wirren der französischen Revolution und der napoleonischen Epoche eine Restauration statt; sie grenzte sich gegen die liberal-konstitutionelle und die fortschrittlich-republikanische Bewegung durch die Aktivierung alter scholastischer Lehren in Form einer sogenannten neuscholastischen Philosophie ab.

Programmschrift der päpstlichen Apologien war die Enzyklika »Mirari vos« (1832): Papst Gregor XV. verurteilte darin jegliche Freiheiten, von der Gewissensfreiheit bis zur Demokratie. Sein Nachfolger Papst Pius IX. steigerte das Konzept der Ablehnung der Freiheiten bis zum päpstlichen Zentralismus des Ersten Vatikanums. Im »Syllabus der Irrtümer« (1864) verurteilte er den Liberalismus jeglicher Art als ein Grundübel der Zeit.

Innerhalb der Kirche versuchten die sogenannten Modernisten zwischen Kirchenlehre (Neuscholastik) und moderner Philosophie zu vermitteln.[4] Die Kirchenleitung reagierte in doppelter Weise: Zum

---

[3] Zur Neuscholastik vgl. O. Köhler, Das Lehramt und die Theologie, 316 ff. – Vgl. J. Hirschberger, Kleine Philosophiegeschichte, Neuaristotelismus und Neuscholastik, 195 ff. – Vgl. G. Söhngen, Neuscholastik, 923 f. – Vgl. J. B. Metz, Glaube in Geschichte und Gesellschaft, 29–44. – Vgl. P. Schallenberg, Naturrecht und Sozialtheologie.

[4] Zum sog. Modernismusstreit und seinen Auswirkungen vgl. T. Loome, »Die Trümmer des liberalen Katholizismus« in Großbritannien und Deutschland am Ende des 19. Jahrhunderts (1893–1903): Die kirchenpolitische Grundlage der Modernismuskontroverse (1903–1914), 197 ff.

einen wies sie die Modernisten schroff ab, zum anderen rief der Papst die geistigen Kräfte des Katholizismus verpflichtend auf, die christliche Philosophie auf der Grundlage des mittelalterlichen Denkens der Scholastik und insbesondere dem Werk des Thomas von Aquin zu erneuern. Ein Meilenstein in dieser Entwicklung war die Enzyklika »Aeterni Patris« (1879) von Papst Leo XIII.[5]

Die modernen liberalen und nationalen Bewegungen in der zweiten Hälfte des 19. Jhs. in den europäischen Hauptstaaten – Italien, Frankreich und Deutschland – stellten für die katholische Kirche eine starke Herausforderung dar. Die in den Augen von Papst Leo XIII. dringend notwendige Stärkung der katholischen Position mußte einhergehen mit der Abwehr der liberalen und radikalen Lehren durch die neuscholastische Philosophie. In den Lehrschreiben der Päpste von Leo XIII. bis Pius XII. legte daher die katholische Kirche ihre Auffassung von Welt, Mensch, Gesellschaft und Geschichte dar.[6] Es handelte sich um eine Gesamtheit von Weisungen und Aussagen, deren Inhalt mehr oder weniger eine geschlossene »Lehre«[7] – im Sinne einer Doktrin – bildete. Diese beanspruchte, gesellschaftliche Probleme mittels eines aus allgemeinen Prinzipien deduzierten Modells zu lösen. Erkenntnisziel war ein abstraktes, geschichtsloses Normensystem. Methodisch argumentierte diese prinzipienorientierte »Lehre« von »oben nach unten«: Sie ging nicht von der gegebenen konkreten Wirklichkeit aus und bemühte sich nicht, das in ihr Mögliche zu erkennen und zu gestalten; vielmehr maß sie die Wirklichkeit an der eigenen Theorie. Marie Dominique Chenu konstatiert in den »klassischen Sozialenzykliken« eine merkwürdige »Absenz« des Evangeliums.[8]

---

[5] Vgl. O. Köhler, Das Lehramt und die Theologie: Die Enzyklika »Aeterni Patris«, 316 ff.

[6] In diesem Kapitel geht es nur um die katholische »Lehre« in diesem begrenzten Zeitraum, da nur sie für die Politik von Eugen Bolz von Bedeutung war.

[7] Chenu 11. – Vgl. M. Seckler, Geist der Katholizität: Thomas von Aquin und die Theologie, 163 ff.

[8] Chenu 14; 41; 74.

1.2. Die Interaktion von Religion und Politik in der »katholischen Staatslehre«[9]

In seinem Artikel, »Kirchliches Naturrecht und politisches Handeln«,[10] stellte Ernst-Wolfgang Böckenförde neben dem Inhalt der katholischen Naturrechtslehre auch deren Auswirkungen auf die politische Praxis dar:

Böckenförde geht – mit einleuchtenden Argumenten – davon aus, daß die katholische Naturrechtslehre, wie sie sich unter den Päpsten Pius IX. und Leo XIII. entwickelt hat, nicht an raum-zeitliche Gegebenheiten des menschlichen Lebens, sondern an die »allgemeine, geschichtlicher Verknüpfung nicht unterworfene Wesensnatur des Menschen«, anknüpft. Daher seien ihre Aussagen »universal, d. h. allgemein gültig, und unveränderlich«. Da allerdings politisches Handeln in hohem Maße konkret sei, ergebe sich das Problem der inhaltlichen Konkretisierung. Zu diesem Zweck stelle die katholische Naturrechtslehre neben die »unmittelbar« in der Wesensnatur des Menschen begründeten Grundsätze und die sich daraus ergebenden »conclusiones« die »derivationes«, d. h. jene Formulierungen, die sich aus der inhaltlichen Konkretisierung der Prinzipien auf konkrete geschichtliche Sachverhalte ergäben. Diese Konkretisierungspraxis impliziere allerdings zwei grundlegende Probleme:

1. Die naturrechtlichen Prinzipien erlaubten Konklusionen nur für jene Bereiche des Handelns, wo ein »unmittelbarer ethisch-sittlicher Bezug« bestehe. Primär seien dies die Gebiete Religion, Kirche, Schule. Diese machten den Kernbestand des »bonum commune« aus. Jene Bereiche, deren »ethisch-sittlicher Bezug« vermittelt sei, fallen aus der »naturrechtlichen Determination« heraus. In erster Linie betreffe dies die Fragen nach der konkreten Regierungs- und Wirtschaftsform und die gesamte Innen- und Außenpolitik. Weil diese Bereiche sich einer naturrechtlich-allgemeingültigen Determination

---

[9] Vgl. auch Kap. IV 4.4.

[10] E. W. Böckenförde, Kirchliches Naturrecht und politisches Handeln, 161 ff. (Böckenförde III). – Vgl. F. Böckle, Das Naturrecht im Disput. – Vgl. ders., E. W. Böckenförde, Naturrecht in der Kritik.

entzögen, gehörten sie in den Bereich des »geschichtlich Zufälligen« und unterlägen dem geschichtlichen Wandel.

2. Neben seiner Allgemeingültigkeit dränge das Gemeinwohl zugleich auf eine inhaltliche Fixierung. In der politischen Praxis bedeute dies, daß die Bereiche des bonum commune, die dessen Kernbestand ausmachten – weil sie eine unmittelbare naturrechtliche Beziehung aufweisen – für »unantastbar und unaufhebbar« qualifiziert würden.[11] Dies führe notwendigerweise zu einer Verengung des politischen Bewußtseins: Politischen Entscheidungen lägen weltanschauliche Maßstäbe zugrunde.

2. FÜNF GRUNDLEGENDE PRINZIPIEN DER STAATSLEHRE LEOS XIII.[12]

2.1. Der Grundsatz der Akkommodation[13]

In den Rundschreiben Leos XIII. an die französischen Katholiken über den Wechsel der Staatsform[14] erklärte der Papst im Februar

---

[11] Daher formulierte der Theologieprofessor Ludwig Baur 1923 in seiner Schrift ›Päpstliche Enzykliken und Grundfragen der Innenpolitik‹: »Die katholischen Politiker besitzen eine ... für die praktische Politik notwendige, religiös und sittlich vertiefte, aus der Offenbarungslehre und der gesunden Vernunft geschöpfte Staats-, Rechts- und Wirtschaftsphilosophie in den großen Enzykliken der Päpste Leo XIII., Pius XI. und Benendikt XV ... Im allgemeinen kann man sagen: Die Enzykliken im ganzen sind nicht formellen dogmatischen Lehrentscheidungen gleichzusetzen ... Doch kommt ihnen in gewisser Hinsicht auch dogmatischer Lehrcharakter zu, aber nur soweit sie lehramtliche Entscheidungen sein wollen, hinsichtlich des lehrhaften Teils, hinsichtlich der allgemeinen Sätze, die der Papst als sozialethische Lehre des Christentums verkündet, und hinsichtlich der allgemein gültigen dogmatischen Sätze, auf die der Papst sich stützt«, 14 u. 55 f.

[12] Soweit sie für die Politik von Eugen Bolz von Bedeutung sind. – Zum geistesgeschichtlichen Hintergrund der Bolzschen Politik vgl. J. Sailer, Eugen Bolz. Seine Politik und sein Weg in den politischen Widerstand, 219 ff. (Kurzfassung meiner Diplomarbeit). – Alle Dokumente zu Papst

1892: »Die politischen Veränderungen ... sind ... die Folge heftiger ... Krisen, durch welche die bisherigen Regierungen ... verschwinden, dann herrscht Anarchie; bald ist die öffentliche Ordnung bis in ihre Grundlagen umgestürzt ... Nun wohl, diese gesellschaftliche Notlage rechtfertigt die Schaffung und Existenz neuer Regierungen, welche Formen sie auch immer annehmen. Denn ... diese neuen Regierungen (sind) unbedingt erfordert durch die öffentliche Ordnung, da jede öffentliche Ordnung ohne eine Regierung einfachhin unmöglich ist ... Sobald darum diese neuen Regierungen ... konstituiert sind, ist ihre Annahme nicht nur erlaubt, sondern geboten, geboten nämlich durch die Notwendigkeit des gesellschaftlichen Wohls, das sie geschaffen hat und erhält«.[15]

Die Schaffung und den Bestand einer neuen Regierung rechtfertigte der Papst also mit einer gesellschaftlichen Notlage: Wenn das Gemeinwohl, Ruhe und Ordnung in Gefahr waren, dann war nach dieser Lehre der Katholik verpflichtet, die neue Ordnung anzuerkennen, um so die revolutionäre Gefahr zu überwinden. In einem zweiten Schreiben an die französischen Katholiken fügte der Papst hinzu, daß durch solche – möglicherweise ursprünglich ungesetzmäßige – Änderungen die gewöhnlichen Regeln für den Übergang der Gewalt suspendiert und mit der Zeit sogar völlig abgeschafft werden können: »So wurde in Frankreich das erste Kaisertum nach einer ... Anarchie angenommen, so wurden die anderen Gewalten, ob sie monarchistisch oder republikanisch waren ... angenommen. Und der Grund dieser Annahme ist, daß das Gemeinwohl der Gemeinschaft jedem anderen Interesse vorgeht; denn es ist das schöpferische Prinzip, die erhaltende Grundkraft der menschlichen Gemeinschaft ... Sobald darum in einer Gemeinschaft eine Gewalt konstituiert ist und tatsächlich regiert, ist das Gemeinwohl an eben diese Gewalt gebunden, und man muß sie

Leo XIII. befinden sich in: H. Schnatz, Päpstliche Verlautbarungen zu Staat und Gesellschaft, 47 ff.

[13] Vgl. A. M. Knoll, Katholische Kirche und scholastisches Naturrecht. – Vgl. Böckenförde I 215 ff. – Vgl. Böckenförde II 217 ff. – Vgl. Becker II 3 ff. – Vgl. Junker 127 ff.

[14] Vgl. Rundschreiben Au milieu des sollicitudes vom 16. Febr. 1892, 233 ff. – Vgl. Rundschreiben Notre consolation vom 3. Mai 1892, 261 ff.

[15] Au milieu 249 f.

aus eben diesem Grunde annehmen so, wie sie ist ... Diese Veränderungen sind keineswegs immer im Anfang gesetzmäßig, ... dennoch macht das höchste »Kriterium« des Gemeinwohls und der öffentlichen Ruhe die Anerkennung dieser neuen Ordnung zur Pflicht«.[16] Damit war aber über die Rechtmäßigkeit der neuen Ordnung noch nichts ausgesagt. Es zeigt sich letzlich, daß die Rechtmäßigkeit nach dieser Lehre kein wesentliches Kennzeichen der Staatsgewalt war, daß die Ausübung der Staatsgewalt allein durch den tatsächlichen Besitz, nicht durch den rechtmäßigen Erwerb bedingt wurde.[17] Es war also »die Majestät der Tatsache«,[18] die der Papst in seinen Rundschreiben respektierte: »Nicht die Legitimität, ... sondern die Faktizität, das positive Denken eines Systems, ist maß- und ausschlaggebend«, so der verstorbene Wiener Soziologe A. M. Knoll.[19]

2.2. Der Vorbehalt im »depositum fidei«

Die Tendenz der katholischen Staatslehre, eine faktisch gegebene Macht anzuerkennen, knüpfte Leo XIII. in seinen Rundschreiben an eine ganz konkrete Bedingung: Die neuen Staatsformen fanden nur dann seine Billigung, wenn sie den Bestand der kirchlich-kulturellen »bona particularia« sicherten. Diese bildeten im politischen Denken und Handeln des Papstes eine wesentliche Komponente. Alle anderen Bereiche traten ihnen gegenüber an Bedeutung zurück. In seinem Rundschreiben »Sapientiae christianae« von 1890 konstatierte der Papst daher: »Gleichmäßig bestrebt, das eigene Recht zu wahren wie

[16] Vgl. Notre consolation 267 f.
[17] Vgl. G. J. Ebers, Reichsverfassung und christliche Staatslehre, 575 (Ebers I). – Vgl. G. J. Ebers, Der Katholizismus und die Wandlungen der Staatsidee, 23 ff. (Ebers II). – Vgl. G. J. Ebers, Staat und Kirche im neuen Deutschland (Ebers III).
[18] Knoll 59.
[19] Ebd. 39. – Vgl. ebd. 23. – Vgl. Ebers I 570: »Selbst einer formellen Zustimmung bedarf es nicht, es genügt vielmehr die stillschweigende Anerkennung, das Sichfügen den Tatsachen gegenüber, denen der Inhaber der Staatsgewalt seine Herrschaft verdankt«.

das Recht anderer heilig zu achten, hält es die Kirche nicht für einen Gegenstand ihrer Entscheidung, welche Staatsform vorzuziehen sei ... Die verschiedenen Staatsformen sind ihr sämtlich genehm, solange sie die Religion und Sittlichkeit nicht verletzen ... Vielmehr muß die Religion allen heilig und unverletzlich sein; ja man muß auch in staatlichen Angelegenheiten, die vom Sittengesetz und von der Religion nicht getrennt werden können, beständig und vorzugsweise das im Auge behalten, was den Interessen des Christentums förderlich ist«.[20] Sobald eine neue Staatsform »Tatsache« war und das Weltanschauliche, konkret: der kirchlich-kulturelle Bereich, nicht mehr gefährdet schien, fand sie die kirchliche Billigung. Konnte die Kirche nach einer Revolution ihre Vorstellungen gegenüber den neuen »Machthabern« nicht in jeder Hinsicht durchsetzen, dann war sie durchaus zu zeitlich befristeten »Kompromissen« bereit: »Wenn es aber vorkommt, daß wegen besonderer Staats- und Zeitverhältnisse die Kirche bei gewissen modernen Freiheiten sich beruhigt, nicht als ob sie dieselben an sich vorziehe, sondern weil sie deren Gewährung für zweckmäßig hält, so würde sie allerdings beim Eintritte besserer Zeiten von ihrer Freiheit Gebrauch machen und durch Mahnung, Warnung, Bitten pflichtgemäß dahin streben, daß sie ihr von Gott überkommenes Amt, nämlich die Sorge für das ewige Heil der Menschen, erfülle. Das bleibt jedoch immer wahr, daß eine allgemeine, unterschiedslos gewährte Freiheit, wie Wir des öftern hervorgehoben haben, an sich nicht begehrenswert sei; denn es widerspricht der Vernunft, daß das Falsche gleiches Recht haben soll wie das Wahre«.[21] Hieraus folgert Knoll: »Den Inhalt des scholastischen Naturrechts erzeugt und sondert ... das pastorale Interesse ... der Kirche insofern, als sie – eben aus dem Grunde der Seelsorge und unter Wahrung der dazu verkündeten Glaubens- und Sittenwahrheiten – jede faktische

---

[20] Enzyklika Sapientiae christianae vom 10. Jan. 1890, 213 ff. – Vgl. ebd. 193 ff. – Vgl. Notre consolation 271 f.: »Das Ziel und der Zweck Unsrer Mahnung an die französischen Katholiken, die bestehende Regierung ... anzunehmen, war und ist doch nur die Wahrung der religiösen Interessen ... Unablässig lenken Wir alles nur auf das eine Ziel: auf die Religion und dadurch auf das Heil der Gesellschaft, auf das Wohl der Völker«. – Vgl. Enzyklika Libertas humana vom 20. Juni 1888, 185.
[21] Vgl. Libertas humana 179.

Ordnung, ob Monarchie oder Republik, ob Autokratie oder Demokratie, ob Stände- oder Klassengesellschaft ... anerkennen muß.[22]
In den »bona particularia« sah der Papst ein »noli me tangere« und
verurteilte daher eine Gesellschaft, die sich immer mehr »liberalisier-
te«: »In diesem Irrtum befangen, überträgt man die Gott entrissene
Herrschaft auf die Menschheit; die natürliche Vernunft, heißt es, sei
Quelle und Norm aller Wahrheit, alle religiösen Pflichten seien aus
ihr abzuleiten ... ; es gebe keine göttliche Offenbarung, keine Pflicht
des Gehorsams gegen das christliche Sittengesetz und die Kirche;
letztere habe keine Befugnis, Gesetze zu geben, keinerlei Rechte; ja
sie dürfe auf die Einrichtungen des Staates nicht einmal den minde-
sten Einfluß besitzen ... Es ist vorab das Amt der Kirche, gegen die ...
unsinnigen Meinungen ... die Verteidigung der Wahrheit zu führen
und die Irrtümer aus den Gemütern auszurotten«.[23] Mit derselben
Intensität wie den Liberalismus verurteilte Leo XIII. in diesem Zusammenhang den Sozialismus, den er für prinzipiell unvereinbar mit
dem Christentum hielt.[24]

[22] Knoll 23. – Vgl. ebd. 16: »Die Kirche hat eben als religiöse Heilanstalt zur
Aufgabe »Seelsorge«, die Verkündigung des Wortes ... und nur dies, und
sie stellt sich zu diesem Zweck auf den Boden jeder Ordnung, und ihre
Einstellung dazu ist notwendigerweise opportunistisch ... Sie ist Schutz-
und Wandschirm jeder Ordnung. Anpassung, nicht Sturz ist ihre Methode«. – Vgl. in diesem Zusammenhang die kritischen Äußerungen von Bökkenförde I 218–236 zur Haltung der katholischen Kirche nach der Machtergreifung 1933.

[23] vgl. Sapientiae christianae 199 ff. – Vgl. Libertas humana 159 u. 175.

[24] Vgl. Libertas humana 161. – Vgl. Quod Apostolici muneris 49–55. – Vgl.
Diuturnum illud 91. – Vgl. Enzyklika Rerum novarum vom 15. Mai 1891,
3, 14, 15. – Vgl. Schnatz XXVIII. – Vgl. N. Mette, Sozialismus und
Kapitalismus in der päpstlichen Soziallehre, 365 ff.

2.3. Der Grundsatz der politischen Indifferenz gegenüber den verschiedenen Staatsformen[25]

Gegenüber den konkreten Staatsformen verhielt sich der Papst in seinen Dokumenten grundsätzlich neutral. In ihnen sah er – im Gegensatz zur Staatsgewalt an sich – lediglich eine zeitliche Erscheinung der Staatsgewalt. In seiner Enzyklika »Immortale Dei« von 1885 erklärte er: »Die Herrschergewalt ist aber an sich mit keiner Staatsform notwendig verknüpft; sie kann die eine oder andere Form annehmen, wenn diese das gemeinsame Wohl und Gedeihen wirksam fördert. Mag aber die Staatsverfassung sein, welche sie wolle, immer haben jene, welchen die Gewalt innewohnt, vor allem auf Gott hinzublicken, den höchsten Regenten der Welt«.[26] Diese Differenzierung zwischen der Staatsgewalt an sich und den konkreten Staatsformen hielt der Papst für notwendig,[27] entsprangen doch Demokratie, Aristokratie und Monarchie nicht einer direkten Anordnung Gottes;[28] gleichwohl ermöglichten sie, die Rechte von Religion und Kirche und das Gemeinwohl zu realisieren. Die Staatsgewalt an sich jedoch führte Leo XIII. direkt auf Gott zurück: »Bei solchen Ereignissen (Umsturz der Regierungs- und Staatsform) beschränkt sich alle Neuheit auf die politische Form der staatlichen Gewalten oder auf die Art ihrer Weiterleitung; dagegen berührt sie in keiner Weise die Gewalt in

---

[25] Vgl. F. Furger, Christliche Sozialethik. Grundlagen und Zielsetzungen, 158 ff. – Vgl. N. Monzel, Die katholische Kirche in der Sozialgeschichte. Von den Anfängen bis zur Gegenwart, 292 ff. – Vgl. H. Schnatz, Päpstliche Verlautbarungen zu Staat und Gesellschaft, XVI ff. – Vgl. Becker II 10.

[26] Enzyklika Immortale Dei vom 1. Nov. 1885, 101. – Vgl. ebd. 127. – Vgl. Libertas humana 185: »Die Kirche verwirft ... keine der verschiedenen Staatsformen, wenn sie nur an sich dem Wohl der Bürger förderlich sind; aber sie will, ... daß sie ohne irgendwelche Rechtsverletzung, besonders mit Wahrung der kirchlichen Rechte festgesetzt werden«. – Vgl. Sapientiae christianae 213 f.

[27] Vgl. Rerum novarum 25: »Unter Staatsgewalt verstehen wir hier nicht die zufällige Regierungsform der einzelnen Länder, sondern die Staatsgewalt der Idee nach, wie sie durch die Natur und Vernunft gefordert wird«.

[28] Vgl. Ebers I 570.

sich selbst betrachtet: Diese ist nach wie vor unveränderlich ... Denn in ihrem eigentlichen Wesen betrachtet ist sie begründet und gefordert um des Gemeinwohls willen, das als höchstes Ziel der staatlichen Gemeinschaft ihren Ursprung verleiht. Mit anderen Worten: Die staatliche Gewalt als solche ist unter jeder Voraussetzung und in jedem Fall von Gott:»Denn es gibt keine Gewalt als von Gott« (Röm. 13, 1)«.[29] Alle Gewalt war nach dieser Lehre von Gott: »Das ist das Alpha und Omega der christlichen Staatslehre: jede staatliche Gewalt hat ihren letzten Ursprung und ihre verpflichtende Kraft im Willen Gottes«.[30] Fand somit die Staatsgewalt als solche unmittelbar in Gott ihren Ursprung, so hatte die Staatsform ihre nächste Ursache, ihren diesseitigen Grund in der menschlichen Anordnung, d. h. im Volk; sie ging also nur mittelbar auf Gott als letzter Quelle zurück.[31] Seine Neutralität gegenüber der konkreten Staatsgewalt knüpfte der Papst an eine Bedingung: Sie darf ihren göttlichen Zweck, das Gemeinwohl, nicht verfehlen: »Wenn daher die Gerechtigkeit nicht verletzt wird, ist es den Völkern unbenommen, jene Regierungsform bei sich einzuführen, welche entweder ihrem Charakter oder den Sitten und Gewohnheiten ... am meisten entspricht«.[32] Das »bonum commune« als der höchste Zweck verlieh somit Staat und Staatsgewalt ihre Würde und Bestimmung. Die Katholiken waren daher aufgerufen, sich im Interesse des Gemeinwohls an den Staatsgeschäften zu beteiligen: »Im allgemeinen ... wäre die Ablehnung jeder Beteiligung

---

[29] Au milieu 249 ff. – Vgl. Libertas humana 167: »Denn es unterliegt keinem Zweifel, daß die bürgerliche Gesellschaft im Willen Gottes gründet ... Darum hat die bürgerliche Gesellschaft ... Gott als ihren Vater und Urheber anzuerkennen ... Ein Staat ohne Gott oder auch ... ein Staat, der ... gegen alle Religionen sich gleichgültig verhält, ... stellt sich in Gegensatz zur Gerechtigkeit und Vernunft«. – Vgl. Enzyklik Diuturnum illud vom 29. Juni 1881, 75. – Vgl. Immortale Dei 101.

[30] Vgl. Ebers I 568. – Vgl. Furger 159. – Vgl. Monzel 293 f. – Vgl. Schnatz XVI f. u. XXI. – Vgl. W. Weber, Gesellschaft und Staat als Problem für die Kirche, 245 ff.

[31] Vgl. Ebers I 576 f.

[32] Diuturnum illud 73 ff. – Vgl. Au milieu 245–249. – Vgl. Enzyklika Quod Apostolici muneris 55. – Vgl. Rerum novarum 26: »Denn nichts geht den Staat seinem Wesen nach näher an als die Pflicht, das Gemeinwohl zu fördern«.

an Staatsangelegenheiten ebenso fehlerhaft, als wenn jemand dem Gemeinwohl sein Interesse und seine Unterstützung versagte, und dies um so mehr, als die Katholiken gerade durch die Lehre, welche sie bekennen, zu pünktlicher und gewissenhafter Tätigkeit angespornt werden ... Daraus folgt klar, daß die Katholiken einen gerechten Grund haben, sich an Staatsangelegenheiten zu beteiligen: Denn sie tun es nicht deshalb, ... um das zu billigen, was im Staatswesen der Gegenwart nicht gut ist, sondern um das Staatswesen selbst ... aufrichtig und wahrhaft dem öffentlichen Wohle anzupassen, dadurch daß sie sich bestreben, die Weisheit und Kraft der katholischen Religion wie ein heilkräftiges Lebensblut in den Adern des Staates zu leiten«.[33]

2.4. Der Grundsatz der Autorität

Jeder Staat benötigte nach der Lehre Leos XIII. eine Autorität, die ihm Dauer, Ordnung und Festigkeit verlieh. In seiner Enzyklika »Diuturnum illud« von 1881 schrieb er: »Eine Gesellschaft kann ... nicht bestehen, ja nicht einmal gedacht werden, in der nicht einer die Bestrebungen der Glieder derart leitet, daß aus vielen gewissermaßen ein einziges wird und diese in rechtmäßiger und geordneter Weise einen Impuls nach dem Gemeinwohl hin empfangen. Darum wollte Gott, daß in der bürgerlichen Gesellschaft Herrscher seien, welche der Menge zu gebieten haben«.[34] Diese Autorität – auch eine »unwürdige« – war für ihn »in gewisser Weise Abglanz und Bild der

---

[33] Immortale Dei 135.

[34] Diuturnum illud 77. – Vgl. ebd. 73: »Denn die Not selbst zwingt jede menschliche Vereinigung und Gemeinschaft, einen Vorgesetzten zu haben, da außerdem, ohne Haupt und leitende Gewalt, die Gesellschaft zerfallen würde und den Zweck nicht erreichen könnte«. – Vgl. Immortale Dei 101: »Da aber keine Gesellschaft bestehen kann, wenn nicht einer an der Spitze von allen steht, der durch kräftigen und gleichmäßigen Impuls einen jeden zu dem gemeinsamen Ziele hinwendet, so ergibt sich für die bürgerliche Gesellschaft die Notwendigkeit einer Autorität, welche sie regiert; wie die Gesellschaft selbst, hat auch sie in der Natur und somit in Gott ihren Ursprung. – Vgl. Quod Apostolici muneris 51.

göttlichen Majestät«.[35] Als »Abglanz und Bild der göttlichen Majestät« erhielt sie sakrosankten Charakter, so daß Ungehorsam ihr gegenüber Sünde bedeutete: »Denn wenn die Gewalt der Staatslenker gewissermaßen ein Anteil ist an der göttlichen Gewalt, so empfängt sie eben deswegen fortgesetzt eine übermenschliche Würde ... Da werden denn die Bürger untertan sein müssen und dem Gebote des Fürsten gehorsam, wie Gott selbst, nicht sowohl aus Furcht vor Strafen als aus Ehrfurcht vor ihrer Majestät; nicht aus Schmeichelei, sondern im Bewußtsein ihrer Pflicht ... Denn wenn die Bürger die Tragweite dieses Amtes erkennen, so werden sie notwendig sich vor Ungesetzlichkeit und Ungehorsam hüten, weil sie überzeugt sein müssen, daß, wer der politischen Gewalt sich widersetzt, dem göttlichen Willen sich widersetzt«.[36] Indem die päpstliche Staatslehre die obrigkeitliche Gewalt unter ein Tabu stellte, leistete sie ihr gewissermaßen ideologischen Beistand: »Sowenig wir nämlich dem göttlichen Willen widerstreben dürfen, sowenig ist es gestattet, die rechtmäßige Gewalt zu verachten, wer immer auch ihr Träger sein mag; denn die Gott widerstreben, bereiten selbst sich ihr Verderben. ›Wer sich der obrigkeitlichen Gewalt widersetzt, der widersetzt sich der Anordnung Gottes; und die sich dieser widersetzen, ziehen sich selbst Verdammnis zu‹ (Röm. 13, 2). Den Gehorsam verweigern und die Massen zur Empörung und Gewalttat aufrufen, ist darum ein Verbrechen gegen die göttliche Majestät ebenso wie gegen die menschliche«.[37] Die

[35] Sapientiae christianae 197. – Vgl. Immortale Dei 103: »Wie nämlich Gott in dieser sichtbaren Welt Mittelursachen ins Leben gerufen hat, ... so wollte er auch in der bürgerlichen Gesellschaft eine Regierungsgewalt, deren Träger in gewissem Sinne ein Abbild sein sollten der Oberherrlichkeit Gottes ... Denn haben sie (die Bürger) es nur einmal bedacht, daß den Regenten eine Autorität innewohnt, die ihnen von Gott gegeben ist, dann werden sie alsbald dies als eine Pflicht der Gerechtigkeit anerkennen: auf Satzungen ihrer Fürsten zu achten, ihnen Gehorsam zu leisten. – Vgl. Diuturnum illud 83.

[36] Diuturnum illud 79. – Vgl. ebd. 77: »Und auch dies ist von großem Gewicht, daß jene, welche durch ihr Ansehen das Gemeinwesen verwalten, derart die Bürger zum Gehorsame zu zwingen die Befugnis haben müssen, daß für diese der Ungehorsam geradezu Sünde ist«. – Vgl. ebd. 81 f. – Vgl. Immortale Dei 103.

[37] Immortale Dei 103; vgl. ebd. 106. – Vgl. Quod Apostolici muneris 57. – Vgl. Diuturnum illud 81.

Staatsgewalt selbst besaß nach dieser Lehre Anspruch auf unbedingten »Gehorsam«. »Ungehorsam« – nicht Widerstand[38] – war erlaubt, wenn sie etwas gegen Gott und das Naturgesetz befahl: »Nur einen Grund haben die Menschen, nicht zu gehorchen, wenn nämlich etwas von ihnen gefordert werden sollte, was dem natürlichen oder göttlichen Gesetz widerspricht; denn nichts von allem, wodurch das Naturgesetz oder der Wille Gottes verletzt wird, ist zu gebieten oder zu tun erlaubt. Sollte daher einer in die Lage kommen, daß er sich gezwungen sieht, eines von beiden zu wählen, nämlich entweder Gottes oder des Fürsten Gesetz zu verletzen, dann hat er Christo zu gehorchen, welcher gebietet, dem Kaiser zu geben, ›was des Kaisers ist, Gott aber, was Gottes ist‹ (Mt 22, 21)«.[39] »Ungehorsam« war also nach der Lehre Leos XIII. nur dann erlaubt, wenn Religion, Kirche und Sittlichkeit offenkundig verletzt wurden.[40] Ansonsten rief der Papst zum Gewaltverzicht auf, um so das Gemeinwohl, Ruhe und Ordnung nicht zu gefährden.[41] In der Enzyklika »Quod Apostolici

[38] Vgl. Knoll 39 f. – Vgl. Schnatz XXI u. XXXI.
[39] Diuturnum illud 81. – Vgl. Libertas humana 157: »Wo aber einer das Recht zu gebieten nicht hat, oder etwas geboten würde, was der Vernunft, dem ewigen Gesetze, Gottes Befehl zuwider ist, da ist es recht, nicht zu gehorchen, d. h. den Menschen, damit Gott Gehorsam geleistet werde«. – Vgl. Sapientiae christianae 199: »Wenn er (Paulus) aber sofort beifügt, sie sollen ›zu jedem guten Werke bereit‹ sein, so ist offenbar gegen Gesetze der Menschen, die wider das ewige Gesetz Gottes verstoßen, der Ungehorsam Pflicht«. – Vgl. Rerum novarum 38.
[40] Vgl. Sapientiae christianae 195: »Es gibt nämlich Fälle, wo die Forderungen, die der Staat an den Bürger stellt, im Widerspruch zu stehen scheinen mit den Pflichten des Christen gegen die Religion; dies kommt nur daher, weil die Beherrscher des Staates die Gewalt der Kirche entweder nicht achten oder gar sich selbst unterstellt wissen wollen ... Wem von den zweien aber der Vorzug gebühre, ist zweifellos. – Fürwahr es ist ein Verbrechen, wenn man dem Dienste Gottes untreu wird, um die Menschen zufrieden zu stellen; es ist eine Sünde, wenn man die Gesetze Jesu Christi übertritt, um der Obrigkeit zu gehorchen, oder die Rechte der Kirche verletzt unter dem Vorwande, das bürgerliche Recht wahren zu müssen. ›Man muß Gott mehr gehorchen als den Menschen‹«. – Vgl. Sapientiae christianae 217.
[41] Die Möglichkeit zum gewaltsamen Widerstand sah die neuscholastische

muneris« hieß es: »Wenn es ... vorkommt, daß die öffentliche Gewalt ... über das Maß hinaus gehandhabt wird, so duldet die katholische Lehre nicht, daß man sich auf eigene Faust gegen sie erhebe, damit nicht mehr und mehr Ruhe und Ordnung gestört und die Gesellschaft dadurch noch in höherem Maße Schaden erleide. Und wenn es dahin gekommen ist, daß keine andere Hoffnung auf Rettung erscheint, so lehrt sie, durch das Verdienst christlicher Geduld und inständiges Gebet zu Gott die Hilfe zu beschleunigen. Wenn jedoch die Satzungen der Gesetzgeber ... etwas bestimmen oder befehlen, was dem göttlichen Gesetz oder natürlichen Gesetze widerspricht, so gemahnen uns Pflicht und Würde des christlichen Namens sowie der apostolische Anspruch, »daß man Gott mehr gehorchen müsse als den Menschen«.[42]

2.5. Der Grundsatz der Legalität[43]

Das spezifische Mittel, wodurch die Staatsgewalt sich betätigen konnte, war das Gesetz. In seinem Lehrschreiben »Libertas humana«

Tradition zwar in der Lehre vom sog. »gerechten Krieg« prinzipiell legitimiert; sie rezipierte diese Lehre allerdings rein »negativ« (vgl. D. Mieth, Die neuen Tugenden. Ein ethischer Entwurf, 125). Das rechtspositivistische Denken der Neuscholastik im 19. Jh. ließ nämlich für ein aktives Widerstandsrecht keinen Raum, da die Geltung über dem gesetzten Recht stehender Normen abgelehnt wurde (vgl. etwa die Veränderung im Epikiebegriff bei Thomas und Francisco Suárez, R. Puza, Katholisches Kirchenrecht, 68). Erst Pius XII. griff die Lehre vom gerechten Krieg wieder auf, baute sie jedoch inhaltlich anders aus (vgl. E. Nagel, Krieg, 714 ff.). – Vgl. in diesem Zusammenhang Kap. IV 4.3.1.: »Defensive« Implikationen im »offensiven Weltordnungskonzept«.

[42] Quod Apostolici muneris 57 f. – Vgl. Sapientiae christianae 103. – Vgl. die Rundschreiben Leos XIII. an die irischen Bischöfe, in denen er die Gläubigen aufforderte, in keinem Fall für eine gerechte Sache Gewalt anzuwenden; statt dessen stellte er die christlichen Tugenden der Mäßigung, Ehrfurcht und des Gehorsams in den Mittelpunkt seiner Reden, Junker 136.

[43] Vgl. Junker 133 f. – Vgl. R. Weiler, Einführung in die katholische Soziallehre, 48 ff. – Vgl. Monzel 301 ff. – Vgl. Furger 119 ff. – Vgl. Ebers I 568 ff.

differenzierte Papst Leo XIII. zwischen Gesetzen, die apriori fest-
stehende naturrechtlich gegebene Gesetze noch einmal sanktionierten
und einschärften und jenen, die die Anordnungen des Naturrechts auf
die konkrete historische Situation auslegten: »Einige nun dieser
menschlichen Gesetze beziehen sich auf das, was von Natur aus gut
oder böse ist, und gebieten das eine, verbieten das andere ... Doch
diese Gesetze haben ihren letzten Grund keineswegs in der menschlichen Gesellschaft, da diese nicht Ursprung ist der menschlichen Natur, daher auch nicht des der Natur entsprechenden Guten, noch des
ihr widersprechenden Bösen; Gut und Böse sind vielmehr von der
menschlichen Gesellschaft und gehen nur von dem Naturgesetz aus,
das daher auf das ewige Gesetz hinweist. Die Gebote des Naturge-
setzes ... empfangen eine viel höhere und erhabenere Gewalt, weil
diese vom Naturgesetze und dem ewigen Gesetze ausgeht ... Andere
Gesetze der bürgerlichen Gewalt gehen aber nicht unmittelbar ... vom
Naturrecht aus, sondern in weiterer Folgerung und Anwendung«.[44]
Aber auch sie führte Leo XIII. mittelbar auf Gott zurück: »Das wahre
Wesen der menschlichen Gesetze muß ... darin bestehen, daß ihr Ursprung aus dem ewigen Gesetz klar erhellt und sie nichts verordnen,
was nicht in diesem als dem Ausgangspunkte des gesamten Rechts
enthalten ist«.[45] Weil alle Gesetze letztlich in Gott ihren Ursprung
hatten, erhielten sie, wie die Staatsgewalt an sich, einen sakrosankten
Charakter. Gehorsamsverweigerung gegenüber Gesetzen war nur erlaubt, wenn Religion, Sittlichkeit und Kirche eklatant angegriffen
wurden: »Man darf nie vergessen: Das Gesetz ist eine nach der Vernunft geregelte und für das Gemeinwohl erlassene Vorschrift von

[44] Vgl. Libertas humana 153.
[45] Vgl. ebd. 155. Weiter heißt es: »Höchst weise sagt darum Augustinus: ›Du
erkennst zugleich, ... daß in jedem zeitlichen (Gesetze) alles Gerechte und
Gesetzmäßige dem ewigen (Gesetze) von den Menschen entnommen wurde‹«. – Vgl. ebd. 163: »Darum haben wir nicht bloß das ewige Gesetz mit
unverbrüchlicher Ehrfurcht als Regel unseres Lebens anzuerkennen, sondern auch alle jene, die Gott in seiner unendlichen Weisheit ... in der von
ihm gewählten Weise gegeben hat und die wir an klaren und keiner Weise
bezweifelbaren Merkmalen erkennen. Und dies um so mehr, weil diese
Art von Gesetzen, da sie denselben Ursprung hat wie das ewige Gesetz
und denselben Urheber, im vollen Einklang steht mit der Vernunft und das
natürliche Recht vervollkommnet«.

154

seiten derer, denen zu eben diesem Zweck die Gewalt anvertraut ist
... Infolgedessen kann man niemals solchen Punkten der Gesetzgebung seine Zustimmung geben, die der Religion und Gott feindselig sind. Es ist im Gegenteil heilige Pflicht, sie zurückzuweisen«.[46] Daraus wiederum ergab sich, daß staatliche Anordnungen, die dem Naturrecht offensichtlich widersprechen, überhaupt keine Gesetze, sondern Gewaltmaßnahmen waren: »Veritas, non auctoritas, facit legem«.[47]

2.6. Verzicht auf politische Handlungsanweisungen

Die katholische Staatslehre und Moral vermieden es, den Gläubigen eindeutige politische Handlungsanweisungen zu geben. Gegenüber der politischen Frage der Staatsform zeigte sie sich indifferent und erkannte nach einer Revolution oder einem Staatsstreich die neue Herrschaft bzw. eine damit verbundene neue Staatsform an.[48] Die konkrete Staatsgewalt mußte nach den kirchlichen Vorstellungen stark sein, d. h. über Autorität verfügen. Leo XIII. verbot es, aus politischen Gründen Widerstand zu leisten, Verfassungen zu durchbrechen oder Revolutionen von unten oder oben zu machen. Eine besondere Gefahr ging daher für die Päpste von den »revolutionären« Lehren des Liberalismus und Sozialismus aus. Ungehorsam gegen den Staat erlaubte die päpstliche Lehre nur dann, wenn dieser die Religion, die Sitte und die Kirche offenkundig angriff. Nur in diesem einem Punkt verhielten sich die katholische Staatslehre und Moral »offensiv« gegenüber den Angelegenheiten der Welt. Ihre Verlautbarungen zeigten ein »weltabgewandtes Gepräge«[49] und waren »passiv«[50] gegenüber der konkreten Welt. Daher konstatierte Knoll: »Zu allen außerkirchlichen, dennoch aber entscheidenden Fragen, die das

---

[46] Vgl. Au milieu 253. – Vgl. Sapientiae christianae 195 f. – Vgl. Diuturnum illud 81.
[47] Vgl. Junker 134.
[48] Morsey III 607.
[49] Loth I 284. – Vgl. W. Loth, Der Katholizismus und die Durchsetzung der Demokratie in Deutschland, 111 ff.; 127 (Loth VI).
[50] Vgl. Chenu 45.

säkulare Freiheitsbild ... des Menschen berühren, verhalten sich beide Systeme, das kirchlich-religiöse und das scholastisch-naturrechtliche, neutral, indifferent, passiv. Beiden, der Kirche wie dem scholastischen Naturrecht, ist in dieser Hinsicht, in sozialbefreiender Hinsicht, die politische Ohnmacht, eine soziale Resignation, eingestiftet. Kirche und scholastisches Naturrecht sind niemals Garant einer politischen Freiheit!«[51]

3. DIE AKZEPTANZ DER KATHOLISCHEN STAATSLEHRE IN DER POLITIK VON BOLZ

Für Bolz gab es eine enge Verbindung zwischen Politik und Religion; beides durfte nicht getrennt werden, sondern mußte eine Einheit bilden. Auf einer Zentrumsversammlung in Aulendorf 1924 machte er auf diesen Zusammenhang aufmerksam: »Was dem Zentrum seine Einheit und Geschlossenheit gibt, das ist die gemeinsame Weltanschauung, die auch der Politik ihre Richtlinien gibt, denn letzten Endes ist die Politik ja nichts anderes als praktisch angewandte Religion«.[52] Wie läßt sich also der Einfluß der katholischen Staatslehre auf die Politik von Eugen Bolz umschreiben?

3.1. Die Bolzsche Politik als Ausdruck einer spezifisch katholischen Bindung – eine erste Einordnung

Bolz' Grundsatz vom »Zwang der Verhältnisse« besaß sein Pendant in Papst Leos »Prinzip der Akkommodation«. Er gab Bolz die theoretische Legitimation, sich nach der Revolution von 1918 »auf den Boden der gegebenen Tatsachen« zu stellen und in der Republik mitzuarbeiten.[53] Da eine Wiederherstellung der Monarchie aussichtslos war und ein solcher Versuch zur Anarchie geführt hätte, blieb, um

---

[51] Knoll 40; vgl. 16; 23; 58 f.; 82.
[52] NLB WV in Waldsee und Aulendorf am 16. Nov. 1924. DV 76, 1924, Nr. 270 (18. Nov. 1924), 185.
[53] Vgl. Kap. III 1. u. Kap. IV 2.1.

dem Chaos zu entgehen und aus der Revolution wieder zu Recht und Ordnung zurückzufinden, kein anderer Weg, als die Republik anzuerkennen.[54] Als »Verfassungspartei« verurteilte das Zentrum respektive Bolz alle revolutionären Umsturzversuche von links und rechts: Zu Beginn der Weimarer Republik den Kapp-Lüttwitz- oder den Hitler-Putsch,[55] später die Verfassungsbruchpläne Papens und Schleichers. Auch diese Haltung korrespondierte mit der katholischen Weltanschauung. Der Terminus »Verfassungspartei« bot Bolz zugleich die Rechtfertigung, daß sich das Zentrum in der Weimarer Zeit an allen Regierungskoalitionen beteiligte. Dadurch sollten die »revolutionären Elemente« der Links- und Rechtsparteien »gezähmt« werden: Zu Beginn der Weimarer Republik innerhalb der SPD, ab 1924 innerhalb der DNVP und nach 1930 innerhalb der NSDAP.[56] Eine dogmatische Festlegung der Zentrumspartei auf die Republik lehnte Bolz ab. Ein solches Bekenntnis wäre auch im Widerspruch zur kirchlichen Lehre gestanden. Wie der Papst, so zeigte sich auch Bolz prinzipiell indifferent gegenüber der konkreten Staatsform. Beide lehnten ein Bekenntnis für oder gegen eine bestimmte Staatsform grundsätzlich ab.[57] In ihr sahen sie lediglich ein Akzidenz des Staates, die den Charakter des geschichtlich Zufälligen trug.[58] Durch eine solche politische Veränderung wurde für beide die Staatsgewalt als solche nicht berührt; diese konnte nicht verlorengehen, sondern blieb unverändert weiterbestehen und verlangte auch weiterhin Achtung. Die konkrete Staatsgewalt mußte nach ihrem Verständnis stark sein, d. h. Autorität gegenüber den gesellschaftlich-politischen Kräften besitzen. Deshalb verstand Bolz unter Politik primär Staatsführung und -gestaltung. Seinen Ursprung hatte der Staat im Willen Gottes, denn: »Es gibt keine Gewalt außer von Gott«.[59] In Bolz' »kommissarischem

---

[54] Vgl. Morsey III 608. – Vgl. Karl Bachems Quintessenz von 1932, die Politik des Zentrums seit 1918 sei »zu mindestens drei Vierteln« einfach zwangsläufig gewesen; Karl Bachem, Zentrumspartei, Bd. 9, XXI.

[55] Vgl. Kap. III 3.

[56] Vgl. Kap. III 5.

[57] Vgl. Kap. III 1.1. u. Kap. IV 2.3. – Vgl. Morsey III 236 ff.

[58] Vgl. H. Barion, Kirche oder Partei? Römischer Katholizismus und politische Form, 131 ff. – Vgl. Junker 137. – Vgl. Ebers I 564 ff. – Vgl. Knoll 15 ff.

[59] Vgl. Kap. III 4. u. Kap. IV 2.3.

Diktator« zeigte sich die Konkretisierung dieser Grundhaltung: Wurde die Autorität des Staates durch die gesellschaftlich-politischen Kräfte in Frage gestellt – wie etwa in der strukturellen »Dauerkrise«[60] der Weimarer Republik zu Beginn der dreißiger Jahre –, dann mußte sich der Staat dagegen mit »autoritären Vollmachten« wehren. Weil die staatliche Autorität in der »ewigen Wahrheit« Gottes gründete,[61] war Ungehorsam ihr gegenüber nur dann erlaubt, wenn diese das »göttliche Gesetz« verletzte.[62] Das spezifische Mittel, wodurch die Staatsgewalt sich betätigen und ihren Zweck erfüllen sollte, war das Gesetz. Weil alle Gesetze letztlich in Gott ihren Ursprung hatten, galt für die katholische Soziallehre der Satz, daß staatliche Anordnungen zu befolgen waren.[63] Dadurch erhielten die Gesetze und Verfassungen des Staates sakrosankten Charakter. Revolution und Rechtsbruch waren somit sittlich verwerflich und damit Sünde. Dies erklärt Bolz' Verhalten bei der Frage der Fürstenabfindung[64] und sein Insistieren auf verfassungsmäßige Zustände nach Brünings Entlassung.[65] Gründete die Staatsgewalt als solche im Willen Gottes, so implizierte dies allerdings zugleich eine Relativierung der je konkreten Staatsform: Diese konnte und durfte niemals absolutes Ziel und Maßstab sein, sondern hatte ihre Schranken im »göttlichen Recht«. Bolz' Kampf gegen den »absoluten Staat« zu Beginn des Jahres 1933 fand hier seine theoretische Legitimation;[66] auch seine Differenzierung zwischen »Staat« und »Politik« und die isoliert staatspolitische Motivation in seinem politischen Handeln haben hier ihre Wurzel.[67] Daher blieb für ihn »eine schlechte staatliche Autorität selbst in verkümmerter Gestalt Staat, den man ... nicht ungestraft bekämpfen dürfe«.[68] Wie der Papst, so knüpfte auch Bolz in seinem politischen Tun und Handeln die Anerkennung einer faktisch gegebenen Macht an eine

---

[60] W. Conze, Die deutschen Parteien in der Staatsverfassung vor 1933, 18.
[61] Vgl. Kap. III 4.; 6 u. Kap. IV 2.4.
[62] Vgl. Kap. IV 2.4.
[63] Vgl. Kap. IV 2.5.
[64] Vgl. Kap. III 4.
[65] Vgl. Kap. III 3.
[66] Vgl. Kap. III 4.
[67] Vgl. Kap. III 4.
[68] Besson 294 f.

Bedingung: Die neue Staatsform fand nur dann seine Billigung, wenn die kirchlich-kulturellen »bona particularia« gewahrt wurden.[69] In der politischen Praxis bedeutete dies: In einer Koalition mit dem »grundsätzlich glaubensfeindlichen Programm der Sozialdemokratie« durften keinerlei Grundsätze preisgegeben werden.[70] Dagegen sah er in den Rechtsparteien bei Kirchen- und Schulfragen »einen natürlichen Verbündeten«, wenngleich er auch ihnen gegenüber hartnäckig den katholischen Standpunkt vertrat.[71] Diesen grundsätzlichen Standpunkt vertrat er auch gegenüber den Nationalsozialisten.[72] Nach dem Fehlschlag der Rechtskoalition im Reich wegen Meinungsverschiedenheiten in kulturpolitischen Fragen zu Beginn des Jahres 1928 wies Bolz auf die innere Neuformierung der liberalen Parteien hin, die sich zur Zusammenarbeit mit den Sozialisten auf kulturellem Gebiet bereit machten.[73] Dieser »sozialistischen« Kulturpolitik setzte er die »katholischen Grundsätze« entgegen. Darin dürfte ein möglicher Grund dafür liegen, daß das württembergische Zentrum respektive Bolz 1928 keine Weimarer Koalition zusammen mit den Linksparteien bildete, sondern an der Rechtskoalition festhielt.

Damit wird deutlich: Die ersten sechs Grundsätze in der Politik von Bolz wiesen eine unmittelbare Beziehung zur katholischen Staatslehre und Moral auf. Insofern war seine Politik Ausdruck einer spezifisch »katholischen« Bindung. Wie die katholische Staatslehre und Moral, so argumentierte Bolz deduktiv. Seine Haltung deduzierte er aus deren abstrakten Prinzipien, d. h. er maß die konkrete Wirklichkeit an dieser Theorie. Für ihn war das Zentrum eine im Religiösen verankterte Weltanschauungspartei. Daher war das Unbedingte für ihn nicht das Politische, sondern das Weltanschauliche, weshalb die ersten sechs Grundsätze der Bolzschen Politik ein »weltabgewandtes Gepräge«[74] dokumentieren. Dessen war sich Bolz bewußt, weshalb er im Januar 1922 in der Wochenschrift »Das Neue Reich« der Ansicht war: »Freilich, die konkreten (politischen) Einzelfragen

[69] Vgl. Kap. III 2. u. Kap. IV 2.2.
[70] Vgl. Kap. III 5. u. Kap. IV 3.
[71] Vgl. Kap. III 2. u. Kap. IV 3.
[72] Vgl. Kap. III 2.
[73] Ebd.
[74] Vgl. Kap. III 9.

... sind mit dem katholischen Programm nicht gelöst ... Die Frage der Staatsform gehört ... nicht zu den Lebensfragen des deutschen Volkes ... Wer die katholischen Massen des deutschen Volkes für eine christlich-konservative Politik zusammenhalten will, darf Fragen zweiten Ranges nicht zum Eckstein machen«.[75]

4. DIE KRITISCHE DISTANZ ZUR AKTUELLEN RÖMISCH-KURIALEN KIRCHENPOLITIK BEI EUGEN BOLZ

Die Gebote der katholischen Staatslehre und Moral bestimmten in so grundsätzlichen Fragen wie des Verfassungsbruchs oder der Anerkennung der neuen politischen Ordnung Bolz' politische Haltung. Damit stellt sich die Frage nach dem »Sitz im Leben« der beiden letzten Grundsätze seiner Politik. Weshalb stand Bolz in seiner Politik einem Konkordat und einer Elimininierung des politischen Katholizismus »grundsätzlich« ablehnend gegenüber?

4.1. Wider die Entpolitisierungstendenzen der Katholischen Aktion

4.1.1. Allgemeine Voraussetzungen[76]

Mit Hilfe der Katholischen Aktion versuchte die römische Kirche jenen politischen Desintegrationsprozeß im Bereich des Katholizismus aufzufangen, der symptomatisch beim Problem des »Ralliement«[77] in Frankreich während der Dritten Republik zu Tage trat. Angesichts der Aufsplitterung der Katholiken in Republikaner und Monarchisten, Sozialisten und Konservative, Demokraten und Faschisten schien nach dem Ersten Weltkrieg das von Papst Leo XIII.

---

[75] Eugen Bolz, Zentrumspolitik, in: Das Neue Reich vom 15. Januar 1922.

[76] Vgl. Kap. II 3.1. (Exkurs II). – Vgl. M. Liebmann, Katholische Aktion und Ständestaat, 601 ff.

[77] Vgl. Junker 38; 139 f. – Vgl. Becker III 203. – Vgl. Weber 247. – Vgl. Blackbourn II 73–94; 77.

proklamierte Postulat der politischen Einheit der Katholiken nur mehr auf einem grundsätzlich politisch neutralen Boden möglich. Für Deutschland wurde die Katholische Aktion im Herbst 1928 auf dem Magdeburger Katholikentag durch Nuntius Pacelli verkündet. Sinn und Ziel der Katholischen Aktion in Deutschland sollte sein, die Katholiken außerhalb der Politik unter geistlicher Führung zu sammeln.[78] So wollte die römische Kirche ein stärkeres Durchdringen des religiösen und kulturellen Lebens mit katholischem Geist erreichen. Im Anzeigeblatt der Erzdiözese Freiburg vom Oktober 1929 hieß es daher: »Die Katholische Aktion wird als eine ihrer Hauptanliegen betrachten, jene Grundlehren und Grundsätze zum Gemeingut des ganzen Volkes zu machen, welche die katholische Kirche jederzeit und besonders in den lichtvollen Kundgebungen des Papstes Leo XIII. als Leitsterne aller Beziehungen im gesellschaftlichen Leben ... hingestellt hat«.[79]

Im politischen Katholizismus wurde die Katholische Aktion sofort nach ihrer Proklamation als eine potentielle Gefährdung des »kirchenpolitischen Alleinvertretungsanspruchs«[80] interpretiert: Indem die Sammlung der Katholiken nämlich auf einer grundsätzlich weltanschaulichen Ebene, d. h. auf einem politisch neutralen Boden, erfolgte, konnte sie als »Ersatz« für den politischen Katholizismus geltend gemacht werden.

---

[78] Vgl. A. Bertram, Im Geist und Dienst der Katholischen Aktion. Aus meinem Sinnen und Sorgen vom Wirken im Reich des Königs Christus, 29: »In solchen ernsten Zeiten schart sich die Herde enger um den Hirten; sie schließt sich fest um ihn zusammen. Es ist, als ob dann die ganze Herde dem Hirten so nahe wie möglich sein, als ob jedes den Pulsschlag der Liebe hören wollte, der das ganze Herz des guten Hirten belebt«. – Vgl. An die hochw. Herren Mitglieder der Fuldaer Bischofskonferenz, Rundfrage 1 vom 11. Januar 1929: EAF: EOA 55/97. – Vgl. Nachrichtliche Mitteilung für den hochw. Klerus der Diözese Breslau vom 14. März 1928. EAF: EOA 55/79. – Vgl. K. Bihlmeyer, H. Tüchle, Kirchengeschichte, Bd. 3, 448; 490; 501.
[79] Richtlinien für die Arbeit der Katholischen Aktion. Anzeigeblatt für die Erzdiözese Freiburg, Nr. 29 vom 25. Oktober 1929. – Vgl. entsprechend: Redeskizze für die Kleruskonferenzen von Domkapitular Dr. B. Jauch, Freiburg. EAF: EOA 55/97.
[80] Becker II 5. – Vgl. Becker I 164 ff.

4.1.2. Die Haltung von Bolz zur Katholischen Aktion vor 1933

Eine Sammlung der Katholiken außerhalb der Politik lehnte Bolz in seinen Reden nach Papens Ernennung zum Reichskanzler im Juni 1932 grundsätzlich ab. Er begründete seine Haltung allerdings nicht explizit mit einer negativen Einstellung zum Programm der Katholischen Aktion; seine Begründung richtete sich zunächst gegen Papens Ziel, den politischen Katholizismus vom Staat fernzuhalten und auf Kosten des Parteienstaates einen verfassungswidrigen, autoritären Staat zu etablieren.[81] Darin lag für Bolz eine wesentliche Motivation, mit Hitler auf der Basis der Verfassung eine parlamentarische Mehrheitsregierung zu bilden. In einem starken politischen Katholizismus sah er eine absolute staatspolitische Notwendigkeit, wie er dies auf einem Zentrumsparteitag in Ulm 1933 ausdrückte: »Das ... Ziel, das wir haben, ist die kräftige Gegenwehr gegen die Ausschaltung des politischen Katholizismus. Zu diesem Zweck wollen wir das katholische Volk aufrufen, damit es den mühsam errungenen Einfluß im Staat nicht verliert ... Wir kämpfen dafür, daß man den politischen Katholizismus braucht und nicht an die Wand drückt«.[82] Diese Aussage richtete sich nicht nur gegen Papen, sondern implizierte zugleich – bewußt oder unbewußt – eine kritische Distanz zum Entpolitisierungskurs der Katholischen Aktion.

Zwei Beispiele machen dies deutlich: Als 1928 der Caritasdirektor der Diözese Rottenburg, Johannes Straubinger, eine Programmschrift über die Katholische Aktion veröffentlichen wollte und darin »wenig behutsam«[83] mit dem politischen Katholizismus umging, konnte Bolz seinen Einfluß geltend machen und eine Verbreitung dieser Broschüre verhindern. Straubinger schrieb am 2. August 1933 dem Rottenburger Bischof Joannes Baptista Sproll: »Freuen darf ich mich, ... daß der Gedanke der Katholischen Aktion langsam Form gewinnt. Als ich mein Buch im Jahre 1928 niederschrieb und schon hatte drucken lassen, mußte (ich) es auf Druck einiger Herren der Zen-

---

[81] Vgl. Kap. II 4. – Zu Papens Motiven und Zielen vgl. Kap. IV 4.2. – Vgl. Morsey IV 45 ff.

[82] NLB ZPT in Ulm am 13. Febr. 1933, 322 f.

[83] Vgl. Köhler II 14.

trumspartei, die sich zu sehr getroffen fühlten, einstampfen lassen«.[84] Damit dürfte Straubinger u. a. Bolz gemeint haben, denn dieser war einer der führenden Männer des Württembergischen Zentrums. Straubinger meinte in seinem Brief vom August 1933 weiter: »Kritik im eigenen Lager ist wieder eher möglich, zumal in der katholischen Presse, die jetzt von politischen Bindungen frei ist. Es ist tatsächlich jetzt der günstige Augenblick zum Aufbau einer Actio catholica. Mögen Euer Exzellenz in dieser Hinsicht erfolgreich sein!«[85]

Bolz hatte eine andere Sicht der Dinge: Seiner Meinung nach durfte die Katholische Aktion niemals eine »Konkurrenz« zum parteipolitischen Katholizismus bilden. Sie sollte zwar zur Aufwertung der »katholischen Sache« in der Öffentlichkeit beitragen, aber nicht gegen, sondern immer mit oder ergänzend zur Zentrumspartei.[86]

Korrelat und unabdingbare Voraussetzung zur Wirksamkeit der Katholischen Aktion war, so Ludwig Kaas, eine »Generalauseinandersetzung mit dem modernen religiös-neutralen Staat«[87] mit dem Ziel konkordatärer Vertragsabschlüsse: Völkerrechtliche Garantien sollten die Sicherung kirchlich-kultureller Rechte durch weltanschaulich fundierte Parteien ablösen, deren Schutzfunktion zunehmend in Frage gestellt wurde. Die römische Konkordatspolitik mußte die Basis und damit die Existenz des Zentrums untergraben und in Frage stellen. In diesem Kontext gilt es, Bolz' kritische Distanz gegenüber der römischen Konkordatspolitik zu sehen.[88] Sie ergibt nur auf dem Hintergrund dieses aktuellen kirchenpolitischen Kurses einen Sinn. Mit seinem Verhalten wollte Bolz den römischen Entpolitisierungstendenzen entgegenwirken. Im Abschluß eines Reichskonkordats sah er nicht etwa, wie Johannes Straubinger, eine Chance für den Aufbau

---

[84] NL Sproll, Straubinger an Sproll am 2. Aug. 1933. Diözesanarchiv Rottenburg.
[85] Ebd.
[86] Vgl. Kap. II 4.8.
[87] Zitiert nach M. Bierbaum, Das Konkordat in Kultur, Politik und Recht, 6. – Vgl. L. Kaas, Der Konkordatstyp des faschistischen Italien, 488 ff. – Vgl. G. May, Die Konkordatspolitik des Heiligen Stuhls von 1918 bis 1974, 181 ff. – Vgl. K. Obermayer, Die Konkordate und Kirchenverträge im 19. und 20. Jh., 166 ff.
[88] Vgl. Kap. III 7.

einer actio catholica;[89] vielmehr erkannte Bolz, daß damit dem Zentrum seine kirchenpolitische Monopolstellung abgesprochen werden sollte, was notwendigerweise einen Angriff auf das Existenzrecht der Zentrumspartei bedeutet hätte.

In dem Augenblick, als die römische Politik die politische Enthaltsamkeit des Katholizismus betrieb, wurde Bolz zu einem Verteidiger des politischen Katholizismus.

4.2. Wider die Enzyklika »Quadragesimo anno«[90]

4.2.1. Allgemeine Voraussetzungen

Am 15. Mai 1931, 40 Jahre nach dem Erscheinen von Rerum novarum, in der Leo XIII. zu einer umfassenden staatlichen Sozialpolitik und zur korporativen Selbsthilfe der Arbeiterschaft aufgefordert hatte, erschien die Enzyklika Quadragesimo anno von Papst Pius XI. Der Papst behandelte darin nicht nur die soziale Arbeiterfrage, wie dies Rerum novarum getan hatte, sondern stellte sich ein umfassendes Thema, das er im Titel der Enzyklika angab, nämlich – »Über die Gesellschaftliche Ordnung, ihre Wiederherstellung und ihre Vollendung nach dem Heilsplan der Frohbotschaft«.[91] Das Ziel einer christlich motivierten Gesellschaftspolitik bestand für Pius XI. in einem Ausgleich der Ansprüche von Kapital und Arbeit. Letztlich ging es ihm um eine neue, bessere Gesellschaftsform und -theorie, in der das Subsidiaritätsprinzip[92] grundlegende Bedeutung erhielt.[93] Von diesem

---

[89] Vgl. Köhler II 14.

[90] Vgl. N. Monzel, Die katholische Kirche in der Sozialgeschichte, 268 ff. – Vgl. F. Furger, Christliche Sozialethik, 34 ff. – Vgl. R. Weiler, Einführung in die katholische Soziallehre. – Vgl. O. v. Nell-Breuning, Zur Soziallehre der Kirche, 7 ff. – Vgl. J. Köhler, Christliche Politik im Lichte von Quadragesimo anno (1931), 12 ff.

[91] Quadragesimo anno 1 (QA).

[92] Vgl. Furger 138 ff. – Vgl. Monzel 274 f.

[93] Vgl. Köhler IV 10 ff. – Vgl. O. v. Nell-Breuning, Zur Soziallehre der Kirche, 12.

164

her sollte die Bildung von »berufsständischen Körperschaften«[94] und deren organisches Zusammenwirken für das Gemeinwohl propagiert werden. Der Zusammenschluß von Arbeitgebern und Arbeitnehmern eines jeweiligen Berufsstandes war ganz und gar unpolitisch konzipiert und sollte einen Ausgleich der Interessen zugunsten eines gedeihlichen Nebeneinanders ermöglichen. Dieses berufsständische Prinzip wies allerdings »eine kaum bestreitbare Nähe zu damaligen faschistischen Gesellschaftsvorstellungen auf«.[95] Im Gegensatz zum faschistischen Korporationsstaat sollten allerdings im katholischen Ständestaat die Berufsstände als autonome Körperschaften bestehen bleiben.[96] Sie waren mit weitreichenden Rechten und Befugnissen ausgestattet und sollten so dem wachsenden Einfluß des Staates auf allen Gebieten des öffentlichen und privaten Lebens entgegenwirken.

[94] QA 76–98. – Zur Problematik einer »berufsständischen Ordnung« in der modernen Industriegesellschaft vgl. O. Köhler, Die Kirche in der Welt-Geschichte. Zum Grundproblem einer Sozialenzyklika, 205 ff. – Vgl. O. v. Nell-Breuning, Um die »Berufsständische Ordnung«, 6 ff. – Vgl. W. Dirks, Das Defizit des deutschen Katholizismus in Weltbild, Zeitbewußtsein und politischer Theorie, 17 ff.; 21 f. – Vgl. G. Clemens, Rechtskatholiken zwischen den Weltkriegen, 111 ff.; 120 f.

[95] N. Mette, Sozialismus und Kapitalismus in der päpstlichen Soziallehre, 370. – Vgl. dazu die Ansicht von W. Dirks, Das Defizit des deutschen Katholizismus in Weltbild, Zeitbewußtsein und politischer Theorie, 17 ff.; 22: »Ich berichte noch ein ... keineswegs unwichtiges Kuriosum. Die deutsche Fassung (von Q. a. J. S.) ... enthielt einen fatalen Übersetzungsfehler. Hatte der lateinische Text ›Ordines‹ empfohlen ... in einem Plural, ... so wurde im deutschen Text daraus die ›Berufsständische Ordnung‹, also ein Kollektiv-Singular. Das mußten wir ... als einen direkten Hinweis auf den italienischen korporativen Faschismus und ... auf den sogenannten Ständestaat verstehen, der damals im katholischen Österreich ... verkündet wurde. So enthielt das Sendschreiben in unseren Augen geradezu positive Hinweise auf den Faschismus selbst«. – Vgl. J. M. Díez-Alegría, Eigentum und Arbeit: Die Entwicklung der päpstlichen Lehre, 361.

[96] Vgl. Köhler IV 28 ff. – Vgl. O. v. Nell-Breuning, Um die »Berufsständische Ordnung«, 6 ff.

4.2.2. Papen und die Enzyklika »Quadragesimo anno«

In seinen Reden führte Bolz einen permanenten Kampf gegen den Reichskanzler und späteren Vizekanzler Papen. Ziel Papens[97] war die Zerschlagung des Parteienstaates, die er in seinen Wahlkampfreden deutlich artikulierte. Darin wandte er sich gegen eine Parteiendemokratie und proklamierte ein »Prinzip der sozialen und völkischen Gerechtigkeit«.[98] Realisieren wollte er dieses Prinzip durch die Zerschlagung der Parteien: »Was besagt gegenüber dieser großen Auseinandersetzung der Begriff ›Partei‹? Wenn am Ende dieser Entwicklung nicht die Zertrümmerung des Parteienstaates steht, so haben wir unsere geschichtliche Aufgabe nicht gelöst«.[99] Seiner Meinung nach war die »Parteiform« ungeeignet, »den Volkswillen in der Weise dem Staat dienstbar zu machen, wie es das Ziel der katholischen Vorstellungswelt ist«;[100] den Aufbau eines neuen Reiches konnte er

[97] Vgl. R. Morsey, Franz von Papen (1879–1969), 75 ff.

[98] Vgl. F. v. Papen, Appell an das deutsche Gewissen. Reden zur nationalen Revolution, (Wahlrede in Dortmund am 24. Febr. 1933), 42 ff.

[99] Ebd. 42 (Wahlrede in Dortmund am 24. Febr. 1933). – Vgl. ebd. 35: »Wenn ein Volk nur noch aus Masse besteht, so kann ... die Partei nur aus der Welt geschafft werden, wenn wir neue Wege der politischen Willensbildung finden. Das alles sind Vorgänge und Arbeitsgebiete von großer Tragweite, die Jahre des deutschen Lebens ausfüllen werden«. – Vgl. ebd. 46 (Wahlrede in München am 1. März 1933): »Wenn das deutsche Volk fast einhellig feststellt, daß das Grundübel, an dem es leidet, sein Parteienstaat ist, so gibt es nur eine einzige Schlußfolgerung: daran zu denken, daß der Staat eine uralte gottgewollte Kultureinrichtung ist, die Partei eine ganz junge; wenn einmal ein bayerischer Staatsmann die rhetorische Frage an das bayerische Volk gerichtet hat, ob denn die Parteien an dem ganzen Elend der letzten Jahre schuld seien, so gibt es darauf nur eine einzige Antwort: Wer denn sonst?« – Vgl. ebd. 76 (Wahlrede in Stuttgart am 3. März 1933): »Die Kräfte der nationalen Bewegung haben sich zusammengeschlossen und eine neue Regierung gebildet, die bei Gott nicht die Aufgabe hat, andere Parteien von der Mitarbeit auszuschließen, sondern als letztes Ziel erstrebt, den Parteienstaat als solchen zu überwinden. Wenn der Weg zum neuen Staat nicht gepflastert ist mit weggeworfenen Parteibüchern, dann wäre er ein Irrweg«. – Vgl. F. v. Papen, Die Parteien, in: Die Einheit der nationalen Politik, 221 ff.

[100] Ebd. 46 (Wahlrede in München am 1. März 1933).

sich kaum anders vorstellen »als unter Einsatz der konservativen Kräfte des deutschen Katholizismus ... Gerade die Zerstückelung und Zerreißung des deutschen Volkes in Parteien hat es mit sich gebracht, daß eine weitgehende Verfälschung konservativen Wollens stattgefunden hat«.[101] Papen glaubte, die katholische Staatsauffassung neige dem Ständegedanken zu: »Wir haben Einrichtungen, ... die sich entpolitisieren und ständisch aufbauen lassen. Wir haben konservative Grundlagen in der katholischen Welt, eine Kraftquelle ohnegleichen, die eine wertvolle Basis für das kommende Reich bilden, sobald der Katholizismus in seinen politischen Formationen entliberalisiert ist«.[102] Nicht parlamentarische Volksvertreter wie in einem liberalen Rechtsstaat, sondern die naturgegebenen Berufsstände sollten in Politik, Wirtschaft und Verwaltung entscheiden. Sein Ziel war daher ein elitärer, ständisch gegliederter, autoritärer Staat. Ideologische Grundlage bildete die Enzyklika Quadragesimo anno von Pius XI.[103] Papen wies darauf hin, daß in Österreich und in Italien im Jahre 1933 diese Gedanken bereits realisiert wurden.[104]

4.2.3. Bolz contra Papen

Papen sah auf der Basis von Quadragesimo anno die Möglichkeit, den politischen Parteienstaat zu zerschlagen und diesen durch einen autoritären Ständestaat zu ersetzen.[105] In seinen Reden rechnete Bolz

[101] Ebd. 45.
[102] Ebd. 100 ff. (Wahlrede in Breslau am 17. März 1933). – Vgl. ebd. 19 (Rede vor Studenten in Berlin am 21. Febr. 1933):»Mich, als Katholiken, berührt es naturgemäß besonders schmerzlich, daß auch die bisherige politische Vertretung des deutschen Katholizismus sich so wenig des korporativen Prinzips bewußt gewesen ist, dessen geborener Träger ja eigentlich der Katholizismus ist«. – Vgl. Böckenförde I 227. – Vgl. Morsey II 413.
[103] Doetsch 73. – Vgl. V. Reimannn, Innitzer. Kardinal zwischen Hitler und Rom, 48 ff.
[104] Vgl. F. v. Papen, Der Wahrheit eine Gasse, 341.
[105] Vgl. Breuning 186. – Vgl. Böckenförde I 227. – Vgl. O. v. Nell-Breuning, Um die »Berufsständische Ordnung«, 6 ff.: Nell-Breuning gab zu, daß die Bezeichnung »berufsständische Ordnung« die Gefahr implizierte, falsch

mit Papens reaktionären Zielvorstellugen scharf ab. Dabei bekämpfte er vordergründig zwar dessen Ziel, den Parteienstaat zu zerschlagen und eine verfassungswidrige Politik zu betreiben: »Sie (die Regierung Papen) sucht das Ziel zu erreichen mit der Parole: Autoritäre Staatsführung, gegen Parlament und gegen Parteien. Es ist aber in der Verfassung nun einmal festgelegt, daß die Macht verteilt ist zwischen dem Reichspräsidenten auf der einen und dem Parlament auf der anderen Seite. Solange die Verfassung da ist, muß sie eingehalten werden, wenn wir nicht jeden Rechtsboden verlieren wollen ... Auf längere Zeit ist es ohne innenpolitische Erschütterungen nicht möglich, gegen Parlament und gegen die Parteien zu regieren ... Bei allem ... ist unbedingte Voraussetzung, daß ... man keine Wege geht, die mit der Verfassung im Widerspruch stehen«.[106] Zugleich warnte Bolz allerdings in seinen Reden davor, immer wieder nach Italien zu blicken und Vergleiche mit der dortigen politischen Situation anzustellen: »Es glaubt wohl keiner, daß die Massen auf der Linken ... in Ruhe zusehen würden, wie Hitler Deutschland nach dem Vorbild eines Mussolinis diktiert ... Eine Diktatur, wie sie in Italien bestehe und die auch dort nur durch die besonders gearteten Verhältnisse (kleine Industrie, Analphabeten usw.) möglich sei, könne in Deutschland niemals Bestand haben«.[107]

Als Mussolini im Oktober 1922 in Italien an die Regierung gekommen war, da war die katholische Kirche bereit, gegenüber dem Faschismus auf die politische Tätigkeit zu verzichten und sich auf den Raum der Innerlichkeit zurückzuziehen. Papst Pius XI. erließ am 23. Dezember 1922 seine Enzyklika »Ubi arcano Dei«, mit der er die

verstanden zu werden; nach wie vor betonte er den spez. »apolitischen« Charakter dieser Berufsstände; 8.
[106] NLB Tagung des Landesparteiausschusses des württ. Zentrums in Stuttgart am 10. Okt. 1932, 284–288.
[107] NLB ZV in Friedrichshafen am 20. Apr. 1931, 269. – Vgl. NLB ZV in Hechingen am 18. Febr. 1933, 326: »Die Unterdrückung der Meinung und Pressefreiheit führt aber, anders wie in Italien, hier zum Bürgerkrieg ... Im völkischen Staat soll es ja keine rechtlichen Schranken für den Staatswillen geben. Heute macht man den anderen den Rechtsbruch und die Revolution vor. Man kann hier nicht, wie in Italien, den Marxismus mit einem Federstrich beseitigen«. – Vgl. Kap. II 4.

Katholische Aktion ins Leben rief. Seiner Meinung nach war in einem faschistischen, die parlamentarische Demokratie unterdrückenden Staat, mit einer demokratischen Partei nichts auszurichten. Daher mußte der sizilianische Priester Don Luigi Sturzo 1923 unter kirchlichem Druck als Parteisekretär des Partito Popolare Italiano zurücktreten.[108] Daß Rom seit 1928 auch in Deutschland die Entpolitisierung des Katholizismus durch das Programm der Katholischen Aktion betrieb, das wußte Bolz; daß eine Zerschlagung des Parteienstaates auf der Basis von Quadragesimo anno möglich war, das machten ihm die Wahlreden des ehemaligen Zentrumsabgeordneten Papen deutlich. Diese bildeten den Versuch, die Parteien auszuschalten, um so zu einem neuen, ständisch gegliederten, autoritären Staatsaufbau zu gelangen. Papen sah dabei für die katholische Kirche eine Möglichkeit, an dem Aufbau dieser Staatsordnung mitzuhelfen und diese »geistig« zu legitimieren. Zudem verwies er in seinen Reden auf Italien und Österreich, in denen dieses Programm bereits erfolgreich realisiert wurde.[109] Als im Januar 1933 der Österreicher Adolf Hitler in Deutschland Reichskanzler wurde, bestand in Österreich die Gefahr, vom Nationalsozialismus überrollt zu werden. In einer äußerst kritischen Situation suspendierte der damalige Bundeskanzler Engelbert Dollfuß Verfassung und Parlament und richtete auf der Basis von Quadragesimo anno ein autoritäres Regime auf.[110] Dabei stellte Österreich »von allen faschistischen Staaten für den Vatikan den Idealfall dar. Hier waren wahrhaft christliche Männer am Werk, denen die Kirche vertrauen konnte. Hier wollten diese Männer die Sozialideen der Päpste verwirklichen, hier sollte der katholische Idealstaat entstehen«.[111] An die Stelle des Parteienpluralismus trat die »Vaterländische Front«. Auf dem Wiener Katholikentag gab Dollfuß sein Programm bekannt: »Die jetzige Regierung ist ... entschlossen,

---

[108] Vgl. A. Melloni, Die Rezeption der katholischen Soziallehre in Italien: Themenschwerpunkte und Diskussion, 404 ff. – Vgl. Becker II 5. – Vgl. A. Lindt, Das Zeitalter des Totalitarismus. Politische Heilslehren und ökumenischer Aufbruch, 63 f. – Vgl. L. Kaas, Der Konkordatstyp des faschistischen Italiens, 510 ff. – Vgl. Junker 38.
[109] Vgl. Furger 29 f.
[110] Vgl. Reimann 48–58.
[111] Ebd. 51 f.

im christlich-deutschen Geist die Erneuerung von Staat und Wirtschaft in die Wege zu leiten. Wir werden ständische Formen und ständische Grundlagen, wie sie die Enzyklika ›Quadragesimo anno‹ uns verkündet, zur Grundlage des Verfassungslebens nehmen. Wir haben den Ehrgeiz, das erste Land zu sein, das dem Ruf dieser herrlichen Enzyklika wirklich im Staatsleben Folge leistet«.[112]

Mußte Bolz nicht auch vermuten, daß Rom und die deutschen Bischöfe glaubten, den politischen Katholizismus auf der Basis von Quadragesimo anno ausschalten zu können? Das Programm der Katholischen Aktion gab ihm allen Grund, dies zu befürchten. Im Mai 1933 fand in Salzburg der Parteitag der Christlich-Sozialen Partei Österreichs statt, an dem auch Bolz teilnahm. Seine Begrüßungsrede schloß er mit den Worten: »Ich möchte nur wünschen, daß Sie die nötige Energie und Entschlußkraft aufbringen, um rechtzeitig die erforderlichen Reformen durchzuführen«.[113] Wollte er damit vor der Etablierung eines Ständestaates auf der Basis von Quadragesimo anno warnen? Es ist nicht unwahrscheinlich, stand Bolz doch bereits zu Beginn der Weimarer Republik dem »berufsständischen Gedanken« ablehnend gegenüber.[114] Eine politische Enthaltsamkeit des Katholizismus wie im faschistischen Italien war im konfessionell gemischten Deutschland nach Meinung von Bolz unmöglich. Dies mußte notwendigerweise zu neuen konfessionellen Konflikten führen. Daher warnte er mit aller Kraft auf dem Zentrumsparteitag in Ulm 1933 vor einem neuen konservativ-protestantischen Preußen-Deutschland: »Was wir fürchten von der jetzigen Regierung und namentlich auch von Hugenberg, wollen wir offen aussagen ... Das ist der preußisch-protestantisch-ostelbische Geist, ... der es nicht ertragen kann, daß der Katholizismus etwas zu sagen hat. Es tut mir in der Seele weh, daß wir einen Papen in der Gesellschaft haben«. Über Hugenberg urteilte er: »Bei ihm gelten nur die, die wollen, daß das Zentrum nichts zu sagen hat. Die den Zusammenschluß der Katholiken wollen, die ›von Rom abhängig‹ sind, die kann man nicht brau-

---

[112] Zitiert nach Köhler IV 7 f. – Vgl. Reimann 55 f. – Vgl. O. Köhler, Die Kirche in der Welt-Geschichte. Zum Grundproblem einer Sozialenzyklika, 205 f.
[113] Miller 454.
[114] Vgl. Kap. II 2.3.

chen. Das sind Staatsfeinde, Reichsfeinde, Römlinge, die ihre Weisungen vom Vatikan holen«. Die Katholiken ermutigte Bolz: »Wir wollen ... das katholische Volk aufrufen, ... weil wir in der bewußten und gewollten Ausschaltung des politischen Katholizismus eine schwere Gefahr für unser Vaterland sehen ... Je stärker wir sind, desto eher wird unsere Stunde kommen, und sie muß kommen, und sie wird kommen. Nur Geduld, ... ohne Zentrum kann man auf die Dauer nicht arbeiten. Und wir wollen dabei sein, ... weil wir glauben, daß die Art unserer Volksgemeinschaft in unserer Partei die Grundlage zu einem Wiederaufbau bieten kann ... Wir kämpfen für unsere Kraft und Stärke. Wir kämpfen dafür, daß man den politischen Katholizismus braucht und nicht an die Wand drücken kann«.[115] Eine Stärkung des politischen Katholizismus war die dringlichste Aufgabe. Von einem Rückzug in die Innerlichkeit, wie es die katholische Kirche seit 1922 in Italien und seit 1928 mit der Katholischen Aktion in Deutschland praktizierte, wollte Bolz nichts wissen. In dieser Phase seiner Politik ging Bolz in die Offensive. Eine »passive« Haltung, wie sie die katholische Staatslehre und Moral gegenüber der konkreten Welt einnahm, lehnte er ab. Die Chance, den politischen Katholizismus zu erhalten, lag seiner Meinung nach nicht in der Passivität, sondern in der Aktivität. In den neuen Machthabern sah er den Aufstand des konservativen protestantischen Preußen-Deutschland, genauer Ostelbiens, das seit 1866 geherrscht hatte, gegen Bismarcks ehemalige »Reichsfeinde«, d. h. Katholiken, Demokraten und Sozialdemokraten. Dagegen konnte nur eine starke politische Vertretung des Katholizismus ankämpfen.[116]

---

[115] NLB ZPT in Ulm am 13. Febr. 1933, 313 ff.
[116] Darin dürfte auch der eigentliche Grund liegen, weshalb man in Bolz' Reden unmittelbar vor der nationalsozialistischen Machtergreifung kein reichsideologisches Denken findet, das ja für einen nicht unbedeutenden Teil katholischer Intellektueller in dieser Zeit symptomatisch war; vgl. Breuning, 99 ff.; 179 ff.; vgl. K. Sontheimer, Die Idee des Reiches im politischen Denken der Weimarer Republik, 205 ff.

4.2.4. Die politische Haltung von Heinrich Getzeny

Heinrich Getzeny (1894–1970), der Generalsekretär des Volksvereins für das katholische Deutschland, betonte unaufhaltsam nach der Entlassung von Brüning die absolute Notwendigkeit des politischen Katholizismus. Seiner Meinung nach ging es in den nun folgenden Wahlkämpfen um die Frage, »ob die volks- und staatspolitischen Kräfte der deutschen Katholiken bei der künftigen Gestaltung Deutschlands mitwirken können, oder ob sie ausgeschaltet werden sollten zugunsten einer Staats- und Gesellschaftsordnung, die im innersten Widerspruch steht zu allem, was der deutsche Katholizismus im letzten Jahrhundert im öffentlichen Leben erstrebt und errungen hat«.[117] Daß Getzeny hier Papens Staatsvorstellungen im Blick hatte, dürfte auf der Hand liegen. Mit Blick auf Italien meinte er: »Man muß sich ganz klar darüber sein, daß in Italien nicht nur die parteipolitische Tätigkeit der Katholiken unterbunden ist, sondern auch die sozialpolitische. Die Katholische Aktion ... ist dort ganz auf das innerkirchliche Gebiet beschränkt. ›Beseitigung des politischen Katholizismus‹, diese Parole stellt in Deutschland auch die Arbeiter-, Bauern-, Jugend- und Volksvereine in Frage; denn das Soziale ist ohne das Politische nicht durchzusetzen«.[118] Wie Bolz, so sah auch Getzeny zwischen der Katholischen Aktion, der Ausschaltung des politischen Katholizismus und Papens autoritären Staatsvorstellungen einen unmittelbaren Zusammenhang. Die politische Enthaltsamkeit des Katholizismus war für beide in einem konfessionell gemischten Deutschland unmöglich. Für sie gab es daher nur ein Motto: Die Stärkung des politischen Katholizismus.[119] Dies dürfte auch der eigentliche Grund dafür sein, weshalb Getzeny das reichsideologische Denken einiger katholischer Intellektueller im Frühstadium des Dritten Reiches ablehnte.[120]

---

[117] H. Getzeny, Die deutschen Katholiken im Wahlkampf, 1032 ff.; 1023.

[118] Ebd.

[119] Vgl. Köhler II 16.

[120] H. Getzeny, Wie weit ist die politische Theologie des Reiches heute noch sinnvoll?, 5566 ff.; 558. – Vgl. dagegen Breuning 271 ff. – Vgl. Breuning 99 ff.; 179 ff.

4.3. Staats- und Gesellschaftsvorstellungen in der Politik von Eugen Bolz und in der kirchlichen Soziallehre

Seine kritische Distanz zur aktuellen römisch-kurialen Politik begründete Bolz mit einer Absage an das Programm der Katholischen Aktion sowie an die berufsständischen Ordnungsvorstellungen in der Enzyklika Quadragesimo anno. Damit stellt sich die Frage nach den unterschiedlichen Staats- und Gesellschaftsvorstellungen bei Eugen Bolz und der kirchlichen Soziallehre.

4.3.1. Die kirchliche Staats- und Gesellschaftslehre[121]

Nach der päpstlichen Lehre waren Kirche und Staat zwei selbständige und vollkommene Gesellschaften, die auf eine direkte Anordnung Gottes zurückgeführt wurden. Diese Auffassung basierte letztlich auf Röm 13, 1–7.[122] Beide Gewalten waren allerdings nicht wesensmäßig gleich; die Aufgabe der Kirche war umfassender: Während die Kirche von Gott zur Verwaltung des Glaubens eingesetzt war und den Staat und die Gesellschaft lehrte, wie sie sich zu verhalten hatten, um dem Willen Gottes zu entsprechen, war der Staat von Gott zur Wahrung der irdischen Angelegenheiten eingesetzt. Aus ihrer interpretierenden Tätigkeit heraus begriff daher die päpstliche Lehre die Kirche letztlich als dem Staat übergeordnet, d. h. sie ging dem Staat voran und wirkte in ihn hinein. Eine Trennung zwischen Kirche und Staat lehnte diese Lehre grundsätzlich ab. Beide Gewalten verhielten sich zueinander wie potestas directa (Staat) und potestas indirecta (Kirche).[123] In ihrer Vorstellung ging die päpstliche

---

[121] Vgl. Kap. IV 1. – Vgl. Schnatz XVI ff. – Vgl. A. Anzenbacher, Einführung in die Philosophie, 287 ff. – Vgl. E. W. Böckenförde, Staat – Gesellschaft – Kirche, 5 ff. (Böckenförde VI). – Vgl. W. Weber, Gesellschaft und Staat als Problem für die Kirche, 230 ff. – Vgl. Bierbaum 13–59. – Vgl. O. Köhler, Die Kirche in der Welt-Geschichte. Zum Grundproblem einer Sozialenzyklika, 205 ff. – Vgl. L. Boff, Kirche: Charisma und Macht, 15–46.

[122] Vgl. Becker II 10. – Vgl. Junker 138. – Vgl. Hirtenbrief des deutschen Episkopats vom 3. Juni 1933, in: Akten deutscher Bischöfe, Bd. 1, 241.

[123] Vgl. Böckenförde I 239.

Lehre von der Vorstellung aus, daß der Staat »katholisch« zu sein und die Staats- und Gesellschaftslehre der Kirche anzuwenden hatte. Ein nichtkatholisches Staatswesen konnte sich die päpstliche Lehre praktisch nicht vorstellen.[124] Dem Wirken des Staates mußten also »katholische« Ordnungsvorstellungen zugrunde liegen. Dazu gehörten das Gemeinwohl-, das Autoritäts- und Subsidiaritätsprinzip und das Prinzip der göttlichen Einsetzung. Das Gemeinwohl, das bonum commune als der höchste Zweck, aus dem die Staatsgewalt ihre Legitimation erhielt, war von der Summe des Privatwohls aller Bürger wesentlich verschieden. Nach kirchlicher Vorstellung war jede Staatsgewalt von Gott gegeben. Jeder Staat benötigte eine Autorität, die ihm Dauer, Festigkeit und Ordnung verlieh. Diese Befehlsgewalt hatte Anspruch auf unbedingten Gehorsam. Ungehorsam gegen die Autorität war nach kirchlicher Lehre nur erlaubt, wenn diese Religion, Sittlichkeit und Kirche eklatant verletzte. Der von Pius XI. in der Enzyklika Quadragesimo anno formulierte Grundsatz der Subsidiarität relativierte allerdings die staatliche Autorität:[125] Er propagierte einerseits als Ideal einer gesellschaftlichen Ordnung die Bildung von berufsständischen Körperschaften; andererseits forderte er die Abgabe vieler Kompetenzen an die gesellschaftlichen Gruppierungen nach unten. Gegenüber den Körperschaften sollte der Staat also nur subsidiär einwirken können. Die Kirche allerdings organisierte sich nicht nach diesem Subsidiaritätsprinzip; sie verlagerte ihre Kompetenzen auf die nächst höhere Stufe. Das bedeutete aber: Ein Staat, der seine Kompetenzen auf berufsständische und womöglich weltanschaulich organisierte Gruppen abgab, mußte zugunsten einer hierarchisch-autoritären Kirche und der von ihr ideologisch abhängigen Gruppen ins Hintertreffen geraten. In einem solchen ständisch-subsidiär organisierten Staat wurde die Existenz von politischen Parteien obsolet: Indem die päpstliche Lehre grundsätzlich davon ausging, daß der Staat »katholisch« zu sein und die Morallehre der Kirche anzuwenden hatte, wurde die Existenz einer parteipolitischen Vertretung des Katholizismus überflüssig. Die Kirche beteiligte sich über die

[124] Vgl. Schnatz XVIII. – Vgl. Libertas humanan 167: »Da daher der Staat notwendig Einheit des religiösen Bekenntnisses fordert, so hat er sich zu der allein wahren, der katholischen nämlich zu bekennen.
[125] Vgl. QA 79 f. – Vgl. Schnatz XII ff. – Vgl. Köhler IV 11 ff.

berufsständischen und weltanschaulich organisierten Gruppen an der Herrschaftsausübung, was eine Stärkung der staatlichen Autorität zu ihren Gunsten bedeutete. – Dieses »offensive Weltordnungskonzept«[126] wurde in der Folgezeit durch »defensive« Implikationen modifiziert. Dabei handelte es sich aber nicht – inbesondere bei der Stellung der Kirche zum Staat – »um einen eigentlichen Rückzug der kirchlichen Lehre von einer extremen hierokratischen Auffassung«, sondern um eine »Enttemporalisierung und Vergeistigung des kirchlichen Lebens«.[127] Die kirchlichen Verlautbarungen verloren an politischer Verbindlichkeit[128] und zeigten ein »weltabgewandtes« Gepräge[129]

4.3.2. Staats- und Gesellschaftsvorstellungen in der Politik von Eugen Bolz

Nach seiner erzwungenen politischen Enthaltsamkeit im Frühjahr 1933 beschäftigte sich Bolz im Selbststudium mit staatsrechtlichen und -philosophischen Fragen. Er schrieb darüber im Frühjahr 1934 eine Abhandlung »Katholische Aktion und Politik«, in der er sich u. a. mit Staats- und Gesellschaftsvorstellungen auseinandersetzte.

Bolz' Staats- und Gesellschaftsvorstellungen waren geprägt von den traditionellen Vorstellungen der katholischen Lehre. Wie sie, ging auch er von der Vorstellung aus, daß Staat und Kirche zwei selbständige, vollkommene und notwendige Gesellschaften waren, die auf einer direkten Anordnung Gottes beruhten.[130] Beide waren nicht wesensmäßig gleich, sondern wechselseitig aufeinander bezogen. Die Aufgabe der Kirche war umfassender und größer, da sie zur Verwaltung des die gesamte Seinsordnung umfassenden Glaubens

---

[126] Loth I 284.
[127] Bierbaum 6.
[128] Vgl. Becker I 164 f. – Vgl. Loth I 284.
[129] Vgl. Loth I 284. – Vgl. E. Iserloh, Innerkirchliche Bewegungen und ihre Spiritualität, 301 ff.
[130] Bolz 23 ff. – Vgl. NLB Diözesanjubiläum in Stuttgart am 1. Juli 1928. DV 80, 1928, Nr. 149 (2. Juli 1828), 238. – Vgl. NLB Ansprache auf der 64. GV der Katholiken Deutschlands.

eingesetzt war und damit, wie die kirchliche Lehre, eine interpretierende Aufgabe gegenüber dem Staat einnahm.[131] Das Verhältnis Staat und Kirche umschrieb Bolz allerdings nicht mit den Begriffen der traditionellen katholischen Lehre, d. h. der kirchlichen potestas directa (Staat) und potestas indirecta (Kirche), sondern für ihn besaß der Papst »nur« kraft seines Amtes eine größere moralische Autorität gegenüber dem Staat: »Es handelt sich ... nicht um die alte Streitfrage der potestas directa oder indirecta in temporalia, sondern um die davon reinlich zu scheidende Frage nach dem Gebiet der päpstlichen Lehrgewalt, um die Frage des gegenseitigen Ineinandergreifens des Politischen, Religiösen und Sittlichen ... Da muß es als ein unbestreitbares Recht des Papstes bezeichnet werden, solche Fragen in autoritativ entscheidender ... Weise zu behandeln«.[132] Eine radikale Trennung von Kirche und Staat lehnte Bolz somit ab[133] und nahm in seinen Vorstellungen eine andere – realistischere – Ausgangsposition als die Kirche ein: Er ging nicht, wie die päpstliche Lehre, von einem grundsätzlich »katholischen« Staatsgebilde aus, sondern von einem Staat, der seinen Interessengruppen »neutral« und »tolerant« gegenüberstand.[134] Dieser unterschied sich grundsätzlich vom mittelalterlichen Staat, der seiner Meinung nach allerdings eine »ideale Verbindung von Staat und Kirche«[135] darstellte. Doch ihm durfte nicht nachgetrauert werden, sondern es galt, sich »auf den Boden der Tatsachen« zu stellen und praktische Politik zu betreiben: »Wir müssen diesen Staat hinnehmen, und wir wollen ihm dankbar sein dafür, daß er uns die Freiheit läßt, daß er der Entwicklung der Kirche und des religiösen Lebens kein Hindernis in den Weg legt. Diese Vorzüge des neuen Staates wollen wir offen anerkennen. Ob die Kirche mit dieser Freiheit etwas erreicht, liegt auch an uns Katholiken selber«,

[131] Bolz 24 ff.
[132] Ebd. 26.
[133] Vgl. NLB Bischofsjubiläum von Bischof Paul Wilhelm Keppler in Rottenburg am 2. August 1925.
[134] Vgl. NLB Diözesanjubiläum in Stuttgart am 1. Juli 1928. DV 80, 1928, Nr. 149 (2. Juli 1928), 238. – Vgl. NLB Diözesanjubiläum in Rottenburg am 26. Juli 1928. – Vgl. Bolz 47.
[135] NLB Diözesanjubiläum in Stuttgart am 1. Juli 1928. DV 80, 1928, Nr. 149 (2. Juli 1928), 238.

so Bolz 1928 in Stuttgart.[136] Ziel eines politischen Engagements der Katholiken sollte die Verwirklichung »katholischer« Grundsätze in Staat und Gesellschaft sein. Anders als die organisch-ständische Staatstheorie, bei der aufgrund des Subsidiaritätsprinzips die Einwirkungsmöglichkeiten der Kirche auf den Staat relativ groß waren, ging Bolz in seinen Staats- und Gesellschaftsvorstellungen von einem »nichtkatholischen« und neutralen Staatsgebilde aus, in dem die Katholiken eine Minderheit darstellten. Wollte diese Minderheit in diesem Staat politisch existieren und ihre Grundsätze und Werte in Kultur und Schule durchsetzen, dann war sie auf eine politische Partei angewiesen, die ihre Interessen im Staat vertrat. Nur so konnten »katholische« Grundwerte in Staat und Gesellschaft erfolgreich eingeklagt werden. Diese offensive Sicht der Dinge stand dem defensiven »Spiritualisierungsprozeß« der römisch-kurialen Politik entgegen. Daher meinte Bolz 1928 auf dem Diözesanjubiläum: »Der Katholik, das katholische Volk sollen katholisch leben. Aber nicht nur privatim, sondern öffentlich. Katholische Grundsätze, kirchliche Forderungen sollen auch im öffentlichen Leben verwirklicht werden. Je weiter sich die Menschheit von Gott entfernt, je religionsloser, je neutraler, je gleichgültiger sie wird, desto aktiver, desto rühriger muß die katholische Kirche und müssen die Katholiken werden, um ihren Auftrag zu erfüllen, alles in Christo zu erneuern«.[137]

Wir können konstatieren: Bolz' Staats- und Gesellschaftsvorstellungen und die der Päpste waren in einem ganz entscheidenden Punkt kontrovers: Der politische Katholizismus war für Bolz in seiner Existenz an eine bestimmte Staatsform, den »Parteienstaat«, gebunden.

[136] Ebd. 238. – Vgl. NLB Diözesanjubiläum in Rottenburg am 26. Juli 1928: »Sie (die Gegenwart) gibt uns die Genugtuung, mit Freude zu bekennen, daß das Verhältnis zwischen Staat und den Kirchen ein gutes ist. Wir danken das dem fundamentalen Satz unserer Reichsverfassung von der Freiheit der Kirchen in ihren eigenen Angelegenheiten und der Anerkennung dieses Grundsatzes in der Praxis. Mögen die unmittelbaren Wirkungen des Grundsatzes der Reichsverfassung auch umstritten sein, so ist er doch eine magna charta, die bei gutem Willen verständiger Menschen den Kirchen freie Entfaltung sichert und vielen Konfliktstoff des vergangenen Jahrhunderts beseitigt«. – Vgl. Morsey III 217 ff.

[137] Eugen Bolz, Katholische Aktion und Politik, 43.

Anders dagegen die päpstliche Lehre: Sie konnte in ihrer Anpassungsfähigkeit »Schutz- und Wandschirm«[138] jeder sich etablierenden Ordnung werden, solange diese den Bestand der kirchlich-kulturellen »bona particularia« nicht gefährdete. Dieser Opportunismus zeigte sich in Italien und in Österreich. Aus dem Selbstverständnis eines Parteipolitikers heraus konnte Bolz, wollte er sich weiterhin aktiv politisch betätigen, die Entpolitisierungstendenzen innerhalb der katholischen Kirche nicht akzeptieren. Von dem Augenblick an als die Kirche in der Partei kein notwendiges Instrument ihrer Aktivität mehr sah, mußte der Politiker Bolz zu einem leidenschaftlichen Anwalt des politischen Katholizismus werden. Gegenüber einer apolitischen Haltung in Teilen des »Quickborn«, die sich bewußt von jedem politischen Engagement fernhielten,[139] sprach sich Bolz auf einem Zentrumsjugendtag in Laupheim 1929 für ein dezidiert politisches Engagement der Zentrumsjugend aus: »Die Politik stellt Aufgaben an die Jugend, welche begeisternd wirken können ... Die Politik ist es wert, daß sich auch die Jugend mit ihr befaßt ... Wie bei der Politik überhaupt, so hat die Jugend auch hinsichtlich der Parteien die Aufgabe, sich um ihr Wesen zu kümmern. Auch das kann den jungen Menschen mit Begeisterung und Leidenschaft erfüllen. Unser Volk muß eine Jugend bekommen, die sich ihrer Aufgabe bewußt ist und in politischen Dingen etwas kann«.[140] Der Rückzug in die Innerlich-

[138] Knoll 16.
[139] Vgl. J. F. Schäfer, Politik, Partei und Jugendbewegung, 190 f. – Vgl. W. Becker, Die Politik der jungen Generation in Europa, 367 f. – Vgl. G. Ruppert, Bündisch – Mißtrauisch gegenüber Demokratie und Parteien? Die politische Haltung des katholischen Jugendverbandes Quickborn im Aufwind des Nationalsozialismus, 219–233. – Vgl. F. J. Stegmann, Die katholische Kirche in der Sozialgeschichte. Die Gegenwart, 143 f.
[140] NLB Zentrums-Jugendparteitag in Laupheim am 21. Apr. 1929. DV 81, 1929, Nr. 92 (22. Apr. 1929), 239. – Vgl. auf derselben Tagung J. Beyerle, ebd. 240: »Es sei ... nicht leicht, an die Jugend heranzukommen. Manche meinen, es gehe die Jugend nichts an, worüber die Parteien verhandeln. Und doch sei es auch für die Jugend sehr wichtig, was die Parteien wirken und schaffen. Denn die Parteien seien heute eine Notwendigkeit als Mittler zwischen dem staatlichen Wirken und dem Volkswillen. Darum sei auch den Kreisen, welche die Grundsätze der christlichen Politik in das

keit und der Verzicht auf eine parteipolitische Betätigung waren für Bolz keine Antworten auf die Fragen und Probleme der Zeit. In diesem spezifischen Sinne kann man Bolz durchaus als »modern« bezeichnen: Ein Zurück zu einem autoritär-ständisch gegliederten Staat lehnte er ab.

Staatsleben hineintragen wollen, eine starke Partei notwendig. Die Zentrumspartei habe große Gedanken und Gesichtspunkte, welche auf die Jugend begeisternd wirken können«.

V. PRAKTISCH-POLITISCHE AUSWIRKUNGEN BOLZSCHER POLITIK – EINE ZWEITE EINORDNUNG

Die katholische Staatslehre- und Moral gab zwar keine eindeutigen politischen Handlungsanweisungen, sie konnte allerdings durchaus eine politische Wirkung provozieren. In einem letzten Schritt, einer zweiten Einordnung, sollen daher die Wirkung der Politik von Bolz gegenüber den Nationalsozialisten vor und nach der Machtergreifung 1933 und gegenüber der katholischen Kirche vor und nach 1933 kritisch reflektiert werden.

1. BOLZ' POLITIK GEGENÜBER DER NSDAP

1.1. Zu Beginn der Weimarer Republik 1923/24

Zwei Perspektiven kennzeichneten Bolz' Haltung gegenüber der NSDAP in dieser frühen Phase:

Zum ersten: Wie den Kommunismus, so lehnte Bolz auch den Nationalsozialismus in dieser frühen Phase als Weltanschauung kategorisch ab. Beide Bewegungen waren seiner Meinung nach revolutionär und intendierten einen Sturz der Verfassung.[1] Eine rücksichtslose Anwendung aller staatlichen Mittel gegenüber jedem Versuch einer gewaltsamen Auseinandersetzung war daher für Bolz unbedingt notwendig. Nach dem Hitler-Ludendorff-Putsch in München am 8./9. November 1923 verbot Bolz in einer öffentlichen Erklärung eine Unterstützung der »bayerischen Putschisten« kategorisch. Die Symptome einer durch den Wegfall der Monarchie und durch die unvollendete Revolution von 1918/19 beförderten Radikalisierung

---

[1] Vgl. Kap. II u. III.

bekämpfte Bolz mit Hilfe der Polizei, da er darin ein Problem von Ruhe und Ordnung sah.[2] Die Erklärung lautete: »Ich verbiete jede Tätigkeit, die eine Unterstützung der bayerischen Putschisten darstellt. Ebenso ist es verboten, daß von anderen Volkskreisen selbständige Versuche einer aktiven Bekämpfung der Bewegung gemacht werden ... Die Polizei ist fest in meiner Hand und in der Lage, die Ruhe in Württemberg aufrechtzuerhalten«.[3]

Zum zweiten: Für Katholiken schloß Bolz eine Zusammenarbeit mit den Nationalsozialisten in dieser frühen Phase aus. Er begründete seine ablehnende Haltung weltanschaulich: »In dieser Beziehung mache ich keinen Unterschied zwischen den Nationalsozialisten und den Linksorganisationen. Unsere Parteiangehörigen und das ganze katholische Volk möchte ich vor dem Nationalsozialismus eindringlich warnen. Derselbe ist rein heidnisch und eine Zusammenarbeit mit diesem ist unmöglich«.[4]

Das bedeutet: Bolz' Haltung gegenüber den Nationalsozialisten entsprach ziemlich genau der Position der katholischen Staatslehre und Moral.[5] Ihrem Ethos folgend, mußte er einen Rechts- und Verfassungsbruch unter allen Umständen verhindern. Primäres Ziel dieser Lehre war die Aufrechterhaltung von Ruhe und Ordnung. Im Interesse des Gemeinwohls war der Katholik daher verpflichtet, mitzuhelfen, die Anarchie so schnell wie möglich zu überwinden. Eine Beteiligung an einer gewaltsamen Auseinandersetzung lehnte die Lehre jedoch ab. Ein Rekurs auf diese Doktrin gab Bolz' Politik eine größere Autorität. Insofern war seine Politik Ausdruck einer spezifisch katholischen Bindung.

---

[2] Vgl. Besson 355. – Vgl. Miller 232 ff.
[3] NLB Erklärung vom 9. Nov. 1923. DV 75, 1923 (10. Nov. 1923), 112. – Vgl. Kap. II 2.5.
[4] Vgl. NLB ZV in Ehingen am 28. Okt. 1923. DV 75, 1923, Nr. 258 (31. Oktober 1923), 106. – Vgl. Kap. II 2.5.
[5] Vgl. Kap. III u. IV.

1.2. In der Endphase der Weimarer Republik 1930–1933

Die Reichstagswahl vom September 1930 brachte eine Veränderung in der Parteienlandschaft der Weimarer Republik. Die NSDAP steigerte die Zahl ihrer Mandate von 12 auf 107 und wurde die zweitstärkste Partei im Reichstag. Eine Zusammenarbeit mit dieser »revolutionären« Partei lehnte Bolz zunächst ab.[6] Seiner Meinung war diese Partei »lediglich« eine Übergangserscheinung, weshalb Bolz im Linksradikalismus – auf längere Sicht gesehen – eine größere Gefahr erblickte.[7] Sollte diese »Periode der Berauschtheit« wider Erwarten länger dauern, dann mußte eine nationalsozialistische Regierungsbeteiligung so lange verhindert werden, bis diese Bewegung »Vernunft« annahm.[8] Bolz' Sicht der Dinge entsprach der Haltung der allgemeinen Zentrumspolitik.[9] Allen providentiellen Vorschlägen, die bereits im Frühjahr 1931 eine nationalsozialistische Regierungsbeteiligung vorschlugen, erteilte Bolz eine klare Absage.[10] Erst nach der Juliwahl 1932 änderte Bolz seine politische Strategie. Angesichts der Wahlerfolge der NSDAP sprach er sich für deren Regierungsbeteiligung aus. Er proklamierte, in Anlehnung an Kaas,[11] eine Notgemeinschaft der Parteien und nahm im August 1932 an den »Koalitionsgesprächen« mit den Nationalsozialisten teil. Zu diesem Vorgehen motivierten Bolz v. a. zwei Gründe:[12] Zum einen Papens Verfassungsbruchpläne, d. h. Neuwahlen über den verfassungsmäßigen Zeitraum hinauszuschieben und mit Hilfe des Art. 48 eine Verfassungsreform durchzuführen; zum andern dessen Ziel, eine Regierungsbeteiligung des politischen Katholizismus zu verhindern. Die Gefahr einer kommunistischen Revolution bestand seiner Meinung nach zwar weiterhin, allerdings ging die unmittelbare Gefahr in die-

---

[6] Vgl. Kap. II 4.

[7] Vgl. ebd. – Vgl. ebs. BB vom 22. März 1932.

[8] Vgl. BB vom 20. Januar 1932. Dort meinte Bolz: »Die Aufgabe des Zentrums bestehe darin, eine nationalsozialistische Regierung so lange zu verhindern, bis die Nationalsozialisten Vernunft annehmen«.

[9] Vgl. Becker V 74 ff. – Vgl. Morsey II 291 ff.

[10] Vgl. Becker V 103 ff. – Vgl. Eschenburg 177 ff.

[11] Vgl. Becker V 93 ff. – Vgl. Becker VI 196. – Vgl. Morsey II 302.

[12] Vgl. Kap. II 4.4. u. Kap. III 3.

ser Krise des Staates eindeutig von Papen aus. Bolz hielt es für seine »Pflicht«, auf die Einhaltung verfassungsmäßiger Zustände zu insistieren. Nach Lage der Dinge war dies nicht ohne eine nationalsozialistische Regierungsbeteiligung möglich. Die NSDAP hielt er in dieser Phase grundsätzlich für verfassungsloyal, und alle Versuche, eine Politik gegen die bestehende Verfassung zu betreiben, lehnte Bolz kategorisch ab. Am Vorabend des 30. Januar erschien ihm ein demokratisch legitimierter Kanzler Hitler annehmbarer als ein autoritäres Regime Schleicher, das wesentliche Verfassungsbestimmungen zeitweilig außer Kraft gesetzt hätte. Andererseits lehnte Bolz den Nationalsozialismus – wie jeden Sozialismus – nach wie vor als Weltanschauung ab.[13] Dieses Verdikt implizierte allerdings keine generelle Absage an eine temporäre Zusammenarbeit mit der Partei. In einer solchen Kooperation durften jedoch keinerlei Grundsätze preisgegeben werden. Dieselbe Haltung konnte bei Bolz zu Beginn der Weimarer Republik gegenüber der SPD beobachtet werden.[14]

Es zeigt sich: Bolz' politische Haltung gegenüber den Nationalsozialisten entsprach ziemlich genau den Geboten der katholischen Staatslehre und Moral.[15] Solange die NSDAP als revolutionär galt, war eine Kooperation mit ihr nicht möglich. Ein vorbeugender Verfassungsbruch, wie ihn Papen und Schleicher gegen Hitler unternehmen wollten, war dem politischen Kalkül der katholischen Staatslehre und Moral entzogen. Ihrem Ethos folgend, war Bolz »verpflichtet«, auf einen Verfassungsbruch als ultima ratio zu verzichten. Diese sittlich begründete Verteidigung des verfassungsmäßigen status quo bezeichnete Bolz unmittelbar vor der nationalsozialistischen Machtergreifung als die eigentliche Aufgabe des Zentrums.[16] In dieser Phase seiner Politik gegenüber dem Nationalsozialismus bestimmten weltanschauliche Gesichtspunkte seine politische Haltung. So wurde 1932 das Verbot des Verfassungsbruchs zu einem mitentscheidenden Faktor in der Zentrumspolitik gegenüber Hitler.[17]

[13] Vgl. Kap. II 4.
[14] Vgl. Kap. II 1 u. 2.
[15] Vgl. Kap. IV 1.
[16] Gegen Eschenburg 176. Er ist der Meinung, daß es für Bolz im Juli 1932 keinen rein verfassungsmäßigen Ausweg mehr gab.
[17] Vgl. in diesem Zusammenhang der kritische Einwand von Becker II 10.

1.3. Unmittelbar nach der Machtergreifung im Januar 1933

1.3.1. Allgemeine politische Voraussetzungen

Das Wahlergebnis vom März 1933 ließ deutlich werden, daß die beiden katholischen Parteien, Zentrum und BVP, zu einer Mehrheitsregierung nicht mehr notwendig waren. In dieser Situation stattete Prälat Kaas ohne Parteiauftrag Vizekanzler Papen einen Besuch ab, um die generelle Bereitschaft des Zentrums zur loyalen Mitarbeit anzubieten und eine »Versöhnung« zwischen Papen und dem Zentrum herbeizuführen.[18]

Reichskanzler Hitler verfolgte zunächst zwei Ziele: Zum einen die Gleichschaltung der Länder, zum andern die Verabschiedung eines Ermächtigungsgesetzes. Das erste Ziel ging ohne größere Schwierigkeiten vonstatten. Im Verlauf dieser Ereignisse mußte auch Bolz am 11. bzw. 15. März sein Amt Wilhelm Murr übergeben.[19] Von entscheidender Bedeutung war Hitlers zweites Ziel; er strebte ein Gesetz an, das ihm alle Vollmachten über die Legislative geben sollte. Ging es Hitler am 31. Januar noch um eine einjährige Vertagung des Parlaments, so strebte er in der neuen Vorlage eine Ausschaltung der Abgeordneten auf vier Jahre an. Dieses Gesetz sollte die Reichsregierung nicht nur zum Erlaß von Verordnungen ermächtigen, sondern implizierte auch die Vollmacht, Gesetze mit verfassungsänderndem Inhalt zu beschließen; es beseitigte ferner das System der Gewaltenkontrolle und -teilung, zudem sollte der Reichstag auf seine Befugnisse verzichten, völkerrechtlichen Verträgen zuzustimmen, den Haushalt zu verabschieden und Kreditaufnahmen zu genehmigen.[20] Hierzu mußte die Verfassung geändert werden, was einer Zweidrittelmehrheit bedurfte. Dies war nur mit Hilfe der beiden katholischen Parteien, Zentrum und BVP, möglich. Sie besaßen zwar keine parlamentarischen Schlüsselpositionen mehr, stellten aber eine »beacht-

---

[18] Vgl. Becker VI 199. – Vgl. Morsey II 354 ff. – Vgl. Junker 171 ff.
[19] Vgl. Miller 438 ff. – Vgl. T. Schnabel, Die NSDAP in Württemberg 1928–1933. – Die Schwäche einer regionalen Parteiorganisation, 72 ff. (Schnabel I). – Vgl. Schönhagen 123 f.
[20] Vgl. Jasper 135 f.

liche Minderheit«[21] dar; sie waren zusammen mit der SPD in der Lage, die für eine Verfassungsänderung notwendige Zweidrittelmehrheit zu verhindern.

Die Zentrumsfraktion war gespalten, ob sie den Antrag der NSDAP unterstützen sollte oder nicht. Dabei standen sich die Ansichten von Prälat Kaas und Brüning respektive Bolz gegenüber:

1.3.2. Die Haltung von Prälat Kaas[22]

Kaas – wie ein Großteil der Zentrumspartei – sprach sich entschieden für eine Zustimmung des Zentrums zum Ermächtigungsgesetz aus. Diesen Weg interpretierte er als Ausfluß des Sammlungsgedankens[23] und verwies auf die Kontinuität in den Zielen der Zentrumspolitik. Seiner Meinung nach hatte sich die Verfassung von Weimar bereits überlebt. Die Revolution war bereits von anderen gemacht worden und für den Katholiken kam es nun darauf an, durch Mitarbeit das Gemeinwohl auf dem Boden der neuen Ordnung zu befestigen. Die Zustimmung zum Ermächtigungsgesetz sollte diese Bereitschaft zum Ausdruck bringen. Kaas interpretierte also das Gesetz nicht als ein verfassungsbeseitigendes, sondern als ein stabilisierendes Element, das half, Ordnung und Ruhe zu schaffen. Allerdings durfte dieses Gesetz die Interessen der Kirche und der katholischen Religion nicht verletzen. In Verhandlungen mit Hitler versuchte er daher neben politischen Konzessionen v. a. auch kulturpolitische Zusicherungen zu erreichen.[24] In seiner Argumentation verzichtete der Prälat auf wesentliche Bedingungen, die seither tragende Kriterien der Zentrumspolitik waren: Die Verfassungsmäßigkeit und die

---

[21] Böckenförde I 218.

[22] Vgl. Junker 171 ff. – Vgl. Morsey IV 115 ff.

[23] Vgl. Kap. V 2. – Vgl. H. Brüning, Memoiren 1918–1934, 252 ff.

[24] Vgl. Morsey II 360. – Vgl. Becker VI, Dokument Nr. 2, 209: »Am 22. März hatten wir Fraktionssitzung – immer wieder war Prälat Kaas beim Reichskanzler wegen der Fragen der religiösen Sicherungen, die wir unbedingt verlangen mußten. Wir hofften auf bindende Erklärungen, ohne welche die Annahme des Ermächtigungsgesetzes nicht einmal diskutabel war«, so eine anonyme Reichstagsabgeordnete des Zentrums.

Regierungsbeteiligung des Zentrums; er identifizierte sich dabei mit den nationalen Parolen dieser Tage: »Die gegenwärtige Stunde kann für uns nicht im Zeichen der Worte stehen. Ihr Gesetz ... ist das der raschen, bewahrenden, aufbauenden und rettenden Tat. Diese Tat kann nur geboren werden in der Sammlung ... Die Deutsche Zentrumspartei, die den großen Sammlungsgedanken seit langem ... mit Nachdruck und Überzeugung vertreten hat, setzt sich in dieser Stunde, wo alle kleinen und engen Erwägungen schweigen müssen, bewußt und aus nationalem Verantwortungsgefühl über alle parteipolitischen und sonstigen Bedenken hinweg«.[25] Allerdings insistierte Kaas auf die Einhaltung kulturpolitischer Garantien. Er berichtete in der Sitzung der Reichstagsfraktion laut Protokoll über die Zusicherungen Hitlers zu diesem Komplex: »Auf kulturpolitische Dinge werde das Ermächtigungsgesetz nicht angewendet. Die bestehenden Rechte der christlichen Konfession werden gewahrt, damit die Errungenschaften gesichert bleiben. Kirche, Konkordat und Schule würden durch (das) Ermächtigungsgesetz nicht berührt«.[26] Diese Zusagen wiederholte Hitler in seiner Regierungserklärung am 23. März.[27]

1.3.3. Die politische Haltung von Bolz[28]

Bolz erkannte die prinzipielle Bedeutung des Ermächtigungsgesetzes. In einem Brief an seine Frau zwei Tage vor der Verabschiedung dieses Gesetzes schrieb er: »Ich habe den Morgen mit einem Spaziergang verbracht (zusammen mit Brüning, wie Bolz später erzählte). – Nun beginnt der Ernst der Entscheidungen über das Ermächtigungsgesetz. Der Inhalt übertrifft alle Erwartungen. Das Zentrum kommt

---

[25] Verhandlungen des Reichstags, Bd. 457, 37. – Vgl. Junker 177. – Vgl. Morsey II 366.

[26] E. Matthias, Die Sitzung der Reichstagsfraktion des Zentrums am 23. März 1933. Dokumentation, 306.

[27] Vgl. Morsey II Dokument Nr. 12, 429 f. Die wichtigsten Sätze lauteten: »Die nationale Regierung wird in Schule und Erziehung den christlichen Konfessionen den ihnen zukommenden Einfluß einräumen und sicherstellen«. Vgl. dazu die Forderung des Zentrums zum Verhältnis Kirche-Staat, ebd. 430.

[28] Vgl. Miller 443 ff.

mit seiner Stellungnahme in die schwierigste Situation seit der Annahme des Versailler Vertrags. Ich mag über unsere Lage nicht mehr schreiben. Darüber kann man nur reden. Was wir auch tun, ist verhängnisvoll. In mir schafft es fürchterlich«.[29] Einen Tag später formulierte er in einem weiteren Brief an seine Frau: »Hier ringen wir, jeder für sich, mit der Stellungnahme zu dem unerhörten Ermächtigungsgesetz. Das Für und Wider kann ich nicht schreiben. Die Zwangslage wird uns wohl zu einer Zustimmung bringen. – Auch diese Schreckenszeit wird vorübergehen«.[30] Bolz entschied sich in einer geheim durchgeführten Probeabstimmung – u. a. auch Brüning – gegen das Ermächtigungsgesetz,[31] mußte sich aber schließlich dem Fraktionszwang beugen und dem Gesetz am 23. März zustimmen.[32]

Der Inhalt der Briefe macht deutlich, daß Bolz das Ermächtigungsgesetz als revolutionär betrachtete. Dieses ging seiner Meinung nach weit über die bisherige Praxis von Notverordnungsgesetzen hinaus. Für ihn hatte aber, im Gegensatz zu Kaas, die Weimarer Verfassung weiterhin Bestand und er betrachtete diese durch die revolutionäre Entwicklung als noch nicht beseitigt.[33] Gerade das Zentrum mußte als Verfassungspartei an ihr festhalten. Da dieses Gesetz die »materiellen Grundentscheidungen der Weimarer Verfassung aufhob«, hätte für Bolz dessen Billigung »eine legale Zustimmung zu einer materiellen Revolution«[34] bedeutet. Für ihn hatte aber das Geltung, was er auf dem Diözesanjubiläum 1928 sagte: »Ein guter Katholik muß ein guter Bürger sein. Er muß den Gesetzen des Staates Gehorsam leisten. Er kann keinen revolutionären Geist haben. Er arbeitet mit am Aufbau des Staates ... Nur eine Schranke gibt es, der Verstoß des staat-

---

[29] Miller 450.
[30] Ebd.
[31] Vgl. Morsey II 364 Anm. 66. Bolz an seine Frau am 21. März: »Beruhigend wirkt auf mich die einheitliche Stimmung im Vorstand. Die Gruppe (der Opponenten) wird ja klein sein – aber auserlesen«; diese Äußerung von Bolz fehlt bei Miller. – Vgl. Brüning 658 ff.
[32] Vgl. Morsey II 364 f. – Vgl. Jasper 135 f.
[33] Vgl. die Haltung von Brüning. Auch er empfand das Ermächtigungsgesetz als das »Ungeheuerlichste, ... was je von einem Parlament gefordert wurde«, in: Matthias 306 f.
[34] Junker 188 f.

lichen Gesetzes gegen Gottes Gesetz«.[35] Bolz lehnte das Ermächtigungsgesetz ab, weil es revolutionär war und daher gegen »Gottes
Gesetz« verstieß. Seiner Meinung nach mußte daher alles aufgeboten
werden, um die staatliche Entwicklung daran zu hindern, das »Flußbett« des Legalen zu verlassen.[36] Wenn Bolz sich dann doch dem
Beschluß der Fraktionsmehrheit fügte und dem Ermächtigungsgesetz
zustimmte, dann »aus einer übergroßen Loyalität gegenüber Partei
und Fraktion«.[37] Ein weiteres Motiv für Bolz' ablehnende Haltung
gegenüber dem Ermächtigungsgesetz dürften die politischen Aktivitäten des Reichsvizekanzlers Papen gewesen sein. Am 17. März 1933
weilte Papen in Breslau. Er sprach dort in einer Wahlrede über »Die
Aufgabe des Staatsmannes«.[38] In seiner Rede entwickelte der Vizekanzler konservativ-katholische Gedanken, die tief im 19. Jahrhundert wurzelten. Darin erteilte er der Demokratie eine klare Absage.
Eine Rettung versprach er sich allein von einer autoritären, ständisch
gegliederten Staatsordnung: »Unser Parlamentarismus bewies, daß
die Hoffnung Bismarcks, das deutsche Volk werde schon reiten können, wenn man es nur in den Sattel setze, trügerisch war ... Die
eigentliche Pest Europas, deren Hauptherd Deutschland war, bildete
die Gleichheitsidee ... Mit jenem Doktrinalismus ... gingen die Weimarer Parteien nach dem Wegfall der Dynastien daran, die Freiheits-

---

[35] NLB Diözesanjubiläum am 1. Juli 1928 in Stuttgart. DV 80, 1928, Nr. 149
(2. Juli 1928), 238. – Vgl. NLB KV in Neuhausen am 17. Febr. 1924. DV
76, 1924, Nr. 42 (18. Febr. 1924), 137: »Die Frage der Revolution wird
bei den Sozialisten in einem bejahenden Sinn gelöst. Sie ist eine Revo-
lutionspartei. Wir haben heute aber auch auf der rechten Seite revolutionäre Bestrebungen. Was Ludendorff und Hitler in München versucht haben, ist genauso Revolution, wie die Revolution von 1918. Hier zeigt sich
der Wesensunterschied vom katholischen Denken. Ein überzeugter Katholik kann kein Revolutionär sein ... Wir vom Zentrum stehen auf dem
Boden dieses katholischen Grundsatzes. Wir verwerfen in unserer Partei
schlechthin jede revolutionäre Bestrebung«. – Vgl. NLB Ansprache von
Bolz auf der 64. GV der Katholiken Deutschlands in Stuttgart am 23. Aug.
1925.
[36] So auch Brüning 652 ff. – Vgl. Miller 448.
[37] Böckenförde I 218.
[38] F. v. Papen, Appell an das deutsche Gewissen. Reden zur nationalen Revolution, 95 ff.

und Gleichheitsidee hemmungslos zu verwirklichen. Die Freiheit wurde zu einer Zuchtlosigkeit, die an der Volksgesundheit frevelte, aus der Gleichheitsidee entstand jene Parteiherrschaft, die dann zur deutschen Staatskrise führte«. Papens Ansicht nach mußte »das Endziel einer Neuordnung die Ausschaltung der Straße und die Korrektur der verhängnisvollen Überdemokratisierung sein«. Auch von der katholischen Kirche verlangte er eine Preisgabe des Zentrums und der BVP: »Wir haben Einrichtungen, ... die sich entpolitisieren und ständisch gliedern lassen. Wir haben konservative Grundlagen in der katholischen Welt, eine Kraftquelle ohnegleichen, die eine wertvolle Basis für das kommende Reich bilden, sobald der Katholizismus in seinen politischen Formationen entliberalisiert ist«. Ziel einer deutschen Revolution sollte es sein, »daß die Herrschaft organisch aus der sozialen Struktur des deutschen Volkes als geistiges Prinzip herauswächst. Das Endziel – ich betone, das ausgesprochen konservative Endziel der deutschen Revolution ist die Entpolitisierung des deutschen Volkes im Sinne der inneren Politik«. Papens Meinung nach spielten »diese konservativen Gedankengänge auch in nationalsozialistischen Kreisen eine entscheidende Rolle«.[39] Gab nicht mit dieser Rede ein führendes Kabinettsmitglied sechs Tage vor der Verabschiedung des Ermächtigungsgesetz zu erkennen, daß dieses Gesetz mehr war als der Versuch, einer Reichsregierung zeitlich befristete Vollmachten zu erteilen? War es nicht vielmehr der Versuch, die Parteien völlig auszuschalten, um zu einem konservativen Staatsaufbau zu gelangen?[40] Gibt es also einen Zusammenhang zwischen Bolz' ablehnender Haltung zum Ermächtigungsgesetzes und der Etablierung eines autoritären Staates? Einiges deutet darauf hin, stand Bolz

[39] Ebd. – Vgl. Brüning 654 ff.
[40] Vgl. auch Papens Rede auf dem Münchner Gesellentag vom 8. bis 11 Juni 1933: »Als ich im Oktober hier in München von der Idee des *sacrum imperium* gesprochen habe, hat man mich mitleidigen Lächelns als einen Romantiker bezeichnet. Wir deutsche Katholiken wissen am besten, daß Kulturkampf und parlamentarisches, koalitionsmäßiges Denken nur kurze Episoden unserer tausendjährigen Geschichte sind, daß aber der Gedanke um die Aufgabe des Reiches eine tausendjährige Gestaltungskraft in uns gewonnen hat«, F. v. Papen, Rede auf dem Münchner Gesellentag 1933, 54.

doch unmittelbar vor und nach der nationalsozialistischen Machtergreifung in einer ständigen Opposition zu Papen und sah in ihm eine
größere Gefahr als in Hitler. Unaufhaltsam warnte Bolz vor Papens
reaktionären Staatsvorstellungen, v. a. vor dessen Ziel, den politischen Katholizismus zu beseitigen.[41] Die Zustimmung zum Ermächtigungsgesetz bedeutete für Bolz daher zunächst einmal, daß der
deutsche Katholizismus die nächsten Jahre jeden politischen Einfluß
im Staat verlieren mußte und Zentrum und BVP ohnmächtig und
funktionslos wurden.[42] Aber gerade gegen dieses Vorhaben kämpfte
Bolz seit 1932 permanent an. Damit der deutsche Katholizismus nicht
jeden Einfluß im Staat verlor, wollte er zusammen mit Hitler gegen
Papen aktiv in einer Mehrheitsregierung zusammenarbeiten. In dem
Augenblick, da Hitler zusammen mit Papen begann, die politischen
Parteien auszuschalten, mußte Bolz, wie zuvor gegenüber Papen,
zum Verteitiger des politischen Katholizismus werden und gegen das
geplante Ermächtigungsgesetz stimmen.

Im Frühjahr 1933 erkannte Bolz noch nicht den typisch natio-
nalsozialistisch-totalitären Staat. Daher bejahte er Hitlers »konserva-
tiv-nationales« Denken, lehnte allerdings jegliche »national-revolutio-
nären« Implikationen kategorisch ab. Kaas begründete seine positve
Haltung zum Ermächtigungsgesetz »aus einem nationalen Verantwortungsgefühl« heraus, wobei »alle parteipolitischen und sonstigen
Bedenken«,[43] d. h. Verfassungsmäßigkeit und eine Regierungsbeteiligung des Zentrums, von sekundärer Bedeutung waren. Rückblik-
kend rechtfertigte er nochmals die Märzentscheidung des Zentrums
am 5. April:[44] Er sprach von einer »Durchbruchsschlacht deutscher
Vernunft« und meinte: »Die Zentrumspartei (hat) ohne jeden Egois-
mus, unter Hintansetzung jeden Ressentiments, unter bewußtem Ver-

[41] Kap. II 4.2. bis 4.6.
[42] Dies erkannte Brüning, der in seinen Memoiren schrieb: »In der nächsten
Fraktionssitzung erklärte ich den Herren, nunmehr habe die Partei faktisch
aufgehört zu existieren«, Brüning 661.
[43] Verhandlungen des Reichstags, Bd. 457, 37.
[44] Daß es sich bei dem Autor des Artikels vom 5. April um Kaas handelte, ist
mittlerweile unumstritten in der Forschung, vgl. J. Becker, Zentrum und
Ermächtigungsgesetz 1933; Dokument Nr. 1 (Artikel in der Kölner Volkszeitung vom 5. Apr. 1933: Der Weg des Zentrums), 197 ff.

gessen mancher Kämpfe und Gegensätzlichkeiten, ... ein Opfer gebracht, wie es in ihrer Geschichte wohl selten zu verzeichnen ist ...
Nichts wäre weniger verantwortlich gewesen, als wenn eine politische Gruppe von der Vergangenheit, von dem staatspolitischen und
religiösen Ethos der deutschen Zentrumspartei aus begreiflicher
Skepsis gegenüber gewissen äußeren Formen, in denen die neue Um-
wälzung sich vollzog, sich in passive Abstinenz geflüchtet hätte. Eine
solche Haltung würde weder ihrem eigenen inneren Gesetz noch dem
staatspolitischen Imperativ der Stunde entsprochen haben. Insofern
glauben wir annehmen zu können, daß trotz vieler und begreiflicher
Einzelbedenken die überwiegende Mehrheit der Zentrumsanhänger ...
den Beschluß vom 23. März innerlich verstanden und gebilligt hat«.[45]
Bolz dagegen ging es am 23. März nicht um die Frage, ob und in
welchem Umfang man angesichts der nationalen Not der Regierung
Hitler autoritäre Vollmachten übertragen konnte. Zu einem solchen
»nationalen Opfer« war er nicht bereit. »Parteipolitische und sonstige
Bedenken«, wie es Kaas meinte, konnte er nicht einfach unberücksichtigt lassen. Eine legale Außerkraftsetzung der Weimarer Verfassung und die damit verbundene Sanktionierung einer Entmachtung
der Parteien galt es für ihn unter allen Umständen zu verhindern. Der
Erhalt des politischen Katholizismus war in dieser Phase der Politik
eine politische Notwendigkeit. In der Etablierung der Alleinherrschaft einer Partei sah er die entscheidende Wende hin zum totalitären Staat.

1.3.4. Die politische Haltung von Bolz nach dem 23. März 1933

In einer Fraktionssitzung einen Tag nach der Verabschiedung des
Ermächtigungsgesetzes am 24. März 1933 forderte Bolz von seiner
Partei »eine Erklärung in der Presse enthaltend unsere Haltung, den
Übergang zum neuen Staat herausstellend. Die Wähler wollen Klar-
heit über unsere Einstellung zur veränderten Lage«.[46] Damit wird

---

[45] Becker VI, Dokument Nr. 1, 202 ff.
[46] Protokoll der Reichstagsfraktion und des Fraktionsvorstandes der Deutschen Zentrumspartei vom 24. März 1933, 9. 30 Uhr. – Vgl. auch die
Haltung von Bolz' Parteikollegen, dem Vorsitzenden des württembergischen Zentrums Joseph Beyerle: Dieser meinte am 9. April 1933, es sei

deutlich: »Der Übergang zum neuen Staat« begann für Bolz erst am 23. März 1933 und nicht, wie für Kaas, mit Hitlers Machtergreifung am 30. Januar 1933. Das Ermächtigungsgesetz war in seinen Augen ein verfassungsbeseitigendes und kein die revolutionäre Lage beruhigendes Gesetz und daher revolutionär. Für Bolz hatte sich die Verfassung durch Hitlers Machtergreifung nicht überlebt. Sie stellte nach wie vor einen verpflichtenden Wert dar für den er bereit war, sich zu engagieren. Hitlers Kanzlerschaft war Ausdruck der Kontinuität des bisherigen Sammlungsgedanken. Sie bildete nicht den Anfang eines neuen, totalitären Staates, sondern die letzte Rettung des Parteienstaates. Erst die legale Außerkraftsetzung der Weimarer Verfassung durch das Ermächtigungsgesetz war in seinen Augen der Beginn einer neuen Epoche.

1.3.5. Die Ambivalenz der katholischen Staatslehre und Moral

Beide Richtungen, sowohl die Majorität, deren Exponent Prälat Kaas war, als auch die Minorität um Brüning respektive Bolz, legitimierten ihre Haltungen beim Ermächtigungsgesetz aus der katholischen Staatslehre und Moral. Verhielt man sich, wie Kaas, gegenüber der Weimarer Verfassung opportun und betrachtete sie als durch die revolutionäre Entwicklung beseitigt, dann konnte man in dem Ermächtigungsgesetz ein stabilisierendes Element sehen, das half, Ruhe und Ordnung zu schaffen. In einem solchen Fall sah die katholische Staatslehre – unter der einen Voraussetzung, daß kulturpolitische Garantien gegeben wurden – die Stabilisierung der Ordnung vor. Diese Haltung entsprach den passiven Geboten der Staatslehre. Konträr dazu war der aktive Standpunkt von Bolz. Er glaubte, daß das Ermächtigungsgesetz eine noch bestehende Verfassung beseitigte. Daher mußte alles getan werden, damit die staatliche Entwicklung das »Flußbett« des Legalen nicht verließ. In diesem konkreten Fall bedeutete dies eine ablehnende Haltung gegenüber dem Ermächtigungsgesetz.

gegen das »wahre Wohl des Volkes«, der Regierung Hitler entgegenzuwirken und Schwierigkeiten zu machen, vgl. Morsey II 374.

192

In den politischen Standpunkten von Kaas und Bolz gab es einen bedeutenden Unterschied: Kaas reduzierte in seiner Argumentation das Politische gänzlich auf das Weltanschauliche; er sah nur das, was am Politischen weltanschaulich war.[47] Bolz jedoch argumentierte vom »Ganzen« her und auf das »Ganze« hin, d. h. er besaß in seiner Argumentation eine »politische« Weite. Den Kernbestand des Gemeinwohls machten bei ihm nicht nur die kirchlich-kulturellen ›bona particularia‹ aus; er setzte nicht die ›bona particularia‹ mit der Substanz des bonum commune gleich, was eine untergeordnete Bedeutung aller übrigen Güter des bonum commune oder – wie bei Kaas – deren Aufgabe bedeutet hätte. Bolz hatte in seiner Haltung das »Ganze« der politischen Ordnung im Visier, d. h. Verfassung, Recht und Freiheit. Das »Phänomen des Ermächtigungsgesetzes«[48] ließ Bolz die Ambivalenz der katholischen Staatslehre bei politischen Entscheidungen deutlich sichtbar werden. Treffend konstatierte er daher: »Das Für und Wider kann ich nicht schreiben. Die Zwangslage wird uns wohl zu einer Zustimmung bringen«.[49]

Man kann bei der Verabschiedung des Ermächtigungsgesetzes im politischen Denken und Handeln von Bolz die eigentliche Peripetie festmachen. Hier liegt eine entscheidende Wurzel für sein späteres »politisches Damaskus«.

---

[47] Über die unmittelbare Beziehung dieser Güter zum Naturrecht vgl.: – Böckenförde I 232 ff. – Böckenförde II 240 ff. – Ders., Die naturrechtliche Kriegslehre und der Auftrag des kirchlichen Amtes, 13 ff. – Ders., Kirchliches Naturrecht und politisches Handeln, 161 ff. – W. Kerber, Geleitwort zu N. Monzel, Die katholische Kirche in der Sozialgeschichte, 11 ff. – A. Rauscher, Die moderne katholische Soziallehre. Entwicklungstendenzen, Problemfelder, Herausforderungen, 11 ff. – W. Korff, Zur naturrechtlichen Grundlegung der katholischen Soziallehre, 31 ff. – W. Korff, Wie kann der Mensch glücken? Perspektiven der Ethik, 33 ff. – M. Seckler, Im Spannungsfeld von Wissenschaft und Kirche. Theologie als schöpferische Auslegung der Wirklichkeit, 62 ff.; 163 ff. – M. J. Schuck, Die ideologische Verwendung der katholischen Soziallehre, 380 ff.
[48] Junker 189.
[49] Vgl. Anm. 29.

2. Bolz' Politik gegenüber der katholischen Kirche

2.1. Die kritische Distanz zur Katholischen Aktion

Bolz' kritische Distanz zur Ideologie der Katholischen Aktion wurde in seinen Reden seit der Wahl von Kaas zum Zentrumsvorsitzenden im Dezember 1928 deutlich. In ihr sah er eine potentielle Gefahr für den kirchenpolitischen Alleinvertretungsanspruch des deutschen Katholizismus. Einer Entpolitisierung des Katholizismus erteilte er eine klare Absage. Diese Haltung implizierte auch eine kritische Distanz zu Papens Vorhaben, auf der Basis der Sozialenzyklika Quadragesimo anno den Parteienstaat zu zerschlagen. Die Etablierung einer elitären, ständisch gegliederten Staatsführung war für Bolz im demokratischen Zeitalter eine Illusion. Die Katholische Aktion bejahte er nur insofern, als sie die Ziele des politischen Katholizismus nicht behinderte, sondern unterstütze. Sie durfte nur mit dem politischen Katholizismus arbeiten, niemals gegen ihn. Beide arbeiteten zum Wohl der katholischen Sache im Staat. Korrelat und unabdingbare Voraussetzung der Wirksamkeit der Katholischen Aktion war, wie Prälat Kaas dies auf der Diözesansynode des Bistums Trier 1920 voraussagte, eine »Generalauseinandersetzung mit dem modernen religiös-neutralen Staate«,[50] mit dem Ziel, konkordatärer Vertragsabschlüsse. Völkerrechtliche Garantien sollten nun die Sicherung kirchlicher Rechte durch konfessionell fundierte Parteien ablösen. In diesem Vorhaben entdeckte Bolz eine potentielle Gefahr für die politische Basis des Katholizismus. Einem Konkordat für Württemberg stand Bolz in seiner Politik ablehnend gegenüber. Auch ein potentielles Reichskonkordat bejahte er nur, wenn dadurch die Rechte der Parteien nicht tangiert wurden. Mit Papens Ernennung zum Reichskanzler erlosch auch bei Bolz das Interesse an einem Reichskonkordat.

---

[50] Zitiert nach Bierbaum 5.

194

2.2. »Geschlossenheit des Katholizismus« am Vorabend des Krisenjahres 1933?

Am 19. März 1931 reflektierten die drei Bischöfe der oberrheinischen Kirchenprovinz in einem Hirtenbrief ihre Stellung zu den Nationalsozialisten: »Wir Bischöfe (müssen) als die Hirten und Verkündiger der katholischen Glaubens- und Sittenlehre vor dem Nationalsozialismus warnen, weil und solange er Anschauungen verfolgt und verbreitet, die mit der katholischen Lehre unvereinbar sind. Es kann deshalb dem Katholiken nicht erlaubt sein, diese Anschauungen als wahr anzunehmen und sie in Wort und Tat zu bekennen. Eben diese Stellung haben wir bereits eingenommen und nehmen wir ein gegen die religiösen und sittlichen Irrlehren des Liberalismus, des Sozialismus und nicht zuletzt des Kommunismus«.[51] Das war die erste offizielle Stellungnahme der deutschen Bischöfe gegenüber den Nationalsozialisten im süddeutschen Raum.[52] Hinter diese Erklärung stellten sich der Bischof von Rottenburg, Sproll, und das Bischöfliche Ordinariat. Eine einheitliche Stellungnahme zum Nationalsozialismus, wie sie Kardinal Bertram noch am 2. Dezember 1930 vorgeschlagen hatte, kam nicht zustande.[53] In der Stellungnahme der drei Bischöfe der oberrheinischen Kirchenprovinz wurde die Aufgabe des bischöflichen Amtes auf die Funktion des Wachens, und zwar in einem spezifisch religiös-seelsorgerlichen Sinn, reduziert.[54] Der oben zitierte Kernsatz des Hirtenbriefes kehrte stereotyp in den Antwortschreiben des Bischöflichen Ordinariats gegenüber Anfragen von

---

[51] Kundgebung der Bischöfe der oberrheinischen Kirchenprovinz. Freiburg i. Br. , 19. März 1931, in: Akten deutscher Bischöfe Bd. 1, 824–828; 827.

[52] Vgl. J. Köhler, Zwischen Kultur- und Kirchenkampf. Neue Aspekte zur Geschichte der Diözese Rottenburg in den Jahren 1930 bis 1934, 125 ff. (Köhler VI). – Vgl. J. Köhler, Die katholische Kirche in Baden und Württemberg in der Endphase der Weimarer Republik und zu Beginn des Dritten Reiches, 257 ff. (Köhler III). – Vgl. R. Morsey, Die katholische Volksminderheit und der Aufstieg des Nationalsozialismus 1930–1933, 9 ff. – Vgl. Doetsch 34 ff.

[53] Vgl. die Entwürfe und Kundgebungen der einzelnen Kirchenprovinzen, in: Akten deutsche Bischöfe, Bd. 1, 787–832.

[54] Vgl. Knoll 15–40.

Katholiken, die der NSDAP nahe standen, wieder und bildete das einzige Argument, das das Ordinariat katholischen Nationalsozialisten entgegenhielt.[55] Man stand also von Seiten der katholischen Kirche dieser neuen politischen Bewegung ablehnend gegenüber. Der Akzent der bischöflichen Verlautbarungen lag dabei nicht auf dem Politischen, sondern auf dem Weltanschaulichen. Von diesem Standpunkt aus warnten die Bischöfe zugleich vor den falschen Lehren des Liberalismus, Sozialismus und Kommunismus. Diese ablehnende Haltung der katholischen Kirche gegenüber dem Nationalsozialismus in der Zeit vor der Machtergreifung bildete ein Charakteristikum.[56] Im Gegensatz zu Bolz, thematisierten die Bischöfe in ihren Verlautbarungen vor der nationalsozialistischen Machtergreifung allerdings nicht die Gefahr, die dem Staat von den reaktionären Staatsvorstellungen Papens drohte. Alle kirchlichen Erklärungen dieser Zeit warnten »nur« vor der Gefahr des Nationalsozialismus, den sie, wie den Sozialismus respektive Liberalismus, grundsätzlich ablehnten.

Das württembergische Zentrum berief sich in den fünf Wahlen des Jahres 1932 in einer großen Zahl von Flugblättern auf die Stellungnahme der drei Bischöfe vom März 1931.[57] Sie bildete ein entscheidendes Propagandainstrument für die Partei im Kampf gegen den Nationalsozialismus. Zugleich propagierte Bolz allerdings zusammen mit Prälat Kaas im Juli 1932 den Sammelruf zur Bildung einer »Notgemeinschaft der Parteien«, der auch die Nationalsozialisten angehören sollten.[58] Konsequenterweise nahm Bolz im August 1932 an den sog. »Koalitionsverhandlungen« mit den Nationalsozialisten teil und stellte dabei sogar Übereinstimmungen zwischen seiner »katholisch« geprägten Zentrumspolitik und der Politik der Nationalsozialisten fest.[59] Am Vorabend des 30. Januar erschien ihm ein demokratisch legitimierter Kanzler Hitler annehmbarer als ein autoritäres Regime Papen respektive Schleicher, das wesentliche Verfassungsbestimmungen zeitweise außer Kraft gesetzt hätte, um den Staat so über die Krise zu retten.

[55] Köhler VI 126 ff.
[56] Köhler III 273 ff. – Doetsch 55.
[57] Vgl. T. Schnabel, Das Wahlverhalten der Katholiken in Württemberg 1928–1933, 107 (Schnabel II).
[58] Vgl. Kap. II 4.
[59] Vgl. Miller 425. – Vgl. Köhler IV 14 f.

196

Damit wird deutlich: Der deutsche Katholizismus trat der nationalsozialistischen Bewegung am Vorabend des Krisenjahres 1933 heterogen gegenüber. Auf kirchlicher Seite bekämpfte man zwar bis zuletzt die Bewegung aus ideologisch-weltanschaulichen Gründen, doch fehlte diesen Verlautbarungen jeglicher endgültige Charakter. Das Zentrum »bekämpfte« die Bewegung politisch, indem man sie in einer Art Erziehungsquarantäne »zähmen« und »parlamentarisieren« wollte. Diese Spannungen innerhalb des politischen Katholizismus machen deutlich, daß es am Vorabend der Machtergreifung kein »einheitliches, politisches Wollen«[60] gab. Die Interessen von katholischer Kirche und politischem Katholizismus waren nicht identisch.

2.2.1. Unterschiedliche Ebenen der Argumentation

In seiner Politik ging es Bolz um die staatlichen Grundlagen, um Verfassung, Recht und Freiheit. Von dieser »grundsätzlichen« Ebene aus beurteilte er den Nationalsozialismus. Diese Grundsätze konnten 1932 nach Lage der Dinge nicht ohne Hitler eingelöst werden. So wurde 1932 das »grundsätzliche« Verbot des Verfassungsbruchs zu einem mitentscheidenden Faktor in der Zentrumspolitik gegenüber Hitler. Den Bischöfen dagegen ging es in ihren Stellungnahmen um ein spezifisch »pastorales Interesse«, d. h. um die Seelsorge. Von diesem »geistig-klerikal« geprägten Freiheitsbegriff aus bekämpften sie den Nationalsozialismus und verurteilten zugleich den Liberalismus, Kommunismus und Sozialismus. Der »politisch« geprägte Freiheitsbegriff von Bolz stand dem »geistig-klerikal« geprägten der Bischöfe entgegen. Beide argumentierten von grundsätzlich unterschiedlichen Standpunkten aus. Damit war kein einheitliches Vorgehen gegen den Nationalsozialismus möglich.

Auch gegenüber Papens Politik gab es zwischen Kirche und Zentrum kein einheitliches Vorgehen. Die Bischöfe warnten vor der nationalsozialistischen Machtergreifung in ihren Verlautbarungen, nicht vor den reaktionären Staatsvorstellungen Papens. Gründe für diese Haltung zu finden, ist schwierig, so daß man auf Hypothesen angewiesen bleibt: Die katholische Lehre bezüglich des Ständegedankens

[60] Böckenförde I 216.

war seit dem Mai 1931 deutlich fixiert: In der Enzyklika Quadragesimo anno propagierte Papst Pius XI. die Bildung von autonomen berufsständischen Körperschaften und deren organisches Zusammenwirken für das Gemeinwohl. Ideologische Grundlage für Papens autoritär-ständestaatlichen Vorstellungen bildete Quadragesimo anno. Vielleicht sollte man darin einen Grund sehen, weshalb die Bischöfe »nur« vor den Gefahren des Nationalsozialismus und Sozialismus respektive Liberalismus warnten und Papens reaktionäre Ziele schweigend tolerierten.

2.3. Bolz' Haltung gegenüber der katholischen Kirche nach der Machtergreifung

2.3.1. Die Haltung der katholischen Kirche nach dem 5. März 1933

Nach der Reichstagswahl vom 5. März 1933 und der in Bezug auf die Kirche beruhigenden Erklärung Hitlers am 23. März 1933[61] revidierte die katholische Kirche ihr Verhältnis zum Nationalsozialismus. Zunehmend setzte sich im Episkopat die Meinung durch, die allgemein eine Mitarbeit am neuen Staat empfahl. Exponent dieser episkopalen Meinung war zunächst der Trierer Prälat Kaas, der seine Meinung aus der katholischen Staatslehre legitimierte: Die Revolution sei von anderen gemacht worden und die Verfassung von Weimar habe sich überlebt; der Katholik sei daher aus seinem Ethos heraus verpflichtet, durch Mitarbeit das Gemeinwohl und die neue Ordnung zu stabilisieren. Die Billigung des Ermächtigungsgesetzes war dazu ein erster notwendiger Schritt. Mit seiner Haltung stand Kaas nicht allein im deutschen Katholizismus. Von grundsätzlicher Bedeutung wurde die Erklärung der Fuldaer Bischofskonferenz, die bereits fünf Tage nach der Ratifizierung des Ermächtigungsgesetzes am 28. März 1933 verabschiedet wurde. In ihr wurden von Seiten des Episkopats die jahrelangen »allgemeinen Warnungen und Verbote«, d. h. die pastoralen Gründe, gegenüber einer Mitarbeit in der NSDAP zurückgenommen und die Katholiken »zur Treue gegenüber der

---

[61] Vgl. Morsey II Dokument Nr. 12 429 f.

rechtmäßigen Obrigkeit ... unter grundsätzlicher Ablehnung allen rechtswidrigen oder umstürzlerischen Verhaltens« ermahnt.[62] Daß Papen am selben Tag den Vorsitzenden der Fuldaer Bischofskonferenz, Kardinal Bertram, besuchte und Kardinal Faulhaber sich im Vatikan aufhielt, gab den politischen Spekulationen breiten Raum.[63] Nach Meinung Böckenfördes war damit »die durch die Annahme des Ermächtigungsgesetzes geschaffene Lage auch ›geistlich‹ legitimiert«.[64] Ein am 3. Juni 1933 veröffentlichter Pfingst-Hirtenbrief des deutschen Episkopats besaß ebenfalls eine grundsätzliche Bedeutung für die katholischen Gläubigen.[65] Wie die Fuldaer Kundgebung lag auch bei ihr die Essenz in der Anerkennung der bestehenden Obrigkeit. Die entscheidende Stelle im Hirtenbrief lautete: »Neben der gesteigerten Liebe zum Vaterland und Volk kennzeichnet sich unsere Zeit durch eine überraschend starke Betonung der Autorität und durch die unnachgiebige Forderung der organischen Eingliederung der Einzelnen und der Körperschaften in das Ganze des Staates. Sie geht damit vom naturrechtlichen Standpunkt aus, daß kein Gemeinwesen ohne Obrigkeit gedeiht, und nur die willige Einfügung in das Volk und die gehorsame Unterordnung unter die rechtmäßige Volksleitung die Wiedererstarkung der Volkskraft und Volksgröße gewährleisten. Wenn der Einzelne das Ganze aus den Augen verliert oder gar in sich selbst den Maßstab der Beurteilung des Ganzen erblickt, kann wohl ein Nebeneinander von selbstsüchtigen Menschen bestehen, aber keine eigentliche Volksfamilie und Volkswohlfahrt erwachen. Nur wenn der Einzelne sich als ein Glied eines Organismus betrachtet und das Allgemeinwohl über das Einzelwohl stellt, wird sein Leben wieder ein demütiges Gehorchen und freudiges Dienen, wie es der christliche Glaube verlangt. Gerade in unserer heiligen, katholischen Kirche kommen Wort und Sinn der Autorität ganz besonders zur Geltung und haben zu jener lückenlosen Geschlossenheit und sieghaften Wi-

---

[62] Vgl. Kundgebung der deutschen Bischöfe vom 28. März 1933, in: Akten deutscher Bischöfe, Bd. 1, 30–32. – Vgl. Böckenförde I 220 ff. – Vgl. Junker 215 ff. – Vgl. Köhler III 277 ff. – Vgl. L. Volk, Der deutsche Episkopat und das Dritte Reich, 51 ff.
[63] Vgl. Morsey II 357.
[64] Böckenförde I 220.
[65] Jasper 208.

derstandskraft geführt, die selbst unsere Gegner bewundern. Es fällt deswegen uns Katholiken auch keineswegs schwer, die neue, starke Betonung der Autorität im deutschen Staatswesen zu würdigen und uns mit jener Bereitschaft ihr zu unterwerfen, die sich nicht nur als eine natürliche Tugend, sondern wiederum als eine übernatürliche kennzeichnet, weil wir in jeder menschlichen Obrigkeit einen Abglanz der göttlichen Herrschaft und eine Teilnahme an der ewigen Autorität Gottes erblicken (Röm. 13, 1 ff.)«.[66] Dieser Hirtenbrief liest sich geradezu wie ein zeitgenössischer Kommentar zu Kaas' Rechtfertigung, am 23. März für das Ermächtigungsgesetz zu stimmen:[67] Sein »Sammlungsruf« korrespondierte mit dem Wunsch der Bischöfe nach »Geschlossenheit«, sein nationaler Appell mit ihrer Forderung zur Treue gegenüber der »rechtmäßigen Obrigkeit«. Zur ideologischen Begründung einer Zusammenarbeit mit den Nationalsozialisten wurde auch die Enzyklika Quadragesimo anno rezipiert. Im Anschluß an den Hirtenbrief vom 3. Juni gab das Bischöfliche Ordinariat in Berlin die Weisung aus, »den Gedanken der berufsständischen Gesellschafts- und Wirtschaftsform entsprechend den Weisungen der Enzyklika Quadragesimo anno in Schrift und Wort herauszuarbeiten, sie zu propagieren und in ständiger Fühlung mit den staatlichen Stellen in der Praxis zu verwirklichen«.[68] Die bayerischen Bischöfe wiesen in einem eigenen Hirtenbrief darauf hin, daß die Enzyklika Quadragesimo anno für den wirtschaftlichen und gesellschaftlichen Aufbau programmatischen Charakter habe und meinten, dem »Vaterland nicht besser dienen zu können, als dadurch, daß wir überall für die Durchsetzung dieses Programmes ... unsere Kraft einsetzen«.[69] Auch die Aussage des Pfingst-Hirtenbriefs vom 3. Juni 1933, wonach sich die augenblickliche Zeit »durch die unnachgiebige Forderung der organischen Eingliederung der Einzelnen und Körperschaften in

---

[66] Hirtenbrief des deutschen Episkopats vom 3. Juni 1933, in: Akten deutscher Bischöfe, Bd. 1, 240 ff.

[67] Vgl. Kap. V 1.3.2.

[68] Überlegungen zum Pfingsthirtenbrief der deutschen Bischöfe aus dem Berliner Ordinariat, zit. nach H. Müller, Katholische Kirche und Nationalsozialismus, 152.

[69] Hirtenbrief des bayerischen Episkopats vom 5. Mai 1933, in: Akten deutscher Bischöfe, Bd. 1, 126–132; 131.

das Ganze des Staates«[70] kennzeichnet, muß auf diesem Hintergrund gesehen werden.

2.3.2. Prinzipientreue der katholischen Kirche

Die Verkündigung der katholischen Kirche nach der Märzwahl war in Bezug auf den Nationalzosialismus in den Prinzipien und Grundsätzen klar. Der neue Staat wurde bejaht. Da Hitler am 23. März im Reichstag kirchlich beruhigende Erklärungen abgab, hob die Fuldaer Bischofskonferenz sechs Tage später auch das Beitrittsverbot zur NSDAP auf. Diese Akkommodation der katholischen Kirche entsprach ziemlich genau den Vorschriften der katholischen Staatslehre und Moral: Sobald eine neue Staatsform »Tatsache« geworden war und das Weltanschauliche, d. h. der kirchlich-kulturelle Bereich, nicht mehr gefährdet schien, fand sie die kirchliche Billigung. Dann stellte sich die Kirche auf den »Boden der gegebenen Tatsachen« und trug der normativen Kraft des Faktischen Rechnung.[71] Auch die mentale Neigung zur neuen staatlichen Obrigkeit und zur autoritär geprägten Führerpersönlichkeit stand im Einklang mit der katholischen Staatslehre. Nach der Märzerklärung Hitlers schienen für den Episkopat und für Kaas die Situation eingetreten zu sein, wie sie Leo XIII. in seinem Rundschreiben Libertas praestantissimum beschrieb. Damals sagte der Papst, die Kirche sei unter besonderen Verhältnissen bereit, »gewisse moderne Freiheiten« zu dulden und zu gewähren; wenn sich allerdings die Zeiten ändern werden, werde man »pflichtgemäß« die Stimme erheben und dahin streben, »daß sie (die Kirche) ihr von Gott überkommenes Amt, die Sorge für das ewige Heil der Menschen, erfülle«.[72]

2.3.3. Motive für den episkopalen Kurswechsel nach dem 5. Mai 1933

2.3.3.1. Die Haltung Hitlers[73]

Für Hitler stellte der universale Katholizismus in dem werdenden Einparteienstaat ein Element der Unsicherheit dar. Daher lag ihm viel

---

[70] Hirtenbrief des deutschen Episkopats vom 3. Juni 1933, 240 ff.
[71] Vgl. Kap. IV 2. – Vgl. Schnatz XXIX. – Vgl. Becker I 160.
[72] Libertas humana 179. – Vgl. Kap. IV 2.2.
[73] Vgl. K. Repgen, Zur vatikanischen Strategie beim Reichskonkordat,

an einem Frieden mit der katholischen Kirche. Zudem bedeutete eine Sanktionierung seiner Herrschaft durch den Heiligen Stuhl und die Fuldaer Bischofskonferenz ein Prestigegewinn nach innen und außen. Mit einer Doppelstrategie, d. h. einem Friedensangebot einerseits bei gleichzeitiger Zurückdrängung der Kirche aus dem öffentlichen Leben andererseits, versuchte er die katholische Kirche für sich zu gewinnen. Zu diesem Zweck sollte Papen dem Vatikan ein Konkordatsangebot unterbreiten.[74]

Am 8. April trafen sich Papen und Kaas auf einer Fahrt nach Rom. Papen teilte dem Prälaten mit, daß er zusammen mit Göring im Vatikan einen Vertrag zwischen der Reichsregierung umd dem Heiligen Stuhl anregen wolle. Mit dieser »Konkordats-Offerte«[75] griff Hitler ein altes Ziel der Kirche auf, das unter dem parlamentarischen System der Weimarer Republik nie erreicht wurde. Papens und Hitlers Gegenforderung war die Entpolitisierung des Klerus, d. h. der Rückzug der Kleriker aus den politischen Parteien und Parlamenten, sowie die Beschränkung der katholischen Verbände auf ausschließlich religiöse Zwecke.[76] Praktisch wurde damit vom Vatikan die Preisgabe des Zentrums und der BVP verlangt.[77] Ihnen ging es also nicht nur

507 ff. – Vgl. Jasper 204 f. – Vgl. K. Scholder, Die Verhandlungen um das Reichskonkordat, 278 ff.

[74] Von wem die Initiative zu einem Konkordats-Abschluß ausging, ist umstritten. Vgl. F. v. Papen, Der Wahrheit eine Gasse, 313 ff. – Vgl. A. Kupper, Zur Geschichte des Reichskonkordats, 278 ff.; 282. – Vgl. L. Volk, Zur Kundgebung des deutschen Episkopats vom 28. März 1933, 431 ff.; 443. – Vgl. K. Scholder, Altes und Neues zur Vorgeschichte des Reichskonkordats. Erwiderung auf Konrad Repgen, 535 ff. – Vgl. K. Scholder, Die Verhandlungen um das Reichskonkordat, 278 ff. – Vgl. Doetsch 88 ff. – Vgl. E. Deuerlein, Das Reichskonkordat, 248 ff. – Dagegen K. Repgen, Über die Entstehung der Reichskonkordats-Offerte im Frühjahr 1933 und die Bedeutung des Reichskonkordats, 499 ff. – Vgl. Junker 190 ff. – Vgl. L. Volk, Das Reichskonkordat vom 20. Juli 1933, 93 ff.

[75] K. Repgen, Zur vatikanischen Strategie beim Reichskonkordat, 510. – Vgl. L. Volk, Das Reichskonkordat vom 20. Juli 1933, 93 ff.

[76] Vgl. A. Kupper, Staatliche Akten über die Reichskonkordatsverhandlungen 1933, Dokument Nr. 3 u. 4. – Vgl. L. Kaas Tagebuch 7. bis 20. April 1933, 422 ff.; 429.

[77] Ebd. 509. – Vgl. Doetsch 89.

um eine Ausschaltung des politischen Katholizismus durch die Zustimmung zum Ermächtigungsgesetz,[78] sondern um die moralische
und juristische Auflösung der katholischen Parteien und damit um
eine Integrierung der vom Zentrum gelösten katholischen Wähler in
den neuen Staat.[79] Ging die Kirche auf die »Konkordats-Offerte« ein,
dann geriet die Zentrumspartei in eine immer schwierigere Lage. Mit
welchen Gründen konnte sie dann noch ihre politische Existenz
rechtfertigen, wenn hinter ihrem Rücken Konkordatsverhandlungen
geführt wurden und sie sich durch die Zustimmung zum Ermächtigungsgesetz selbst aus der Gesetzgebung ausgeschaltet hatte? Zudem
gilt es zu beachten, daß der deutsche Episkopat mit Hitler durch seine
Verlautbarungen nach der Märzerklärung Hitlers eine Art »Verstän-
digungsfrieden« schloß; er vertraute auf dessen kulturpolitischen Zusagen, die für die katholische Kirche in Krisenzeiten immer von pri-
märer Bedeutung waren,[80] und unterhöhlte dadurch die Selbständigkeit der Partei bereits von innen heraus. Welchen Grund gab es für
den gläubigen Katholiken, an die politische Existenz der Zentrumspartei zu glauben, wenn der Episkopat die Mitarbeit am neuen Staat
außerhalb des Zentrums für wünschenswert hielt und mit keinem
Wort die Partei als eine von der Kirche zu stützende Organisation
erwähnte?

2.3.3.2. Die Haltung von Kaas

Die Haltung der katholischen Kirche gegenüber der NSDAP nach
der Machtergreifung entsprach der von Kaas gegenüber dem Ermächtigungsgesetz: Seiner Meinung nach war die Machtergreifung »Revolution« und daher war der Katholik nach den Geboten der katholischen Staatslehre verpflichtet, Ruhe und Ordnung auf der Grundlage der neuen Basis wiederherzustellen. Kurz vor seiner Vermitt-

---

[78] Vgl. Kap. V 1.3.3.1.
[79] Vgl. die Haltung von Brüning, der in seinen Memoiren einen Zusammenhang zwischen Ermächtigungsgesetz und Reichskonkordat propagiert:
»Kaas' Widerstand (gegen das Ermächtigungsgesetz) wurde schwächer,
als Hitler von einem Konkordat sprach und Papen versicherte, daß ein
solches so gut wie garantiert sei«, Brüning 656.
[80] Vgl. Böckenförde I 215 ff. – Vgl. Böckenförde II 217 ff.

lertätigkeit beim Reichskonkordat erschien ein Aufsatz von Kaas mit dem Titel: »Der Konkordatstyp des faschistischen Italien«,[81] in dem der Prälat die prinzipielle Bedeutung des italienischen Konkordats erörterte. Dabei vertrat er die Meinung, daß sich das Regime Mussolinis u. a. dadurch stabilisiert habe, daß es im Artikel 43 des italienischen Konkordats die Auflösung des Partito Popolare und den Rückzug der Geistlichen aus der Politik akzeptierte: Es läßt sich »nicht verkennen, daß dieser Artikel, wenn nicht beabsichtigt, so doch faktisch aus dem rein kirchlichen Bereich in den staatlichen insoweit einwirkt, als er die Bildung politischer Parteien innerhalb des Katholizismus praktisch geradezu unmöglich macht und infolgedessen dem den Staat beherrschenden Faschismus eine Sicherung gegen parteipolitische Gegenströmungen schafft, die über das normale Maß erheblich hinausgeht. Diese Sicherung wird verstärkt durch die Bestimmung des Absatz 2 des Art. 43, in dem der Hl. Stuhl anläßlich des Konkordatsabschlusses Veranlassung nimmt, allen Geistlichen und Ordensleuten Italiens die Einschreibung oder die Tätigkeit in einer politischen Partei erneut zu verbieten ... Praktisch bedeutet es ... eine indirekte Stärkung und Konsolidierung des Regimes«. Zwei Seiten weiter faßte Kass seine Gedanken zusammen und meinte: »Der ›autoritäre Staat‹ mußte die autoritäre Kirche besser in ihren Postulaten begreifen als andere«.[82] Die italienischen Verhältnisse kannte Kaas, als ihm Papen am 5. April im gemeinsamen Gespräch nach Rom die »Konkordats-Offerte« unterbreitete. Während dieses Gesprächs kam der Vizekanzler auf eben diesen Punkt des italienischen Konkordats zu sprechen. In seinem Tagebuch notierte Kaas: »Im weiteren kamen wir dann auf ... die durch die kulturpolitischen Erklärungen des Herrn Reichskanzlers geschaffene neue Situation zu sprechen. Ich erkannte das Vorliegen einer solchen neuen Situation rückhaltlos an. Ich könne mich sowohl im nationalen Interesse als auch vom Standpunkt der deutschen Katholiken nur aufrichtig freuen, wenn auf dem durch diese Erklärungen beschrittenen Wege weitergegangen werde. Nichts könne zu einer inneren Konsolidierung des autoritären Regimes mehr beitragen. Infolgedessen stelle ich mich aus innerer Überzeugung auf die Seite der positiven Mitarbeit«.[83] Die

[81] L. Kaas, Der Konkordatstyp des faschistischen Italien, 488 ff.
[82] Kaas, Konkordat, 510–517.
[83] Kaas, Tagebuch, 426 f.

noch verbleibenden Spannungen um die Stellung der konfessionellen Schulen und der katholischen Organisationen sollten auf einer »einwandfreien Sachgrundlage«, d. h. einem Konkordat,[84] überwunden werden. Auf der Grundlage dieser kulturpolitischen Garantien[85] werde er, Kaas, »wahrhaftig nicht kleinlich sein«[86] und Hitler entgegenkommen. Daß damit eine »innerliche Preisgabe des Zentrums und die Entpolitisierung des Klerus«[87] gemeint waren, dürfte auf der Hand liegen. – Die Konkordatsgespräche, die Papen und Göring an Ostern eingeleitet hatten, gingen weiter. Dabei fungierte Papen als Vertreter Hitlers und Kaas als Mittelsmann zwischen Rom und der Reichsregierung.[88] Im Verlauf dieser Gespräche kristallisierte sich immer mehr heraus, daß für Hitler respektive Papen ein Verbot der parteipolitischen Tätigkeit für alle Geistliche, nicht nur des Seelsorgeklerus, zu einer »conditio sine qua non« wurde.[89] Allerdings lehnte der Vatikan zunächst ein grundsätzliches Verbot ab,[90] woraufhin sich die Fuldaer Bischofskonferenz einschaltete. Die Konferenz selbst war in dieser Frage gespalten: Die Majorität der Bischöfe lehnte ein Verbot der parteipolitischer Tätigkeit der Geistlichen ab, der Rest, als deren Exponent Kardinal Faulhaber galt, wollte der Reichsregierung in diesem Punkt entgegenkommen. Dabei beriefen sie sich auf einen Erlaß Bischofs Kallers, der die Geistlichen seiner Diözese aufgefordert hatte, ihre parteipolitischen Mandate niederzulegen.[91] Zu dieser Minderheit, d. h. zu Kaller und Faulhaber, könnte auch Bischof Sproll gehört haben, der am 26. April 1933 seine Geistlichen aufgefordert hatte, jede politische Erörterung von der Kanzel aus zu unterlassen.[92] Am 5.

[84] Vgl. Junker 182.
[85] Neben den kulturpolitischen Motiven bewegten das Zentrum auch andere Gründe, das Konkordatsangebot anzunehmen; so z. B. der drohende Terror und die machtpolitische Zwangslage, vgl. ebd. 182 ff.
[86] Kaas, Konkordat, 427.
[87] Junker 182.
[88] Einen Überblick über den Verlauf der Verhandlungen geben Junker 190 ff. und Doetsch 103 ff. – Vgl. L. Volk, Kirchliche Akten über die Reichskonkordatsverhandlungen 1933.
[89] Vgl. R. Morsey, Briefe zum Reichskonkordat zwischen Ludwig Kaas und Franz von Papen, 11 ff.; 20.
[90] Ebd. 17. – Vgl. Kupper, Dokument Nr. 22.
[91] Vgl. Doetsch 104.
[92] Vgl. ebd. 105.

Juli 1933 erfolgte die »freiwillige Selbstauflösung«[93] des Zentrums, ein in diesem Zusammenhang nicht unwichtiges Ereignis. Die Resignation und Erosion innerhalb der Partei begannen mit den Konkordatsverhandlungen immer mehr zu wachsen;[94] zudem glaubte Brüning, der neue »Führer« der Partei, daß Rom die Zentrumspartei schon abgeschrieben habe.[95] Indem sich Zentrum und BVP selbst aufgaben, konnte Rom die »conditio sine qua non« der Reichsregierung akzeptieren, ohne Druck auf die Zentrumspartei ausüben zu müssen. Damit dürfte ein weiterer Grund für die sog. »Kausalitätstheorie«, die einen Zusammenhang zwischen dem Ende der Zentrumspartei und den Konkordatsverhandlungen propagiert, genannt sein.[96] Seine endgültige Form bekam diese sog. Entpolitisierungsklausel im Artikel 32 des Reichskonkordats. Artikel 31 nannte den Schutz und die Anerkennung der katholischen Organisationen und Verbände seitens des Staates.[97] In diesem Zusammenhang erscheint es bemerkenswert, daß man damals im Episkopat die Chance sah, im Sinne der Katholischen Aktion auf der Grundlage des Reichskonkordats zu wirken. In einer Redeskizze des Leiters des Diözesanausschusses der katholischen Verbände der Erzdiözese Freiburg hieß es: »Im Deutschen Reichskonkordat ist in Art. 31 dieser grundsätzlichen Auffassung (d. h. der Katholischen Aktion) formell in weitgehendem

---

[93] Morsey II 443.

[94] Vgl. ebd. 396 ff.

[95] Vgl. Morsey II 398. – Vgl. Doetsch 106. – Vgl. Brüning 673 ff.

[96] Vertreter der sog. Kausalitätstheorie sind: K. Scholder, Die Kirchen und das Dritte Reich. 1, Vorgeschichte und Zeit der Illusionen 1918–1934, 490. – K. Scholder, Die Kirchen im Zeichen der Machtergreifung Hitlers (1933–1934), 272 ff. – K. D. Erdmann, Deutschland unter der Herrschaft des Nationalsozialismus 1933–1939, 186 Anm. 9. – Junker 193. – K. Buchheim, Warum das Zentrum unterging, 15 ff.; 26 dagegen K. Repgen, Zur vatikanischen Strategie beim Reichskonkordat, 507 ff.; 514. – R. Morsey, Der Untergang des politischen Katholizismus. Die Zentrumspartei zwischen christlichem Selbstverständnis und ›Nationaler Erhebung‹ 1932/33, 196. – R. Morsey, Die katholische Volksminderheit und der Aufstieg des Nationalsozialismus 1930–1933, 9 ff.; 22. – E. Iserloh, Abschluß und Bedeutung des Reichskonkordats, 291 ff.; 292.

[97] Vgl. Konkordate seit 1800, zusammengestellt und bearbeitet von L. Schöppe. Dokumente, Bd. 35, 29–35; 33.

Maße Rechnung getragen. Wie sich im einzelnen unser Vereinsleben in den neuen Staat einzufügen hat, ist noch Gegenstand der Verhandlungen. Die grundsätzliche Zielsetzung der Katholischen Aktion, wie sie der Heilige Vater formuliert hat, wird nicht bestritten«.[98] Am 8. Juli 1933, d. h. drei Tage nach der Auflösung des Zentrums, wurde in Rom das Reichskonkordat paraphiert. Nach der Unterzeichnung am 20. Juli 1933 bestätigte der Vatikan nochmals das Verbot katholischer Parteien in Deutschland.

Dies zeigt: Kaas erkannte, daß in einem werdenden Einparteien-staat für eine Zentrumspartei kein Platz mehr war.[99] In dem Augenblick als Hitler und Papen begannen, die bisherige Staatsform und die Parteien zu beseitigen und es nicht sicher war, ob sie vor den Toren der Kirche halt machen würden, da wußte Kaas, daß die Interessen der katholischen Kirche unter den neuen Verhältnissen nur durch ein Konkordat zu wahren waren. Nun besaßen für den Prälaten die Interessen der Kirche den absoluten Vorrang – auf Kosten der Zentrumspartei. Jetzt ging es ihm um die Sicherung der kirchlich-kulturellen »bona particularia« in einem Konkordat. Daß dieser Rückzug in die Innerlichkeit ein Verbot der parteipolitischen Tätigkeit des Katholizismus implizierte, konnte der Geistliche[100] in Kauf nehmen.

2.3.4. Bolz' Weg in den politischen Widerstand

2.3.4.1. Zwischen Hoffen und Bangen

Erst einen Tag nach der Verabschiedung des Ermächtigungsgesetzes war für Bolz der Übergang zum neuen Staat vollzogen.[101] Nach wie vor wollte er allerdings in dem sich etablierenden Einparteien-staat die Selbständigkeit der Zentrumspartei erhalten. Nachdem die Partei durch die Zustimmung zum Ermächtigungsgesetz staatspolitisch funktionslos geworden war, konnte die »politische« Arbeit nur

---

[98] Erzbischöfliches Archiv Freiburg: Erzbischöfliches Ordinariatsarchiv 55/79 (Köhler II 13).
[99] Vgl. auch Brüning 652–674.
[100] Vgl. Knoll 15–40.
[101] Vgl. Kap. V 1.3.4.

durch eine Rückbesinnung auf die religiösen Werte der Partei fortgesetzt werden. Am 20. März 1933, also drei Tage vor der Zustimmung zum Ermächtigungsgesetz, schrieb er seiner Frau: »Ich glaube, daß Fraktion und Partei eine politische Linie finden, die gut ist und die Partei in Bewegung hält. Es ist das Gedankengut konservativer Politik und der katholischen Minderheit. Wir hatten darüber im Vorstand verhältnismäßig bald eine einheitliche Meinung. Betrübend ist das Ermächtigungsgesetz und die kommende Politik. Man kann sich die innere Entwicklung nicht schlimm genug vorstellen ... An Gottvertrauen ... ausgerüstet, wollen wir die Notlage überstehen. Ich nehme ja alles schwer, und diese Ereignisse nehmen mich innerlich mit. Aber die Gewissensruhe hilft auch darüber hinweg«.[102] Dieser Rückzug auf die religiösen Grundlagen der Partei entsprach einem allgemeinen Wunsch in der Zentrumspolitik.[103] So wollte man die Partei »in Bewegung halten«. An eine Preisgabe des Zentrums im Zusammenhang mit dem Ermächtigungsgesetz dachte Bolz also keineswegs. In ihm sah er lediglich eine zeitlich begrenzte Konzession an die augenblickliche Notlage des Staates.[104] Bei der Verabschiedung von Eugen Bolz und Josef Beyerle, dem württembergischen Justizminister, in der Fraktionssitzung des württembergischen Zentrums vom 15. März 1933 gab der Fraktionsvorsitzende Lorenz Bock dieser Überzeugung Ausdruck: »Wir wissen, ... daß die beiden Herren ein so großes Maß an Verantwortung und Bürde nur auf sich nehmen konnten, weil sie fest wurzelten in dem tiefen Grunde unserer katholischen Weltanschauung. Sie sind uns darin in all diesen Jahren Vorbild und Beispiel gewesen, und sie werden es auch künftig sein. Wenn nun auch die Zentrumspartei keinen Anteil mehr hat an der Staatsführung und an der Staatsverwaltung: Sie weiß, daß die Zeiten sich ändern und daß die Entwicklung weiter geht, so wie sie von 1918 bis zum heutigen Tag weitergeschritten ist. Wir wissen, daß die heutigen Zustände nicht dauernd bleiben, wir wissen, daß die wahrhaft staatserhaltenden Kräfte, welche das Recht, die Freiheit und die

---

[102] Miller 449.
[103] Vgl. Junker 219.
[104] Wörtlich heißt es in dem obigen Brief: »Auch wir werden manches mitmachen müssen. Aber an Gottvertrauen fehlt es uns nicht. Damit ausgerüstet wollen wir die Notlage überstehen«, s. o.

208

Achtung der Person als Grundlage des staatlichen und gesellschaftlichen Lebens ansehen, wieder die Möglichkeit erhalten und daß wieder der Tag kommt, wo man die wertvollen Kräfte, die in der Zentrumspartei wirken, bitten wird, am Staate mitzuarbeiten. Wir waren lange da, als die andern noch nicht da waren; wir werden noch da sein, wenn die andern nicht mehr da sind! Wir geloben in dieser Stunde, alles einzusetzen und zu arbeiten zum Wohle unserer geliebten Zentrumspartei, ihrer großen Grundsätze. Wir werden auch künftig unerschütterlich kämpfen für Wahrheit, Freiheit und Recht«.[105] In dieser Erklärung spiegelte sich noch einmal die ganze Illusion des württembergischen Zentrums wieder: Nach wie vor wollte man die Selbständigkeit der Zentrumspartei wahren.

Mit der Teilnahme an der letzten Reichstagssitzung am 17. Mai 1933 endete für Bolz die parlamentarische Tätigkeit in Berlin, wenige Wochen später auch in Stuttgart. Seine Teilnahme an einem Parteitag der Christlich-Sozialen Partei Österreichs Anfang Mai 1933 in Salzburg diente der Gestapo kurze Zeit später als Vorwand, ihn am 19. Juni 1933 vorzuladen und ihn in »Schutzhaft« auf dem Hohen Asperg zu nehmen. Seiner Frau schrieb Bolz aus der Haft: »Die Freiheitsbeschränkung ertrage ich wie andere auch. Gottvertrauen und das Gefühl, nach Gewissen und Überzeugung gehandelt zu haben, geben mir Kraft und Gleichmut, auch diese Zeit zu ertragen«.[106] Eine Bedingung für die »Selbstauflösung« der Zentrumspartei im Juli 1933 war die Freilassung der sich in Haft befindenden Funktionäre der Partei. Für die Freilassung von Bolz hatte sich Bischof Sproll eingesetzt. Bis zum 12. Juli 1933 blieb Bolz in Haft.

2.3.4.2. Der politische Widerstand

Eine Reaktion von Bolz auf die »Selbstauflösung« der Zentrumspartei und die Paraphierung des Reichskonkordats im Juli 1933 ist nicht überliefert. Nach seiner Freilassung aus der Haft beschäftigte sich Bolz im Selbststudium mit staatsrechtlichen und -philosophi-

---

[105] NLB Rede von Lorenz Bock in der Fraktionssitzung am 15. März 1933. DV 85, 1933, Nr. 63 (16. März 1933).
[106] Miller 460.

schen Fragen und studierte die Sozialenzykliken der Päpste kritisch. Die Frucht seines Tuns war im Frühjahr 1934 seine private Studie »Katholische Aktion und Politik«.[107] Dieses Exposé ist eines der wenigen Zeugnisse aus der Hand von Bolz nach der nationalsozialistischen Machtergreifung. Weil es schon früh geschrieben wurde – ein halbes Jahr nach der Paraphierung des Reichskonkordats – ist es geeignet, Veränderungen in seiner politischen Haltung gegenüber den Nationalsozialisten freizulegen. Für Bracher ist diese Studie, gerade weil Bolz sie schon so »früh« schrieb, »mehr als eine theoretische Erinnerung an ehrwürdige staatsphilosophische Einsichten, die seit Jahrhunderten dem abendländischen Denken vertraut waren«.[108] In ihr treten die Leiden des »Vollblutpolitikers« angesichts der politischen Enthaltsamkeit deutlich zutage. Einen Rückzug der Kirche in die Innerlichkeit, wie ihn die Ideologen der Katholischen Aktion seit 1928 betrieben und durch die Paraphierung des Reichskonkordats »geistlich« legitimiert hatten, lehnte Bolz dort grundsätzlich ab. Eine Trennung von Kirche und Welt konnte er als ehemaliger Berufspolitiker nicht nachvollziehen. Daher schrieb er in seiner Studie: »Es gibt eben nie und nimmer eine reinliche Scheidung zwischen Sakristei und Welt«.

Wegen des Gewichts dieser privaten Studie sollen einige Zitate das Gesagte illustrieren: Gegen die extensive Auslegung des Begriffs »politisch« durch Hitler, der jede mißliebige Äußerung der Kirche als »konkordatswidrig« anprangerte und sie auf eine strikte Einhaltung des Vertrags verklagte, indem er erklärte, »der Abschluß des Konkordats sei für den Kanzler nur möglich gewesen durch die Gegengabe der Kirche, sich völlig und vorbehaltlos aus der Sphäre der Politik zurückziehen zu wollen«,[109] äußerte sich Bolz in seinem Exposé kritisch: »Die katholische Kirche ... kann und darf nicht schweigen, wo unchristliche Lehren, Gesetze und Einrichtungen das Gemeinwohl stören. Der Staat ist nicht die ›Totalität aller Zwecke‹, sondern ist ein Teil der sittlichen Weltordnung und in die Stufenordnung der Werte eingeordnet. Folglich kann die Staatsgewalt, die ihre

---

[107] Eugen Bolz, Katholische Aktion und Politik, 23–57.
[108] K. D. Bracher, Staatsgesinnung und Widerstand, 3–7; 3.
[109] Stasiewski, Akten, 548.

210

Autorität erst und allein durch das natürliche Sittengesetz durch ihre Verwurzelung im Willen Gottes erhält, nicht omnipotent sein, nicht schrankenlos sein, sondern ist, wie sittlich begründet, so auch sittlich gebunden, findet ihre Grenzen in der sittlichen Weltordnung, d. h. sowohl unmittelbar an dem Sittengesetz wie dort, wo anderen als dem Staat Aufgaben der sittlichen Weltordnung anvertraut sind«. Daraus deduzierte Bolz die Aufgaben der Kirche; sie besaß seiner Meinung nach eine »mittelbare Gewalt ... in zeitlichen Dingen« und »ein Abwehrrecht gegenüber staatlichen Übergriffen«. Er forderte: »Die Kirche muß das Recht haben, gegenüber Staatsgesetzen einzugreifen, welche Lebensinteressen der Kirche und das Seelenheil der Gläubigen gefährden. Wenn ein Gesetz mit dem natürlichen Sittengesetz oder dem geoffenbarten göttlichen Recht in Widerspruch steht, kann es nach katholischer Auffassung im Gewissen nicht verpflichten«. Seine Ausführungen mündeten schließlich in dem Satz: »Bei offensichtlichem und dauerndem Mißbrauch der Staatsgewalt besteht ein Notwehrrecht des Volkes«.

Gegen die anfänglichen Anbiederungen des Episkopats an den totalitären Staat meinte Bolz: »Nach katholischer Lehre gibt es keinen absoluten Staat, absolut im Sinne einer grenzenlosen, über ihre eigene Zuständigkeit frei entscheidenden, allmächtigen Staatsgewalt«. Entschieden distanzierte sich Bolz daher von einem Staat nationalsozialistischer Prägung, dem »totalen Staat«: »Heute ist der Begriff des absoluten Staates in den Hintergrund getreten. Ein neuer Begriff ist im Werden: der totale Staat ... Es entspricht dem Wesen der Totalität, wenn bei einer Kundgebung ... der NSDAP im Januar 1934 erklärt worden ist: ›Wir proklamieren bewußt die absolute Totalität des Nationalsozialismus. Eine Weltanschauung duldet keine Kompromisse, eine Weltanschauung kann auch keine anderen neben sich dulden. Sie kann nicht tolerant, sie muß intolerant sein‹ ... Eine Totalität des Staates ... ist unchristlich«. Sodann beschrieb er das Wesen dieses »totalen Staates«: »Der allmächtige Staat geht vom Recht aus, nimmt alles Recht für sich in Anspruch und bestimmt seinen Willen als das Maß aller Rechte. Der staatliche Wille ist Recht ... Der Staat ist alles, der Einzelne ist nichts. Der Wille des Staates, das Ziel des Staates kennt keine Schranken, kennt keinen Maßstab außer sich selbst«. Gegen die Machtansprüche des »totalen Staates«

postulierte Bolz das Recht auf die Gewissensfreiheit des Einzelnen: »Eine Schranke für die Staatsgewalt (bildet) die natürliche Rechts- und Freiheitssphäre der menschlichen Persönlichkeit, der ein dem Staat gegenüber selbständiger und überragender Eigenwert zukommt ... Die Gewissensfreiheit schneidet aus jeder staatlichen Gemeinschaft einen Freiheitsraum des individuellen Rechts und schafft eine unantastbare Zone des geistigen und sittlichen Prinzips«.[110] Die Begriffe »absolut« und »total« waren seiner Meinung nach nur auf das »göttliche Recht« anwendbar: »Der Staat ist niemals absolutes Ziel und absoluter Maßstab. Auch ihm sind Schranken gesetzt. Die Begriffe absolut und total sind allein anwendbar auf Naturrecht und göttliches Recht. Aus diesem Recht stammen die unverrückbaren Wertmaßstäbe der sittlichen Verpflichtung, der Abgrenzung der Machtsphäre des Einzelnen und der Gesellschaft. Diese Wertmaßstäbe sind nicht ewig und nicht zeitbedingt«.

Während die Bischöfe verkündeten, der Katholik, der in der Katholischen Aktion zur Mitarbeit am hierarchischen Apostolat berufen sei, müsse sich der Politik enthalten, schrieb Bolz: »Der Katholik, das katholische Volk sollen katholisch leben. Aber nicht nur privatim, sondern öffentlich. Katholische Grundsätze, kirchliche Forderungen sollen auch im öffentlichen Leben verwirklicht werden. Je weiter sich die Menschheit von Gott entfernt, je religionsloser, je neutraler, je gleichgültiger sie wird, desto rühriger muß die katholische Kirche und müssen die Katholiken werden, um ihren Auftrag zu erfüllen, alles in Christo zu erneuern«.[111] Bolz wollte also nicht, wie dies die Bischöfe forderten, seine Identität als Katholik wahren, ohne Rücksicht zu nehmen auf das, was um ihn geschah;[112] sein Christentum

[110] Vgl. Eugen Bolz, Katholische Aktion und Politik, 37 f.: »Gerade das Persönlichkeitsideal im Sinne der christlichen Ethik schließt jedes Aufsaugen der Einzelpersönlichkeit durch die Gesellschaft aus ... Unter den ursprünglichen Rechten der Persönlichkeit steht obenan die Gewissensfreiheit ... Ohne Freiheit keine Persönlichkeit«.

[111] Ähnlich äußerte sich Bolz bereits 1923 auf einer Katholikenversammlung in Stuttgart: »Es ist unsere Pflicht, das katholische Brauchtum zu pflegen, nicht nur in der Kirche, sondern auch ... in der katholischen Partei, im politischen Leben«; vgl. NLB KV in Stuttgart am 13. Dez. 1923. DV 75, 1923, Nr. 289 (14. Dez. 1923), 113.

[112] NLB ZV in Bad Mergentheim am 26. Nov. 1922. Tauberzeitung vom

war »öffentlich«, d. h. weltoffen. Er sah daher in seiner Schrift eine Chance, auf der Grundlage des Reichskonkordats als Katholik »politisch« zu wirken: »(Es ist) hinzuweisen auf Art. 32 des Reichskonkordats vom 20. Juli 1933, wonach der Heilige Stuhl verpflichtet ist, Bestimmungen zu erlassen, die für Geistliche und Ordensleute die Mitgliedschaft in politischen Parteien und die Tätigkeit für solche Parteien ausschließen. Damit ist aber dem Priester keineswegs jede öffentliche und politische Tätigkeit entzogen. Wohl scheidet zur Zeit die parteipolitische Betätigung aus, aber nicht die allgemeinpolitische Würdigung der Dinge, auch nicht Religionspolitik oder sittliche Politik ... Wo das Religiöse oder Sittliche mit den Formen des Weltlichen irgendwie verknüpft ist, kommt auch der Kirche Autorität und Führung zu ... Diese Grundsätze decken sich mit der Betätigungsmöglichkeit der Katholischen Aktion in öffentlichen Dingen«. Wie weit er den Begriff »politisch« auf die Katholische Aktion anwandte, illustrieren die folgenden Sätze: »Die Katholische Aktion wird sich, soweit als möglich, in politischen Dingen auf das Grundsätzliche beschränken unter Vermeidung der Haltungnahmen zu politischen Fragen ... Da häufig in Einzelentscheidungen und Gesetzen die grundsätzlichen Fragen mitentschieden werden, kann die Katholische Aktion nicht schweigen, soweit solche grundsätzlichen Lösungen den Auffassungen der Kirche widersprechen ... Vollends kann die Katholische Aktion nicht schweigen, wenn die Kirche und ihre Diener offen verfolgt werden ... ›Es ist gebieterische Pflicht der Katholiken, den Protest lebendig und stark zu erhalten und das nationale Gewissen aufzurütteln, bis das Unrecht, das der Kirche Christi durch die Verfassung und die Ausführungsgesetze angetan wurde, wieder gutgemacht ist‹«.

Wir dürfen konstatieren: 1. Die katholische Kirche sah im Herbst 1933 die Chance, im Sinne der Katholischen Aktion auf der Grundlage des Reichskonkordats zu wirken.[113] Der Kirche ging es dabei um die Wahrung der eigenen Identität. Dieser Rückzug in die Innerlich-

November 1922, 90: »Ist man nur dazu Christ, daß man in die Kirche läuft und in der Familie sein Christentum pflegt, oder ist es nicht Pflicht, das, was man als Weltanschauung bezeichnet, auf die Lösung der öffentlichen Fragen zu übertragen?«
[113] Vgl. Kap. V 2.3.

keit war verbunden mit der Zurückweisung jeglichen politischen Anspruches. Im Gegensatz zur katholischen Kirche sah Bolz auf der Grundlage der Katholische Aktion eine Möglichkeit, sich »politisch« zu betätigen. Sie wurde in seinen Augen gleichsam zu einem »Ersatz« für den politischen Katholizismus. Die Katholische Aktion gab den Katholiken einen Raum, sich »politisch« – nicht parteipolitisch! – zu artikulieren und zu engagieren. Zu einem solchen Handeln waren für Bolz gerade auch die Kleriker herausgefordert.[114]

2. Im Gegensatz zur katholischen Kirche, die positiv über die »Selbstauflösung« des Zentrums dachte, stellte Bolz in seiner Studie fest: »(Es) besteht für den Katholiken grundsätzlich die Freiheit, sich einer politischen Bewegung oder Partei anzuschließen ... Ob der Katholik einer Partei angehören kann oder nicht, ist ... eine Gewissensfrage, die einzig und allein abhängig ist von der Bejahung oder Verneinung der Frage der Vereinbarkeit der Parteianschauungen mit christlicher Lehre und Sitte«.[115]

3. Im Reichskonkordat verzichtete die katholische Kirche auf jegliche politische Tätigkeit und Einflußnahme.[116] Mit dieser Haltung der »Weltabkehr« wollte man die bedrohte Identität wahren und sichern. Eine dualistische Trennung zwischen Welt und Kirche konnte es aber für Bolz als politisch engagierten Katholiken nicht geben. Seiner Überzeugung nach war die christliche Botschaft aus ihrer eigenen Sache heraus »politisch«: »Die katholische Kirche muß ihrem Wesen und ihrem Auftrag entsprechend den christlichen Staat und die christliche Politik wollen ... Sie kann und darf nicht schweigen, wo unchristliche Lehren, Gesetze und Einrichtungen das Gemeinwohl stören«.[117] Ein Katholik konnte sich nicht darauf beschränken, seine

---

[114] Dieser Meinung war auch Pater R. Leiber in einem Brief an Pacelli am 17. August 1933: »Es ist für Priester und andere unmöglich, zu allem nur zu schweigen ... Wenn die katholische Kirche nicht das Vertrauen des Volkes verlieren soll, dürfen ihre Bischöfe nicht zu allem schweigen«, in: L. Volk, Das Reichskonkordat, Dokument Nr. 10, 249.

[115] Eugen Bolz, Katholische Aktion und Politik, 49 f.

[116] K. Scholder, Die Kirchen im Zeichen der Machtergreifung Hitlers (1933–1934), 284.

[117] Eugen Bolz, Katholische Aktion und Politik, 29.

214

eigene Identität zu verteidigen, ohne Rücksicht zu nehmen, auf das, was um ihn geschah. Ein Christ konnte und durfte sich nicht von der Gestaltung des politischen und gesellschaftlichen Lebens fernhalten.

4. Von diesem Standpunkt aus läßt sich die Haltung von Bolz zum Reichskonkordat rekonstruieren: In ihm dürfte er kein Mittel zu Bewahrung der katholischen Identität gesehen haben, mit dem »die Bischöfe und der Klerus das Glaubensgut und die Sittenlehre unverkürzt verkündigen und die Sakramente spenden konnten«,[118] sondern primär einen Beitrag zur Eliminierung des politischen Katholizismus.[119] Nur so konnte Hitler sein Ziel, die Einigung der Nation, erreichen. Treffend zeichnete Friedrich Fuchs 1933 in der Märzausgabe der Zeitschrift »Hochland« die Gefahren für die katholische Kirche auf, die im Abschluß eines Konkordats lagen; er schrieb: »In dem vorwiegend protestantischen Deutschland würde eine Tyrannis ihre religiöse Konsolidierung und Konfirmierung naturgemäß im Protestantismus suchen. Der deutsche Protestantismus ist seit dem Zusammenbruch der Monarchie ohne schützendes Gehäuse, ohne den äußeren Halt eines Gerüstes, wie es ihm seit seinem Ursprung die landesfürstliche Gewalt geboten hatte. Viele seiner Führer sahen wir daher dem Nationalsozialismus schon entgegengehen. Für die katholische Kirche in Deutschland läge in dieser Konstellation ... ein Vorteil, insofern ihr die Versuchung zu einem Kompromiß [d. h. Konkordat (J. S.)] erspart bliebe. Sie wäre das Gewissen Deutschlands. Fände sich dann nur auch ein Athanasius, aus dem Kraft seines Amtes und in der Kraft seines Bekennertums dieses Gewissen laut und vernehmlich genug spräche«.[120] Mit Scholder ist daher zu sagen: »Die Vernichtung des politischen Katholizismus war die Voraussetzung für die Vollendung des Einparteienstaates und damit die Sicherung der politischen Macht ... Beide Ziele hatte er (Hitler) im Juli 1933 durch das Reichskonkordat erreicht«.[121] Bolz dürfte klar erkannt haben, daß

---

[118] K. Repgen, in: FAZ vom 24. Oktober 1977. – Vgl. K. Gotto, H. G. Hokkerts, K. Repgen, Nationalsozialistische Herausforderung und kirchliche Antwort. Eine Bilanz, 124.

[119] So auch Brüning 661; 671 f.

[120] F. Fuchs, Der totale Staat und seine Grenzen, 558 ff.; 560.

[121] K. Scholder, Die Kirchen und das Dritte Reich, Bd. 1: Vorgeschichte und Zeit der Illusion, 482.

die Bischöfe mit ihren anfänglichen Loyalitätskundgebungen und dem Abschluß des Reichskonkordats einer politischen Opposition der Katholiken gegen das neue Regime den inneren Rückhalt entzogen hatten. Interessant erscheint in diesem Zusammenhang auch die kritische Haltung von Pater R. Leiber. Am 17. August 1933 schrieb er an Pacelli: »Gerade ... Herr von Papen (hat) soviel Befremden hervorgerufen, daß er überall wissen ließ, er und seine Regierung hätten in Rom nur Lob und freundliches Entgegenkommen gefunden. Auch das wäre sicher für viele Katholiken ein Trost, wenn der Heilige Stuhl vor der Ratifikation wenigstens für beste, um ihrer früheren Tätigkeit willen schwer geschädigte oder internierte Katholiken (Held, Bolz, Dessauer, Brüning, die Herren aus Baden und andere) ein Wort der Anerkennung oder Fürsprache einlegte«.[122]

5. Bereits beim Abschluß des Ermächtigungsgesetzes entschied sich Bolz aus einer inneren Überzeugung heraus für Verfassung, Recht und Freiheit und gegen die opportunistische Interpretation der katholischen Staatslehre und Moral durch Kaas. Dieser plädierte, nachdem Hitler in seiner Regierungserklärung kulturpolitische Garantien abgegeben hatte, für eine positive Haltung beim Ermächtigungsgesetz. Wollte Bolz sich nach Abschluß des Reichskonkordats politisch betätigen, war dies nur möglich, wenn er sich von den bischöflichen Erklärungen und damit von der katholischen Staatslehre und Moral distanzierte, sie unberücksichtigt ließ und aus einer eigenen inneren Überzeugung heraus den Weg in den politischen Widerstand ging.

6. Bolz' kritische Haltung gegenüber Kaas beim Ermächtigungsgesetz steht in Kontinuität zu seiner Weimarer Politik: Im Ermächtigungsgesetz sah er zunächst einmal einen Verfassungsbruch und nicht, wie Kaas, ein die revolutionäre Lage ordnendes Gesetz. Als Katholik war er daher verpflichtet, alles zu tun, damit die staatliche Entwicklung nicht die »Bahnen« des Legalen verließ. Zugleich be-

---

[122] Leiber an Pacelli am 17. August 1933, in: L. Volk, Das Reichskonkordat, Dokument Nr. 10, 250. – Vgl. Brüning 673: »Kein Bischof hat schriftlich oder mündlich ein Wort des Dankes ausgesprochen für das, was die Partei in ihrer mehr als 60jährigen Geschichte für den Katholizismus getan und gelitten hat«.

deutete für ihn eine Zustimmung zum Ermächtigungsgesetz, daß der politische Katholizismus für die kommenden Jahre jeden positiven Einfluß im Staat verlieren mußte. Allen Tendenzen, die eine Entpolitisierung des Katholizismus erstrebten, stand Bolz in seiner Politik ablehnend gegenüber. Seine kritische Haltung gegenüber dem Ermächtigungsgesetz und seine in dieser Arbeit hypothetisch rekonstruierte Position gegenüber dem Reichskonkordat stehen in einer sachlichen Kontinuität zu den induktiven Implikationen seiner Politik.

VI. Eugen Bolz – ein Märtyrer für Freiheit und Gewissen

1. Der passive Ungehorsam

Am 1. Juli 1928 sprach Bolz auf dem Diözesanjubiläum der Stuttgarter Katholiken. Dabei machte er u. a. einige Ausführungen über das Verhältnis »Kirche und Staat«: »›Gebt dem Kaiser, was des Kaisers ist‹[1] – ›Es gibt keine Gewalt außer von Gott, und die, die da ist, ist von Gott‹.[2] Darin liegt eine eindeutige Bejahung des Staates. Solche Lehren schaffen gute Staatsbürger. Ein guter Katholik muß auch ein guter Bürger sein. Er muß den Gesetzen des Staates Gehorsam leisten. Er kann keinen revolutionären Geist haben. Er arbeitet mit am Aufbau des Staates ... Nur eine Schranke gibt es, den Verstoß des staatlichen Gesetzes gegen Gottes Gesetz ... Die Lehre, wie wir sie betont haben, ist auch die Lehre der gesamten Kirche«.[3] Spätestens mit der Erwähnung von Röm 13 und Mt 22 dürfte klar sein, daß die Aussagen von Bolz über das Verhältnis »Staat und Kirche« in der Tradition der katholischen Staatslehre und Moral standen.[4] Diese gebot: »Wo aber einer das Recht zu gebieten

---

[1] Vgl. Mt 22, 21. – Vgl. NLB 64. GV der Katholiken Deutschlands in Stuttgart am 23. Aug. 1925: »Wir wollen in unserer revolutionären Zeit predigen: Gebt dem Kaiser, was des Kaisers ist«. – Vgl. Eugen Bolz, Katholische Aktion und Politik, 23 ff.; 29: »›Man muß Gott mehr gehorchen als den Menschen‹. Einen solchen Widerspruch festzustellen, ist die Kirche berufen. Wenn sie dabei das Gebot der Gehorsamsverweigerung zur Anwendung bringen muß, ist das immer eine ernste, folgenschwere Entscheidung«.

[2] Vgl. Röm 13, 1 f.

[3] NLB Diözesanjubiläum in Stuttgart am 1. Juli 1928. DV 80, 1928, Nr. 149, (2. Juli 1928), 238.

[4] Vgl. H. Cancik, »Alle Gewalt ist von Gott«. Römer 13 im Rahmen antiker und neuzeitlicher Staatslehren, 69 ff.

218

nicht hat, oder etwas geboten würde, was der Vernunft, dem ewigen Gesetze, Gottes Befehl zuwider ist, da ist es recht, nicht zu gehorchen, d. h. den Menschen, damit Gott Gehorsam geleistet werde«.[5] Ungehorsam gegen die Staatsgewalt war nur dann erlaubt, wenn diese etwas gegen Gott und Naturrecht befahl. Diese einzige Ausnahme ließ die Staatslehre für den bürgerlichen Ungehorsam[6] zu. Ansonsten erwies die Lehre der Staatsgewalt insofern ideologischen Beistand, als sie deren gottgesetzte Obrigkeit unter ein Tabu stellte. Daher hieß es in der Enzyklika »Immortale Dei«: »Sowenig wir nämlich den göttlichen Willen widerrufen dürfen, sowenig ist es gestattet, die rechtmäßige Gewalt zu verachten, wer immer ihr Träger sein mag; denn die Gott widerstreben, bereiten selbst sich ihr Verderben. ›Wer sich der obrigkeitlichen Gewalt widersetzt, der widersetzt sich der Anordnung Gottes; und die sich dieser widersetzen, ziehen sich selbst Verdammnis zu‹ (Röm. 13, 2). Den Gehorsam zu verweigern und die Massen zur Empörung und Gewalttat aufzurufen ist darum ein Verbrechen gegen die göttliche Majestät ebenso wie gegen die menschliche«.[7] Ein aktiver Widerstand gegen ein politisches System konnte aus dieser ideologischen Grundlage nicht abgeleitet werden.[8] Die Märzerklärung der Fuldaer Bischofskonferenz 1933 bekräftigte diese Schulmeinung; sie war deren Applikation und Aktualisierung. Die Bischöfe mahnten die Katholiken »zur Treue gegenüber der rechtmäßigen Obrigkeit« und untersagten »grundsätzlich« jedes »rechtswidrige oder umstürzlerische Verhalten«.[9] Zurecht konstatiert daher Knoll: »Ein ›Widerstandsrecht‹ ... gegen politischen oder ökonomischen Freiheitsentzug innerhalb von Kirche und scholastischem

---

[5] Libertas humana 157. – Vgl. Kap. IV 2.4.

[6] Zum zivilen Ungehorsam vgl: – H. Krings, Über den Widerstand gegen die Staatsgewalt, 179 ff. – H. D. Thoreau, Über die Pflicht zum Ungehorsam gegen den Staat.

[7] Immortale Dei 103. – Vgl. Diuturnum illud 75–79. – Vgl. Kap. IV 2.4.

[8] Vgl. R. Angermair, Darf ein Tyrann getötet werden?, 134 ff. – Vgl. ders., Moraltheologisches Gutachten über das Widerstandsrecht nach der katholischen Lehre, 270 ff. – Vgl. H. Hürten, Zeugnis und Widerstand. Zur Interpretation des Verhaltens der katholischen Kirche im Deutschland Hitlers, 144 ff.; 151.

[9] Vgl. Kap. V 2.3.

Naturrecht zu behaupten, ist totales Mißverständnis beider ... Beiden, der Kirche wie dem scholastischen Naturrecht, ist in ... sozialbefreiender Hinsicht, die politische Ohnmacht, eine soziale Resignation, eingestiftet ... Gerade in der nationalsozialistischen Ära zeigte sich dies. Daß die politische Freiheit zugrunde ging, war und konnte eben nicht ›die‹ Sorge der nur auf ›Seel‹-Sorge angelegten Kirche sein«.[10]

Wollte Bolz aktiven Widerstand gegen ein politisches System leisten, war dies nur möglich, wenn er die katholische Staatslehre unberücksichtigt ließ und sich von ihr lossagte.

2. DER AKTIVE WIDERSTAND

2.1. Die theoretische Legitimation

Im Frühjahr 1934, nachdem Bolz von den nationalsozialistischen Machthabern aus dem aktiven politischen Leben verbannt worden war, machte er in seiner privaten Studie »Katholische Aktion und Politik« u. a. positive Äußerungen zum Widerstandsrecht gegen die Staatsgewalt. Unter bestimmten Voraussetzungen besaß ein christlicher Staatsmann für ihn das Recht bzw. die Pflicht zum aktiven Widerstand: »Da das Gemeinwohl, ›nächst Gott das erste und letzte Gesetz in der staatlichen Gemeinschaft‹, Ursache und Ziel des Staates ist, kann auch die Befehls- und Zwangsgewalt des Staates nur so weit reichen, als dies dem Gemeinwohl dient ... Bei offensichtlichem und dauerndem Mißbrauch der Staatsgewalt besteht ein Notwehrrecht des Volkes«.[11] Mit dieser aus G. J. Ebers[12] zitierten Äußerung legiti-

---

[10] Knoll 39 f.; vgl. ebd. 15 f. – Vgl. Böckenförde I 233–236. – Vgl. K. Scholder, Politischer Widerstand oder Selbstbehauptung als Problem der Kirchenleitung, 204 ff.; 205.

[11] Eugen Bolz, Katholische Aktion und Politik, 29 f. – Vgl. H. Stehkämper, Protest, Opposition und Widerstand im Umkreis der (untergegangenen) Zentrumspartei, 113 ff.; 116.

[12] G. J. Ebers, Staatsgewalt, in: Staatslexikon 4, 1931, 1875–1888; 1879: Das Gemeinwohl ist »nächst Gott das erste und letzte Gesetz in der staatlichen Gemeinschaft«.

mierte Bolz seine aktive Haltung. Für Bolz hatte die Staatsgewalt ihre Ursache und Ziel im Gemeinwohl. Kam sie dieser »Pflicht« nicht nach, d. h. setzte sie ihr singuläres Wohl höher als das öffentliche, dann besaß das Volk das Recht zum aktiven Widerstand. Allerdings ging er in seiner aktiven Haltung weiter als Ebers. In einem Hochland-Aufsatz schrieb Ebers 1928: »Folglich ist ... die Förderung des Gemeinwohls der von Gott gewollte Zweck des Staates, sowohl Ursache wie Ziel, Kausal- und Finalzweck, nächst Gott erstes und letztes Gesetz des Staates ... Wenn daher das öffentliche Wohl gebieterisch eine Änderung fordert, so kann dem das Recht eines einzelnen Fürsten oder einer Dynastie nicht entgegenstehen, denn höher als deren Recht steht das Recht des Volkes auf seine Existenz«.[13] Wie in seiner späteren Abhandlung »Staatsgewalt«, so machte Ebers auch in diesem Artikel keine positiven Äußerungen zu einem aktiven Widerstandsrecht gegen die Staatsgewalt; vielmehr schloß er seinen Gedankengang mit dem Satz: »Die Notwendigkeit einer solchen Änderung liegt sicher vor, wenn die frühere Staatsform tatsächlich zerstört ist und sich eine neue Regierung an Stelle der bisherigen gebildet hat«. Mit Blick auf Papst Leo XIII. meinte er abschließend: »Die politischen Veränderungen ... sind zuweilen die Folge heftiger, sehr oft sogar blutiger Krisen, durch die die bisherigen Gewalten tatsächlich verschwinden. Dann herrscht zunächst Anarchie, bald ist die öffentliche Ordnung bis in ihre Grundlagen erschüttert. Damit tritt eine gesellschaftliche Notwendigkeit an die Nation heran. Sie muß ohne Verzug für sich selbst sorgen. Denn wie sollte sie nicht das Recht, ja noch mehr die Pflicht haben, sich zu schützen vor einem Stande der Dinge, der sie so tief erschüttert, und den öffentlichen Frieden in der früheren Ruhe und Ordnung wiederherzustellen? Diese gesellschaftliche Notlage rechtfertigt die Schaffung und den Bestand neuer Regierungen«.[14] Nach Ebers verhielt sich also die katholische Staatslehre und Moral »passiv« zu einer Revolution oder einem Staatsstreich, sie war »kein Sprengmittel der Ketten und Kerker«.[15] Wurde die Revolution »von anderen« gemacht, dann gebot die Lehre dem Katholiken, die neue Herrschaft und eine eventuell damit verbundene neue

---

[13] G. J. Ebers, Reichsverfassung und christliche Staatslehre, 569–576.
[14] Ebd. 576. – Vgl. Kap. IV 2.1.
[15] Knoll 30.

Staatsform anzuerkennen, um mit Rücksicht auf das übergeordnete Gemeinwohl, die Anarchie revolutionärer Tage so schnell wie möglich zu beenden.[16]

Bolz vertrat im Frühjahr 1934 eine andere Meinung. Für ihn hatte zwar das »passive Widerstandsrecht« weiterhin seine Gültigkeit, wie er dies in seinem Exposé explizit schrieb: »›Man muß Gott mehr gehorchen als den Menschen‹. Einen solchen Widerspruch festzustellen, ist die Kirche berufen. Wenn sie dabei das Gebot der Gehorsamsverweigerung zur Anwendung bringen muß, ist das immer eine ernste, folgenschwere Entscheidung«.[17] Aus dieser »passiven« Haltung deduzierte Bolz im weiteren Verlauf seiner Abhandlung das Recht bzw. die Pflicht zum aktiven Widerstand. Folgende Argumentationsstruktur lag seinem Standpunkt zugrunde:

Das Wesensmerkmal einer vollkommenen Gesellschaft war für ihn das Gemeinwohl. Dieses bonum commune, aus dem die Staatsgewalt ihre Legitimation ableitete, besaß durch seine göttliche Bestimmung einen sittlichen Eigenwert und war von der Summe des Privatwohls der Bürger verschieden. Staat und Gesellschaft erhielten dadurch ihren Wert und ihre Würde. Wurde nun das bonum commune seines Zweckes beraubt, indem z. B. eine radikale Minderheit das Einzelwohl höher ansiedelte als das Gemeinwohl, dann besaß das Volk ein sittlich begründetes Recht auf aktiven Widerstand. Angesichts der potentiellen Gefahr des Mißbrauchs der Staatsgewalt durch eine Minderheit gab es für Bolz keinen Zweifel, daß es ein sittlich begründetes Notwehrrecht des Volkes gab: Bei einem offensichtlichen und dauernden Mißbrauch der Staatsgewalt war nach Bolz' Überzeugung auch der Katholik verpflichtet – um mit Karl Marx zu reden – ›die Waffen der Kritik durch die Kritik der Waffen‹ zu ersetzen.

Auf diesem Stand seiner Reflexionen differenzierte Bolz sachlich zwischen einer legalen und legitimen Staatsgewalt:[18] Legal (gesetzmäßig) war sie, wenn und weil sie verfassungsmäßig begründet wurde und im Einklang mit den vom positiven Recht geforderten Bedin-

---

[16] Vgl. Kap. IV.
[17] Eugen Bolz, Katholische Aktion und Politik, 29. – Vgl. Pribilla, Staatsgewalt, 412.
[18] Vgl. Scheidle 23–37. – Vgl. C. Schmitt, Legalität und Legitimität.

gungen stand; legitim (rechtmäßig), wenn und weil sie, abgesehen von ihrer Legalität, dem inneren Sinn der Staatsgewalt, nämlich der Verwirklichung des Gemeinwohls, entsprach. Legalität und Legitimität konnten für Bolz konkret auseinanderfallen. Ein Regime konnte einerseits mit der positiven Rechtsordnung in Einklang stehen, andererseits jedoch den Maßstäben der Legitimität widersprechen. Dieser Konflikt führte in Bolz' Studie zur Widerstandslage.

Die dargestellten Überlegungen blieben bei ihm zunächst noch im Bereich der Theorie; sie bildeten in seinem Denken allerdings bereits im Frühjahr 1934 eine »objektive Möglichkeit«[19] und die Bedingung für seinen späteren Weg in den aktiven politischen Widerstand gegen das nationalsozialistische Regime.

Mit denselben Argumenten, die sich 1934 bei Bolz fanden, legitimierte der Sozialethiker Max Pribilla nach dem Krieg ein aktives Widerstandsrecht gegen die Staatsgewalt.[20]

2.2. Die praktische Konsequenz

Nach seiner Freilassung aus der Haft am 12. Juli 1933 wurde Bolz weiterhin von der Gestapo überwacht. Trotzdem traf er sich regelmäßig mit einem Kreis von »Gleichgesinnten« im »Europäischen Hof« in Stuttgart. Dieser Gruppe gehörten der Ministerialrat Felix Walter, Gebhard Müller, Reinhold Maier, Theodor Heuss und Wilhelm Keil[21] an. Von Bolz' Anteil an der Widerstandsarbeit vor dem Krieg haben wir keine Kenntnis. Legt man allerdings das Kriterium von Hans Rothfels zugrunde, wonach frühe Widerstandszentren bereits dort zu sehen sind, wo einzelne politische Persönlichkeiten unterschiedlicher Couleur eine mehr oder weniger enge Verbindung untereinander eingingen,[22] dann war Bolz »von allem Anfang an ein Widerstandskämpfer«.[23] Nach Kriegsausbruch ist bei Wilhelm Keil

[19] Zur Theorie der »objektiven Möglichkeit«, vgl. M. Weber, Gesammelte Aufsätze zur Wissenschaftslehre, 266 ff.

[20] M. Pribilla, Staatsgewalt, 410 ff.

[21] Vgl. Keil 526; 562; 579.

[22] Vgl. H. Rothfels, Die deutsche Opposition gegen Hitler. Eine Würdigung.

[23] Miller 478. – Vgl. zum Begriff »Widerstand« K. Gotto, H. G. Hockerts, K.

eine erstaunliche Äußerung von Bolz überliefert. In einem Gespräch mit Keil war Bolz der festen Überzeugung, daß Hitler in einem Weltkrieg »nur unterliegen«[24] konnte. Über den ehemaligen Oberbürgermeister von Leipzig Carl Goerdeler, dem Planer und Motor des Widerstandes, kam Bolz mit dem organisierten Widerstand in Berührung. Im Kriegswinter 1941 bemühte sich dieser, Bolz für seine Pläne zum Sturz des Hitlerregimes zu gewinnen.[25] An den Gesprächen nahm zeitweise auch der frühere Gewerkschaftssekretär und Reichstagsabgeordnete des Zentrums Josef Ersing aus Stuttgart teil.[26] Nach den Überlegungen des Goerdeler-Kreises vom Januar 1943 über die Zusammensetzung einer neuen Regierung auf Reichsebene war Bolz zunächst als Reichsinnenminister vorgesehen, in einer Fortschreibung dieser geheimen »Kabinettsliste« vom Frühsommer 1944 als Reichskultusminister.[27] Ob Bolz dazu seine Zustimmung gab, ist fraglich, da bis 1933 die entsprechenden Kompetenzen ausschließlich den Ländern vorbehalten waren.[28] Gegenüber der früheren Kollegin aus der Reichstagsfraktion Helene Weber begründete Bolz im November 1933 seinen Entschluß, in den aktiven Widerstand zu gehen, mit den Worten:»Mein Leben ist nichts, wenn es um Deutschland geht. Auch meine Sicherheit ist nichts, wenn es um die deutsche Sicherheit geht. Ich kann nicht anders. Ich muß dabei sein«.[29] Die Ereignisse des 20. Juli 1944 sind bekannt.[30] Die Verhaftung von Bolz stand in keinem direkten Zusammenhang zum Attentat gegen Hitler. Am 12. August

Repgen, Nationalsozialistische Herausforderung und kirchliche Antwort. Eine Bilanz, 122 ff.

[24] Keil 562. – Vgl. Morsey III 100.

[25] Vgl. Köhler II, Dokument Nr. 2, 60 f.

[26] Vgl. ebd. 62.

[27] Vgl. ebd. 60 f.

[28] Vgl. Morsey III 101.

[29] Miller 486.

[30] Zum Widerstand vgl.: P. Steinbach, Widerstand. Ein Problem zwischen Theorie und Geschichte. – J. Schmädeke, P. Steinbach, Der Widerstand gegen den Nationalsozialismus. Die deutsche Gesellschaft und der Widerstand gegen Hitler. – P. Hoffmann, Widerstand gegen Hitler. Probleme des Umsturzes. – E. Gerstenmaier, Von Bolz bis zu Rommel und Wurm. Baden-Württemberger im Kampf gegen Hitler. – M. G. Dönhoff, »Um der Ehre willen«. Erinnerungen an die Freunde vom 20. Juli.

1944 wurde Bolz von der Gestapo verhaftet. Eine zwischen beiden Daten mögliche Flucht ins Ausland lehnte er ab. Am 21. Dezember stand er zusammen mit zwei früheren Staatssekretären der Reichskanzlei, darunter Hermann Pünder, und dem früheren Zentrumspolitiker und Reichsminister Andreas Hermes vor dem Volksgerichtshof unter dem Vorsitz von Roland Freisler.[31] Bolz wußte, daß sein Todesurteil bereits vor der Verhandlung feststand. In der mündlichen Verhandlung gab er seine Beziehungen zu Goerdeler und einer Reihe seiner Mitstreiter offen zu, ohne allerdings einen Gefährten zu belasten.[32] Am 21. Dezember 1944 wurde er zum Tode verurteilt. In der Urteilsbegründung hieß es lapidar: »Bolz hat ... an dem hochverräterischen Treiben Goerdelers aktiven Anteil gehabt ... Er wußte natürlich auch, daß solche Gedankengänge und Pläne, solch zersetzender Defätismus, umgewandelt in Verrat, gerade das ist, was unsere Feinde sich bei uns wünschen. Er hat sich also mit zum Knecht unserer Kriegsfeinde gemacht ... Dadurch ist er für immer ehrlos geworden. Er mußte um unserer Selbstachtung, um unseres Sieges, um der Sicherheit der kämpfenden Front und Heimat willen dafür mit dem Tode bestraft werden«.[33] Gnadengesuche von Bolz und seiner Frau wurden von Hitler abgelehnt. Am 23. Januar 1945 wurde er im Gefängnis Berlin-Plötzensee enthauptet. Es war früher Nachmittag. Die Sterbeurkunde gab die Zeit mit 15. 46 Uhr an.

2.3.   Reflexionen über den Bolzschen Widerstandsbegriff

2.3.1. Begründung seines politischen Handelns

Wie seine Zustimmung zum Ermächtigungsgesetz,[34] begründete Bolz seine Bereitschaft, in den politischen Widerstand gegen Hitler zu gehen, aus einer inneren Überzeugung heraus: »Und wenn *ich* umkomme, *mein* Leben ist nichts, wenn es um Deutschland geht.

---

[31] Vgl. Köhler II, Dokument Nr. 2, 60 ff.
[32] Vgl. ebd. 60 ff.
[33] Ebd. 63.
[34] Vgl. Kap. V 1.3.

Auch *meine* Sicherheit ist nichts, wenn es um die deutsche Sicherheit geht. *Ich* kann nicht anders. *Ich* muß dabei sein«.[35] Die Bejahung des politischen Widerstandes resultierte bei Bolz aus der »Empörung des Gewissens«.[36] Diese »Empörung« war allerdings nicht »katholisch« motiviert, sie entsprang vielmehr staats- und rechtsphilosophischen Reflexionen. Mit Bracher kann man daher feststellen: »Die Impulse zum bürgerlichen Widerstand kamen aus ... Gewissensentscheidungen des einzelnen, aus dem Sinn für Recht und Unrecht«.[37]

2.3.2. Stufen des Widerstandes[38]

Bei der Verabschiedung des Reichskonkordats ging es der Kirche um die Wahrung der eigenen Identität. Dieser Rückzug in die Innerlichkeit war verbunden mit der Zurückweisung jeglichen politischen Anspruchs. In diesem Verhalten der katholischen Kirche sah Heinz Hürten eine spezifische Form des christlichen Widerstands; er meinte: »Die Verteidigung des kirchlichen Besitzstandes in der Gesellschaft, ihrer sozialen Präsenz in Schule und Verbandswesen lief auf die Abwehr des nationalsozialistischen Anspruchs auf alleinige und allgemeine Gültigkeit hinaus. Sie zog dem Geltungsbereich der nationalsozialistischen Ideologie und des nationalsozialistischen Machtanspruchs Grenzen, und eben dies ist vom Regime als ›Widerstand‹ betrachtet und bezeichnet worden«.[39] Auf diesem Hintergrund wird bereits »Resistenz, Nicht-Anpassung, Selbstbewahrung«[40] zu einer spezifischen Form von Widerstand, denn »diese Nicht-Anpassung begrenzte die Herrschaft, behinderte die Realisierung des Totalitären in einem konkreten Bereich«.[41] Im Kern blieb dieser Widerstandsbe-

---

[35] Miller 486 (Hervorhebung J. S.).
[36] K. D. Bracher, Staatsgesinnung und Widerstand, 5.
[37] Ebd.
[38] Vgl. K. Gotto, H. G. Hockerts, K. Repgen, Nationalsozialistische Herausforderung und kirchliche Antwort. Eine Bilanz, 124 f.
[39] H. Hürten, Zeugnis und Widerstand der Kirche im NS-Staat. Überlegungen zu Begriff und Sache, 363 ff.; 367. – Vgl. ders., Deutsche Katholiken 1918–1945, 537.
[40] Gotto u. a. 124.
[41] Ebd.

griff »defensiv«. Bolz hingegen konnte sich nicht begnügen, seine Identität als Katholik zu wahren, ohne Rücksicht darauf zu nehmen, was um ihn herum geschah. »Sein« Christentum war weltoffen; es hatte für ihn immer einen öffentlichen, d. h. politischen Charakter: »Der Katholik, das katholische Volk sollen katholisch leben. Aber nicht nur privatim, sondern auch öffentlich. Katholische Grundsätze ... sollen auch im öffentlichen Leben verwirklicht werden«.[42] Ein solches politisches Mandat implizierte bei Bolz immer auch die Bereitschaft zum direkten politischen Widerstand. Angesicht der Gefahr, die durch den Krieg dem deutschen Volk drohte,[43] mußten die Strukturen des politischen Handelns und der politisch verantwortbaren Reflexion eines Christen aktiviert werden. Dies war nur möglich, wenn Bolz über den Schatten der katholischen Staatslehre und Moral sprang, sich von den anfänglichen Äußerungen der katholischen Bischöfe distanzierte und aus einer inneren Überzeugung heraus den Weg in den politischen Widerstand ging. Die theoretischen Voraussetzungen zu diesem Schritt schuf er sich in seinem Exposé »Katholische Aktion und Politik«. Diese Reflexionen über das Thema Politik und Religion mußten nun in die Praxis umgesetzt werden. Der aktive Widerstand implizierte bei Bolz ein generelles Nein zum nationalsozialistischen Regime.[44] Als die Freiheit des deutschen Volkes und das Gewissen des einzelnen auf dem Spiel standen, wurde Bolz zum Märtyrer. Was er bei der Reflexion über das Thema Politik und

---

[42] Eugen Bolz, Katholische Aktion und Politik, 43. – Vgl. NLB ZV in Bad Mergentheim am 26. Nov. 1922. Tauberzeitung (27. November 1922), 90: »Über die alte dumme Phrase, daß Religion mit der Politik nichts zu schaffen habe, sei kein Wort zu verlieren. Ist man nur dazu Christ, daß man in die Kirche läuft und in der Familie sein Christentum pflegt, oder ist es nicht die Pflicht, das, was man als Weltanschauung bezeichnet, auf die Lösung der öffentlichen Fragen zu übertragen?« – Zum ethisch, politisch-humanitären Charakter der christlichen Botschaft vgl. E. Bethge, Zwischen Bekenntnis und Widerstand: Erfahrungen in der Altpreußischen Union, 281 ff.

[43] Vgl. die Äußerung von Bolz zu Wilhelm Keil: »In einem Weltkrieg muß Hitler unterliegen«!

[44] Vgl. Köhler III, Dokument Nr. 2, 60: »Eugen Bolz ... bekannte heute vor uns, daß er kein Nationalsozialist sei. Er vermisse bei uns die individuelle Freiheit!«

Religion bei Philipp Funk gelesen hatte, wurde durch seinen Tod Realität: »Die Gewissensfreiheit schneidet aus jeder staatlichen Gemeinschaft einen Freiheitsraum des individuellen Rechts und schafft eine unantastbare Zone des geistigen und sittlichen Prinzips«. Die Fortsetzung des Satzes wurde von Bolz in seinem Exposé nicht mehr zitiert; sie lautet: »Mit dem Blut der Märtyrer ist der heilige Boden persönlicher Freiheit erkauft. Die Gewissensfreiheit gehört fortan zu den höchsten Werten des Menschentums«.[45]

---

[45] P. Funk, Der Einzelne, die Kirche und der Staat im Mittelalter, 97–109; 97 f. – Vgl. Bolz, Katholische Aktion und Politk, 31.

Eugen Bolz vor dem Volksgerichtshof im Dezember 1944

VII. ERGEBNISSE

1. DER POLITIKER EUGEN BOLZ

1.1. Bolz' Politik als Ausdruck einer spezifisch württembergischen Eigenart

Die politischen Grundanschauungen von Bolz, um die es in dieser Auseinandersetzung ging, waren bestimmt von seiner sozialen Herkunft. Im Rottenburger Kleinstadtmilieu aufgewachsen, fühlte er sich zeitlebens mit seiner katholischen Heimat eng verbunden; hier lernte er seinen katholischen Glauben kennen und leben. In der Politik äußerte sich seine starke württembergische Bindung u. a. darin, daß er sich nicht, wie etwa Matthias Erzberger, in Berlin niederließ, sondern seine Zeit zwischen Berlin und Stuttgart teilte. Bolz stand in der württembergischen Zentrumspartei dem »agrarisch-konservativen« Flügel nahe. Dieser neigte zu autoritären Tendenzen, die auch in der Politik von Bolz eine nicht unwesentliche Rolle spielten. Aus dieser »konservativen« Haltung resultierte einerseits ein »natürlicher« Gegensatz zu den Sozialdemokraten, andererseits eine »natürliche Nähe« zu den »Rechtsparteien«. Für das Verständnis der politischen Entwicklung in Württemberg seit 1923 ist dieser Gesichtspunkt von großer Bedeutung. Dazu kam als eine weitere Konstante in seinem politischen Denken im Reflex auf die Diasporasituation, in der sich die Katholiken im protestantischen Württemberg befanden, ein ständiges Ankämpfen gegen die Benachteiligung der Katholiken in Württemberg. Bolz' engagiertes Eintreten für den »katholischen« Standpunkt und seine Paritätsbeschwerden über eine Benachteiligung von Katholiken in Staat und Gesellschaft hatten hier ihre Wurzel.

1.2. Bolz' Politik als Ausdruck einer spezifisch katholischen Bindung

Unter den Faktoren, die die Politik von Bolz prägten, konnte man sechs charakteristische »katholische« Konstanten ausfindig machen. Es waren dies die Grundsätze vom »Zwang der Verhältnisse«, der »kirchlich-kulturellen Priorität«, der »Verfassungstreue«, der »Staatlichkeit«, der »Autorität« und das Prinzip der »grundsätzlichen Ablehnung einer Revolution«. Ihre theoretische Legitimation erhielt seine Politk durch die katholische Staatslehre und Moral, wie sei sich in den Enzykliken der Päpste Leos XIII. und Pius XI. manifestierte. In diesem Sinne besaß Bolz' Politik eine »katholisch-naturrechtliche« Argumentation und war Ausdruck einer spezifisch katholischen Bindung.

1.3. Ambivalente Wirkung einer ideologischen Politik

Die naturrechtlich begründete Selbstkennzeichnung des Zentrums als eine im Religiösen verankerte Weltanschauungspartei war in ihrer Wirkung ambivalent. Sie führte einerseits zu einer Reduktion des »Politischen«, andererseits provozierte diese Kennzeichnung eminent politische Konsequenzen.

Bolz' Politik als Ausdruck einer spezifisch »katholischen« Bindung war zunächst einmal »politisch« nichtssagend. Sie gab ihm die Möglichkeit, sich in der Frage nach der konkreten Staatsform oder des jeweiligen Koalitionspartners opportun zu verhalten. Mit seiner Politik gehörte Bolz auch nicht zur »politischen« Minderheit derjenigen Zentrumspolitiker, die sich für eine Ausweitung der konfessionellen Grundlage der Zentrumspartei einsetzten. Alle Bestrebungen, die eine »Politisierung« der Partei zum Ziel hatten, lehnte Bolz grundsätzlich ab. Daher begrüßte er 1928 die Wahl von Prälat Kaas zum neuen Parteivorsitzenden des Zentrums; mit ihm hoffte er eine »Politisierung« der Partei verhindern zu können. Gegenüber allen gesellschaftlich-politischen Willensäußerungen empfand Bolz eine Distanz. Er war von der Möglichkeit überzeugt, die »Politik« gegenüber der »Staatlichkeit« zurücktreten lassen zu können und zwischen »Staat« und »Republik« bzw. »Gesellschaft« differenzieren zu können. »Politik« war seinem Verständnis nach primär Staatsgestaltung und -führung und nicht Pateienkampf und -spiel. Einen präventiven Verfassungsbruch aus »politischen« Gründen lehnte er ab, da er sich dem verfassungskonformen Weg »verpflichtet« fühlte. Solange die bestehende Verfassung galt, mußte seinem Verständnis nach Politik auf ihrer Grundlage betrieben werden.

In der Wahl seiner »politischen« Mittel besaß der politische Katholizismus eine grundsätzliche Selbstbeschränkung. In der Endphase der Weimarer Republik führte dies bei Bolz dazu, daß er Papen und Hugenberg für gefährlicher hielt als Hitler. Noch im März 1933 hoffte er gemeinsam mit Hitler eine Politik im Rahmen der Verfassung betreiben zu können. Dieser verfassungskonforme Weg stand im Gegensatz zu den Verfassungsbruchplänen von Papen und Schleicher. Deren Pläne galt es, aus einem spezifisch »katholischen« Antrieb heraus, zu verhindern. Diese Fixierung auf das Weltanschauliche raubte seiner Politik die Fähigkeit, gegenüber den Nationalsozialisten wirklich »politisch«, d. h. »vom Ganzen her« und auf »das Ganze hin«, zu urteilen und zu entscheiden. Man kann daher in der Politik von Bolz gegenüber den Nationalsozialisten von keinen »prophetischen Weitblicken«[1] sprechen, allerdings auch nicht von »Fehleinschätzungen«,[2] sondern eher von einer »Folgerichtigkeit« seines Denkens in politicis; seine Politik war die Konsequenz aus der Bindung an die katholische Staatslehre und Moral. Dies führte bei ihm zu einer Unterschätzung des Extremismus von rechts und zu einer Überschätzung der Gefahr von links. Brachers These, wonach die Geschichte des Nationalsozialismus die Geschichte seiner Unterschätzung war, wird durch diese »grundsätzliche« Sicht der Dinge bestätigt.[3]

[1] Gegen Köhler II 15. – Gegen Erwin Teufel, Stuttgarter Zeitung vom 19. Nov. 1991. Teufel meinte, zu den »politischen Leistungen« von Bolz hätten u. a. dessen Warnung vor den »extremistischen Gefahren von links und rechts« gehört, die er »klar erkannt« habe.
[2] Gegen Morsey I 97.
[3] Vgl. K. D. Bracher, Zeitgeschichtliche Kontroversen. Um Faschismus, Totalitarismus, Demokratie, 61 ff. – Vgl. H. Köhler, Geschichte der Weimarer Republik, 92.

1.4. Bolz' Politik als Ausdruck einer kritischen Distanz zur katholischen Staatslehre und Moral

Die Applikation und Aktualisierung der katholischen Doktrin dokumentierten Mitte der zwanziger Jahre die von Rom forcierten Maßnahmen, wie die Propagierung der Katholischen Aktion und das Ratifizieren von Konkordaten auf Länder- und Reichsebene. Beiden Maßnahmen stand Bolz äußerst kritisch gegenüber. Die Intention der römischen Konkordatspolitik waren evident: Konkordatäre Vertragsabschlüsse sollten die Sicherung kirchlicher Rechte durch konfessionell fundierte Parteien ablösen. Der Abschluß konkordatärer Verträge bildete zugleich das Fundament für eine Bewegung im zeitgenössischen Katholizismus, die in der Gründung der Katholischen Aktion ihren für das Zentrum bedeutsamsten Ausdruck fand. Diese Bewegung war von Anfang an »unpolitisch« konzipiert und mußte daher als potentieller »Ersatz« für den politischen Katholizismus interpretiert werden. Bolz erkannte diese Gefahr und sprach sich daher für ein dezidiert parteipolitisches Engagement der Katholiken aus. Zugleich distanzierte er sich von Papens Politik, auf der Grundlage von Quadragesimo anno den Parteienstaat zu eliminieren und einen autoritär-ständisch gegliederten Staat zu etablieren.

1.5. Ein Märtyrer »aus tiefster Gewissensverpflichtung«[4]

Eugen Bolz war kein »katholischer Märtyrer«.[5] An einer Schaffung von spezifisch »katholischen« Märtyrern war die katholische Kirche nicht interessiert.[6] Seit Mitte der zwanziger Jahre wurde von Rom durch das Programm der Katholischen Aktion die Entpolitisierung des Katholizismus betrieben. Nach der Machtergreifung 1933 fand sie einen modus vivendi gegenüber dem Nationalsozialismus: Die

---

[4] T. Stelzer, Ansprache des Präsidenten Theodor Stelzer.
[5] Gegen Hagen 202 ff.
[6] Vgl. K. Scholder, Politischer Widerstand oder Selbstbehauptung als Problem der Kirchenleitung, 205; dort unter Bezug auf K. O. v. Aretin: Es hat »keinen Katholischen Widerstand gegeben, es hat nur Katholiken im Widerstand gegeben«.

232

Bischöfe forderten am 28. März 1933 die Katholiken »zur Treue gegenüber der »rechtmäßigen Obrigkeit« auf und lehnten alle »rechtswidrigen« und »umstürzlerischen«[7] Maßnahmen prinzipiell ab. Am 20. Juli 1933 unterzeichnete die katholische Kirche das Reichskonkordat; dabei verpflichtete sie sich in den Artikeln 31 und 32, der sog. Verbands- und Entpolitisierungsklausel, auf alle politische Tätigkeit zu verzichteten. Wollte Bolz gegenüber dem Nationalsozialismus »politisch« agieren, dann mußte er sich von dieser »apolitischen Haltung« der katholischen Kirche distanzieren und, »einer inneren Verpflichtung«[8] folgend, in den »aktiven« politischen Widerstand gehen. Bereits im Frühjahr 1934 machte er in einem Aufsatz positive Äußerungen zum Widerstandsrecht gegen eine unrechtmäßige Staatsgewalt.

Die politischen Strukturen für seinen Märtyrertod 1945 sind bei Bolz bereits in seiner Weimarer Politik grundgelegt. Dieser war nicht das Resultat einer späteren Umkehr, sondern Konsequenz seiner Denk- und Verhaltensweise in politicis. Dabei müssen zwei Ebenen, von denen aus Bolz agierte, unterschieden werden: Zum einen eine kirchenpolitische, zum andern eine weltlich-politischen Ebene.

Auf der profanen Ebene zeigte sich Bolz kritisch gegenüber allen Tendenzen, die das Existenzrecht des Zentrums und der BVP in Frage zu stellen versuchten. Diese Tendenz sah Bolz 1921 in dem »konservativen« Versuch[9] von Stegerwald, eine überkonfessionelle Partei zu gründen und 1927 in dem »progressiven« Versuch[10] von Wirth, eine linksdemokratische Volkspartei zu gründen. Mit derselben unnachgiebigen Haltung verurteilte er Papens Politik, den Parteienstaat zu eliminieren. Um dieser Gefahr zu begegnen, wollte Bolz mit Hitler – und gegen Papen – in einer Mehrparteienregierung zusammenarbeiten.

Auf der anderen Ebene, d. h. der kirchenpolitischen, verurteilte er alle römisch-kurialen Tendenzen, die das Existenzrecht der Zentrumspartei in Frage stellten: Die Katholische Aktion und kon-

---

[7] Vgl. Kundgebung der deutschen Bischöfe vom 28. März 1933, 30 ff.
[8] T. Stelzer, Ansprache.
[9] Vgl. Becker II 13.
[10] Vgl. ebd.

kordatäre Vertragsabschlüsse, die Korrelat und unabdingbare Voraussetzung der Wirksamkeit der Katholischen Aktion waren. Gegenüber beiden Tendenzen, der weltlich-politischen und der kirchenpolitischen, zeigte sich Bolz unnachgiebig und kämpfte dagegen an. Diese dezidierte Haltung führte bei ihm 1933 auf der weltlich-politischen Ebene zur Ablehnung des Ermächtigungsgesetzes, weil er, neben verfassungsrechtlichen Bedenken, erkannte, daß mit der Zustimmung zum Ermächtigungsgesetz der deutsche politische Katholizismus die nächsten Jahre jeden politischen Einfluß im Staat verlieren mußte. Auf der kirchenpolitischen Ebene führte diese Sichtweise bei Bolz zu einer Ablehnung der »apolitischen« Haltung, wie sie die katholische Kirche mit der Ratifizierung des Reichskonkordats 1933 forderte.

2.   DAS »GRUNDSÄTZLICHE« IM POLITISCHEN SELBSTVERSTÄNDNIS DER ZENTRUMSPARTEI

2.1.   Keine Fehleinschätzung, sondern Durchsetzung von Prinzipien

2.1.1. »Demokratischer Substanzverlust« als Ursache für den Untergang der Zentrumspartei?

In seiner Arbeit »Die Deutsche Zentrumspartei« machte Morsey für die Ursachen »des sang- und klanglosen« Untergangs der Zentrumspartei u. a. »eine innere Ablösung von der demokratisch-republikanischen Substanz«[11] seit der Wahl von Prälat Kaas zum Parteivorsitzenden verantwortlich. Von den grundsätzlichen Möglichkeiten einer Partei, sich entweder konservativ oder demokratisch zu entwickeln, sei am Ende die erste Wirklichkeit geworden.[12]

Geht man allerdings, wie es diese Arbeit tat, von der Annahme aus, wonach sich die Zentrumspolitik im allgemeinen und Bolz' Politik im speziellen an einer abstrakten, ungeschichtlich denkenden, Natur-

[11] Morsey II 413.
[12] Ebd. 415.

rechtslehre orientierte, ergibt sich eine andere Sicht der Dinge: Gegen die Position von Morsey gilt es zu betonen, daß der Zentrumspolitik »ewige Grundsätze« zugrunde lagen; darauf insistierte Bolz in seinen Reden ständig.[13] Diese Grundsätze durften im politischen Alltag unter keinen Umständen preisgegeben werden. Auf einer Katholikenversammlung rief Bolz daher einmal aus: »Absolute Wahrheiten wollen wir in die Gegenwart hineinstellen, in eine Gegenwart, in der alles wankt und schwankt, angezweifelt und niedergehalten wird. Wenn es nichts Ewiges, nichts Unveränderliches, nichts Wahres gibt, auf was sollen wir dann in dieser Elendszeit noch hoffen? ... Absolute, ewige Wahrheit duldet kein Verhandeln und keinen Kompromiß. Sie bedarf das Opfer bedingungsloser Unterwerfung«.[14] Ein demokratisch-republikanischer Kurs, wie ihn etwa Wirth vertrat, wurde von Bolz nicht verfolgt. Seine Politik entsprach dem Grundsatz der »Akkommodation«: »Es ist die ›Majestät der Tatsache‹, welche die Kirche – im außerreligiösen Bereich ganz positivistisch-opportunistisch eingestellt – respektiert«.[15] Diesem Grundsatz trug Bolz in seiner Politik Rechnung. Man sollte daher in der Zentrumspolitik von keinem »demokratischen Substanzverlust«[16] sprechen, da die Ideengrundlage des Zentrums, z. B. in Bezug auf die Staatsform, auf keine bestimmte Staatsform festgelegt war. Wenn es Bolz und dem Zentrum um grundsätzlich weltanschauliche Fragen ging, muß man von einer Folgerichtigkeit ihrer katholischen Denk- und Verhaltensweise in politicis sprechen.

---

[13] Vgl. NLB ZV in Bad Megentheim am 26. Nov 1922, 90. – Vgl. NLB ZKPT in Ulm am 18. Febr. 1923, 97. – Vgl. NLB ZV in Saulgau am 10. Febr. 1924, 134. – Vgl. NLB ZV in Ellwangen am 30. Nov. 1924, 204 f. – Vgl. NLB ZPT in Leutkirch am 15. Mai 19927, 236. – Vgl. Eugen Bolz, Katholische Aktion und Politik, 28. – Vgl. Eugen Bolz, Das Neue Reich vom 15. Jan. 1922.
[14] NLB Ansprache auf der 64. GV der Katholiken Deutschlands in Stuttgart am 23. Aug. 1925.
[15] Knoll 59.
[16] Morsey II 415.

2.1.2. Die »Akzentuierung des Autoritären« in der Politik von Eugen Bolz

Nach Morsey begann 1928 mit der Wahl von Kaas zum Parteivorsitzenden im Zentrum ein neuer Kurs – »in Richtung auf eine Staatsordnung mit stark autoritären Zügen«.[17] Gerade Bolz galt Morsey dabei als Prototyp »für autoritäre Führung und Politik«.[18] Gegen Morsey gilt es zu betonen, daß das Führungs- und Autoritätsproblem für das Zentrum seit der Gründung der Weimarer Republik bestand.[19] Gegenüber der Instabilität der Weimarer Republik infolge ununterbrochener Koalitions- und Regierungskrisen forderte Bolz bei der Matthias Erzberger-Gedächtnisfeier 1921 in Stuttgart »Mut zu einer unpopulären Politik«,[20] verlangte er in Saulgau 1924 »starke Persönlichkeiten«[21] und bejahte »politische Führernaturen«.[22] Bolz' Politik zeigte also bereits zu Beginn der Weimarer Demokratie deutlich autoritäre Tendenzen. In der Krise der Weimarer Republik zu Beginn der dreißiger Jahre akzentuierte sich bei ihm dieses autoritäre Verlangen. Seine Politik zielte im Rahmen der Verfassung auf eine »reformierte«, d. h. »autoritäre Demokratie«, eine Synthese von Präsidialgewalt und eingeschränktem Parlamentarismus. Das Parlament sollte seine Aufgabe auf eine »moralische Stütze«[23] reduzieren. Dabei ging es Bolz nicht um ein konkretes Interesse oder eine Ideologie, sondern um Regierbarkeit. Ideologische Grundlage für einen solchen Rekurs auf das »Autoritäre« bildete die katholische Staatslehre und Moral; sie war autoritär geprägt.

Damit wird deutlich: Autoritär war Bolz' Politik bereits zu Beginn der Weimarer Republik und zwar aufgrund ihrer ideologischen Grundlage und nicht erst ab 1928 aufgrund des neuen »autoritären

---

[17] Ebd. 290.
[18] Ebd. 292.
[19] Vgl. Miller 93; 104; 120; 122; 156; 552.
[20] NLB Matthias Erzberger-Gedächtnisfeier in Stuttgart am 1. Sept. 1921, 49.
[21] NLB ZV in Saulgau am 10. Febr. 1924, 129.
[22] NLB Rottenburger Zeitung vom 25. Mai 1921, 42. – Vgl. Miller 157 f.
[23] NLB Tagung des Landesparteiausschusses des württ. Zentrums in Saulgau am 10. Okt. 1932, 284.

Kurses« innerhalb der Zentrumspartei. Der autoritäre Staat war kein Anathema.

2.2. Die sachliche Kontinuität

Mit großem Nachdruck weist Junker in seiner Arbeit alle Versuche zurück, die eine Kontinuität zwischen dem Reichskonkordat und der Konkordatspolitik der römischen Kurie in der Weimarer Republik zu konstruieren versuchen. Er schreibt: »Die Versuche, eine mittelbare oder unmittelbare Kontinuität zwischen den Konkordatsverhandlungen in der Weimarer Republik und dem Reichskonkordat von 1933 zu behaupten, verfehlen den politischen Kern des Vertrags ... 1932 war vom Entpolitisierungsartikel, der implizierten Preisgabe des Zentrums, vom Treueid der Bischöfe und von Gebeten für den Staat keine Rede«.[24]

Diese Studie gelangt zu einer anderen Sicht der Dinge. Junker reiht sich mit seiner Feststellung in die Reihe derer ein, die die Entpolitisierung des Katholizismus den Maßnahmen der Nationalsozialisten zuschreiben.[25] Man behauptet, die sogenannte Verbandsschutz- und Entpolitisierungsklausel des Reichskonkordats, d. h. die Artikel 31 und 32, seien deshalb für die Kirche nützlich gewesen, weil sie den Besitzstand der Kirche und die Ausübung der Seelsorge garantiert hätten. Dagegen muß betont werden: Die Tendenz zu einer Entpolitisierung des Katholizismus wurde seit Mitte der zwanziger Jahre von Rom aus durch das Programm der Katholischen Aktion betrieben. Seinen unmittelbaren Ausdruck fand diese römische Politik in der »zweiten Konkordatswelle« der zwanziger Jahre: Völkerrechtliche Garantien sollten jetzt die Sicherung kirchlicher Rechte durch konfessionell fundierte Parteien ablösen. Bolz stand dieser römischen Politik kritisch gegenüber. Leidenschaftlich kämpfte er daher für den Erhalt des Parteienstaates respektive des politischen Katholizismus.

[24] Junker 202.
[25] Vgl. ebd. 202: »Das Reichskonkordat (gehört) eindeutig in den politischen Zusammenhang der nationalsozialistischen Machtergreifung«. – Vgl. Hürten 363 ff.

Um Papens Ziel, den Parteienstaat zu zerschlagen, zu verhindern, wollte er deshalb als letzte demokratische Alternative eine »Koalitionsregierung« zusammen mit Hitler wagen. Mit Junker gilt es zwar festzuhalten, daß 1932 von einem »Entpolitisierungsartikel« nicht die Rede war; dieser darf allerdings nur auf dem Hintergrund des italienischen Konkordats und der Preisgabe des Partito Popolare gesehen werden. In der Sache sanktionierte der sogenannte Entpolitisierungsartikel des Reichskonkordats 1933 das Programm der Katholischen Aktion, weshalb man im deutschen Episkopat sogar die Chance sah, im Sinne der Katholischen Aktion auf der Grundlage des Reichskonkordats zu wirken.

2.3. Die sogenannte Kausaltheorie

Bolz' ablehnende Haltung gegenüber dem Ermächtigungsgesetz und sein »aufopferndes« Eintreten für den Erhalt des politischen Katholizismus gilt es im Zusammenhang mit der These von Klaus Scholder zu betrachten: Dieser sah die Zustimmung des Zentrums zum Ermächtigungsgesetz und alle weiteren Entwicklungen des Verhältnisses von Katholizismus und Nationalsozialismus 1933 unter dem Einfluß konkreter Pläne für ein Reichskonkordat.[26] An zwei Punkten setzte Scholder mit der Analyse der Entwicklung ein: Zum einen an der forcierten Konkordatspolitik der Kurie in den zwanziger Jahren, zum andern an der Prägung von Hitlers Politik gegenüber dem Katholizismus durch seine Erfahrungen mit der Kirchenpolitik Mussolinis. Trotz mehrerer Versuche, in der Zeit der Weimarer Republik ein Reichskonkordat zu erhalten, blieb der Wunsch der Kurie unerfüllt. Solange der politische Katholizismus in Deutschland Einfluß hatte, erhoffte sich die Kurie von ihm eine Unterstützung ihrer Konkordatspläne. Nach Hitlers Machtergreifung machte sich allerdings im Vatikan ein Stimmungsumschwung zugunsten der nationalsozialistischen Regierung bemerkbar. In ihr sah man ein »Bollwerk« gegen die Gefahr von Bolschewismus und Kommunismus. Daraus, so Scholder, ergab sich die Bereitschaft, ein »Arrangement«

[26] Vgl. K. Scholder, Die Kirchen und das Dritte Reich, Bd. 1.

238

mit den Nationalsozialisten zu suchen. Fußend auf diese Vorgeschichte und einer Reihe anderer Indizien, hielt er es für erwiesen,
daß Prälat Kaas im Wissen auf bevorstehende Konkordatsverhandlungen zwischen Hitler und der Kurie für die Zustimmung zum Ermächtigungsgesetz innerhalb der Zentrumsfraktion plädierte, um damit das Reichskonkordat zu ermöglichen. Bolz und Brüning gehörten
zu der Minderheit, die Kaas energisch widersprach. Ihnen ging es in
dieser Lage des Weimarer Staates nicht, wie Kaas, um die Sicherung
kirchlich-kultureller Belange, sondern um die Sicherung der rechts-
staatlichen Grundlagen des Staates und, eng damit verbunden, um die
Existenz des politischen Katholizismus. An eine Preisgabe des Zentrums im Zusammenhang mit dem Ermächtigungsgesetz dachten
Bolz respektive Brüning nicht. Ihr entschiedenes Eintreten für den
Erhalt des politischen Katholizismus gewinnt auf dem Hintergrund
der These von Scholder an Plausibilität. Bolz und Brüning dürften
sehr wohl den Kausalzusammenhang zwischen dem Ermächtigungsgesetz und einem Reichskonkordat erkannt haben: Im Blick auf die
bevorstehenden Konkordatsverhandlungen zwischen Hitler und der
Kurie wollte Kaas die Zustimmung der Reichstagsfraktion des Zentrums zum Ermächtigungsgesetz durchsetzen. Daher waren Brüning
und Bolz Gegner des Ermächtigungsgesetzes und lehnten es entschieden ab. Sie erkannten die potentielle Gefahr, die von diesem
Gesetz für die Existenz des deutschen politischen Katholizismus ausging. Denn durch ein positives Votum der Zentrumsfraktion konnte
der deutsche Episkopat ohne Rücksicht auf die Zentrumsfraktion die
Verhandlungen mit dem Vatikan führen und so das Zentrum von innen heraus aushöhlen und dessen Auflösung vorbereiten.

2.4. Beweggründe für den Richtungswechsel von Zentrum und Episkopat im März 1933

In seinen Darstellungen der Zentrumspolitik konstatierte Morsey
bei den Repräsentanten des politischen Katholizismus in der Endphase der Weimarer Republik Ungenügen und Versagen.[27] So lastete

---

[27] Vgl. Morsey III 281 ff. – Vgl. Morsey IV 135 ff.

er die übereilte Revision des Verhältnisses der Kirche zur nationalsozialistischen Regierung durch den Episkopat im März 1933 diesen Repräsentanten an; in deren Reihen hätten vielfältige Interessen vehement auf eine Zusammenarbeit mit den Nationalsozialisten gedrängt.[28] Das Suchen nach tiefergehenden Ursachen für den Richtungswechsel im politischen Katholizismus hielt Morsey in seinen Arbeiten für überflüssig und wertete es sogar explizit ab.[29] Die Ergebnisse dieser Arbeit dürften jedoch deutlich gemacht haben, daß für das politische Verhalten des Zentrums gegenüber den Nationalsozialisten und gegenüber den reaktionären Staatsvorstellungen von Papen tieferliegende Gründe verantwortlich waren. Dem politischen Richtungswechsels von Zentrum und Episkopat im März 1933 lagen nicht primär, wie dies Morsey vermutet, politische Entwicklungen und Illusionen zugrunde, sondern weltanschauliche, d. h. »katholische« Motive. Indem Morsey in seinen Schriften die empirischen Gegebenheiten »absolut« setzt, reduziert er seine Argumente auf rein politische Gründe und blendet somit wesentliche Beweggründe der Zentrumspolitik aus.

3. KRITISCHE SCHLUSSBETRACHTUNG

Wesentliche Inhalte der Bolzschen Politik verhielten sich gegenüber profan-politischen Belangen »indifferent« und »passiv«: Ein »politisches« Bekenntnis zur demokratisch-republikanischen Staatsform lehnte Bolz entschieden ab, einer »Politisierung« des Zentrums stand er abweisend gegenüber und er mißbilligte einen präventiven Verfassungsbruch aus rein »politischen« Gründen.

Bolz' »unpolitische« Politik besaß stark normativen und prinzipiellen Charakter. Sie entsprang einer Deduktion abstrakter Grundsätze aus der katholischen Staatslehre und Moral, wie sie sich in den Enzykliken der Päpste Leo XIII. und Pius XI. manifestierten. Weil das »Grundsätzliche« in der Politik von Bolz einen höheren Stellenwert als das »Politische« besaß, war seine Politik in gewisser Weise »po-

[28] Vgl. Morsey III 367 ff.
[29] Vgl. Morsey IV 144.

240

litisch« nichtssagend. Man vermißte in seinen Äußerungen eine »politische Weitsicht«, d. h. sie ließen eine »politische Strategielosigkeit« erkennen. Unter Politik verstand Bolz nicht die »Kunst des Möglichen«, sondern – im Sinne der katholischen Staatslehre und Moral – die »Kunst des Notwendigen«.

Die »Absenz« einer »politischen Strategie« ist allerdings keine »Bolzsche Eigenart«, sondern Folge einer geistigen Affinität seiner Politik zur neuscholastisch-philosophischen Naturrechtslehre.[30] Diese war nicht nur bis in die erste Hälfte des zwanzigsten Jahrhunderts für alle kirchlichen Lehreinrichtungen die bestimmende Schulphilosophie, sondern prägte auch das katholisch-politische Weltbild entscheidend mit.

Nach der Naturrechtslehre gilt der volle persönliche Einsatz den unmittelbar geforderten Prinzipien; demgegenüber ist das »Politische« von nur relativer Bedeutung. In Bezug auf die Zentrumspartei betonte daher Prälat Kaas in dem programmatischen Artikel »Der Weg des Zentrums« in der Kölner Volkszeitung am 4. April 1933 den weltanschaulichen Charakter der Zentrumspartei und wertete das rein zeitlich Bedingte ab: »Die Zentrumspartei ist keine Partei wie andere. Sie ist zwar der historisch gewordene, in vielen Einzelheiten ... historisch bedingte, in seiner Substanz jedoch weltanschaulich fundierte und statische Ausdruck des politischen Kredos ... (der) deutschen Katholiken ... Diese ihre Eigenart gibt ihr gegenüber dem rein zeitlich Bedingten eine Spannkraft und Anpassungsfähigkeit, die andere politische Richtungen nicht besitzen ... Sie bewahrt sie vor der Gefahr, ... die Substanz ihres politischen Erbguts zu gefährden«.[31] Für die Zentrumspartei war somit das »Unbedingte« nicht das »Politische«, sondern das »Weltanschauliche«. Kaas' Postulat auf die politische Praxis des Zentrums angewandt, bedeutete: Politischen Entscheidungen der Partei lagen stets »weltanschauliche« Maßstäbe zugrunde. Eine solche Reduktion des »Politischen« auf das Prinzipielle steht in Gefahr,

---

[30] W. Dirks, Das Defizit des deutschen Katholizismus in Weltbild, Zeitbewußtsein und politischer Theorie, 17 ff.; – Vgl. Knoll 58 f. – Vgl. Bökkenförde II 238. – Vgl. Loth VI 127.

[31] Artikel in der Kölner Volkszeitung vom 5. Apr. 1933, Der Weg des Zentrums, in: J. Becker, Zentrum und Ermächtigungsgesetz, 202 ff.

den Blick auf das, was geschichtlich notwendig ist, aus den Augen zu verlieren. Die Folgen dieser »selektiven Wahrnehmung der politischen Wirklichkeit«[32] bedeuteten für die Politik von Bolz: Unmittelbar vor der nationalsozialistischen Machtergreifung agierte er nicht »offensiv« gegen die Nationalsozialisten, sondern sah gemäß der »passiven« Naturrechtslehre in Hitler die letzte legale Alternative zu Papen und Schleicher. Am Vorabend des 30. Januar erschien ihm ein demokratisch legitimierter Kanzler Hitler annehmbarer als ein autoritäres Regime Schleicher, das wesentliche Verfassungsbestimmungen zeitweise außer Kraft setzen wollte, um den Staat über die Krise zu retten. Aktiver Widerstand gegen ein Unrechtsregime war nach der katholische Lehre nicht erlaubt. Wer sich entgegen der kirchlichen Lehre, wie sie sich in den Entpolitisierungstendenzen der Katholischen Aktion, der Märzerklärung der deutschen Bischöfe 1933 manifestierten und schließlich dann im Reichskonkordat besiegelt wurden, nicht politisch enthalten, sondern sich aus dem Geist des Christentums heraus politisch engagieren wollte, mußte mit ihr in Konflikt geraten. Nach der nationalsozialistischen Machtergreifung erkannte der Politiker Eugen Bolz die Ungeschichtlichkeit der kirchlichen Lehre. In seinem Denken und Handeln kam er schließlich an den Punkt, an dem individuelle Betroffenheit sich sozial im realpolitischen Handeln manifestierte: Er ging in den aktiven politischen Widerstand. Bolz' Märtyrertod 1945 steht im Gegensatz zu den Entpolitisierungs-Praktiken der kirchlichen Lehre.

Papst Johannes Paul II. hebt in seiner Sozialenzyklika Centesimus annus den »bleibenden« und »gültigen« Wert der päpstlichen Naturrechtslehre hervor und appelliert, Rerum novarum und in ihrem Gefolge Quadragesimo anno »in der heutigen Zeit gegenwärtigt und wirksam zu machen«.[33] Eine kritische Auseinandersetzung mit der Wirkungsgeschichte päpstlicher Lehren auf die gesellschaftliche und politische Ebene nimmt er nicht vor. Die Frage, was mit kirchlichen Theorien unten, an der politischen Basis geschieht, wird nicht reflektiert bzw. thematisiert. Aus der Sicht der Hierarchie ist das konsequent. Darauf hat Walter Dirks aufmerksam gemacht: »Der Wächter

---

[32] L. Kettenacker, Hitler und die Kirchen, 72.
[33] Centesimus annus 1–3.

des Heiligtums darf sich nicht mit Blut beflecken«.[34] Dadurch wird aber der Blick für die Wirklichkeit verstellt. Die Wirkungsgeschichte der katholischen Staatslehre und Moral ist nicht nach dem päpstlichen Interpretationsmodell verlaufen.

Die katholische Staatslehre und Moral geht in ihrer Methode deduktiv vor. Sie deutet die Geschichte mit ihren absoluten, ewigen Wahrheiten. So betont Papst Johannes Paul II. in Centesimus annus: »Ziel der vorliegenden Enzyklika ist es, die Ergiebigkeit der von Leo XIII. ausgesprochenen Grundsätze herauszustellen, die zum Lehrgut der Kirche gehören und darum für die Autorität des Lehramtes bindend sind«.[35] Indem die päpstliche Lehre nur letztgültige, ewige Wahrheiten reflektiert, übergeht sie das Bruchstückhafte, das Unvollkommene, also die vorletzten Wahrheiten; sie nimmt nicht »an der Würde des Geschichtsträgers«[36] teil. Müßten aber nicht Wahrheiten kritisch hinterfragt werden, wenn deutlich wurde, welche »Opfer« sie provoziert haben? Ist nicht die Richtigkeit der sittlichen Erkenntnis ohne den Vollzug im Tun »bloßer unverbindlicher Schein«?[37]

Geschichtsschreibung sollte auch dem Unfertigen gerecht werden. In Bezug auf die katholische Soziallehre und Moral bedeutet dies: Die bestehende Tradition darf nicht nur gefeiert, sondern muß kritisch auf »Lücken« oder »blinde Flecken« untersucht und diese in die Tradition eingegliedert werden. Das Ewige, das Allgemeine und Grundsätzliche darf nicht »vor« und »über« die Geschichte gezogen werden, sondern muß »in« ihr je konkret und anders zur Erscheinung kommen. In der konkreten geschichtlichen Situation im März 1933 hätte dies bedeutet: Die katholischen Bischöfe hätten sich nicht damit begnügen dürfen, die alte Loyalitätspflicht des katholischen Christen gegenüber dem Staat zu wiederholen. Sie hätten vielmehr die Rolle des Katholiken im sich etablierenden totalitären Staat bedenken und neue Prinzipien formulieren müssen. Dazu aber sahen die Bischöfe

---

[34] Dirks 27.
[35] Centesimus annus 3. – Vgl. ebd. 1: Ich möchte die Dankesschuld erfüllen, »die die ganze Kirche dem großen Papst Leo XIII. und seinem ›unsterblichen Dokumenten‹ gegenüber hat«.
[36] Dirks 27.
[37] D. Mieth, Die neuen Tugenden. Ein ethischer Entwurf, 29.

keine Notwendigkeit. Eine Theorie christlich inspierierten politischen Widerstandes ist nicht entfaltet worden.

Diese Schlußreflexion hat deutlich gemacht: Bolz war weder »Prototyp« einer einseitigen »katholischen« Politik, noch darf man seine Politik einseitig als eine kritische Distanz zur katholischen Staatslehre und Moral interpretieren. Was Bolz auszeichnete, war, daß er in einem historisch entscheidenden Augenblick den Mut aufbrachte und sich von dem deduktiven Prinzipiendenken der katholischen Staatslehre und Moral emanzipierte. Aus einer Analyse der konkreten, zukünftig zu erwartenden Situation erkannte er die »Zeichen der Zeit« und begann Geschichte zu machen. Ihm ging es nicht mehr darum, die katholischen Prinzipien »nur« zu »bewahren« oder zu »akzeptieren« – das haben die Bischöfe getan. Bolz hat sie vielmehr so ausgelegt und interpretiert, daß sie Zukunft haben. Dafür hat er sein Leben gelassen – nicht die Bischöfe! Bereits im November 1930 formulierte der Politiker auf einer Jubiläumsfeier den Satz: »Wenn eine Weltanschauung einen Sinn hat, dann muß sie diesen beweisen in Zeiten persönlicher und völkischer Not«.[38] Sein Märtyrertod macht offenbar, daß eine ungeschichtlich denkende Weltanschauung den politischen Wandlungen der Zeit nicht gerecht werden kann. Das Losungswort des Roncalli-Papstes »aggiornamento« (=Heutigwerden) bleibt gültig und fordert einen methodischen Wandel der katholischen Staatslehre vom Deduktiven zum Induktiven.

Geschichte so betrieben, widerlegt den Satz des Philosophen Georg Wilhelm Friedrich Hegel, wonach der Mensch aus der Geschichte nichts zu lernen vermag.[39]

[38] NLB Rede zur 25jährigen Jubiläumsfeier der Ortsgruppe Ost der Stuttgarter Zentrumspartei am 15. Nov. 1930, 254 f.
[39] G. W. F Hegel: »Was die Erfahrung aber und die Geschichte lehren, ist dies, daß Völker und Regierungen niemals etwas aus der Geschichte gelernt und nach Lehren, die aus derselben zu ziehen gewesen wären, gehandelt haben«. G. W. F. Hegel, Die Vernunft in der Geschichte, 19.

QUELLEN- UND LITERATURVERZEICHNIS

Archivalische Quellen

Stuttgart: Familie Dr. M. Rupf-Bolz
Nachlaß Eugen Bolz
Stuttgart: Hauptstaatsarchiv
Bestand 1.
Bestand 2.
Bestand E, Büschel 104.
Bestand E 131, Büschel 120.
Presseabteilung des Staatsministeriums:
– Staatspräsident Bolz (1921[sic]–1933).
– Politische Parteien: Zentrum 1919–1932.
Zeitungsberichte von den Parteitagen des württembergischen Zentrums oder der Tagung des Landesparteiausschusses des württembergischen Zentrums.
Rottenburg: Diözesanarchiv
Nachlaß Sproll.
Freiburg: Erzbischöfliches Archiv: Erzbischöfl. Ordinariatsarchiv
– Bertram, Nachrichtliche Mitteilung für den hochwürdigsten Klerus der Diözese Breslau vom 14. März 1928. EAF:EOA 55/97.
– Bertram, Richtlinien für die Arbeit der Katholischen Aktion: Entwurf für die Fuldaer Bischofskonferenz. EAF:EOA 55/97.
– Bertram, Rundfrage betr. Katholische Aktion vom 27. Nov. 1928. EAF:EOA 55/97.
– Bertram, Rundfrage betr. Katholische Aktion: An die hochwürdigsten Herren Mitglieder der Fuldaer Bischofskonferenz vom 11. Jan. 1929. EAF:EOA 55/97.

Gedruckte Quellen

K. Adam, Das Wesen des Katholizismus, Augsburg 1924.

Anzeigeblatt für die Erzdiözese Freiburg 1929, Nr. 29 vom 25. Oktober.

J. Bachem, Nochmals: Wir müssen aus dem Turm heraus!, in: Histor.-Pol. Blätter 137/I, 1906, 503 ff.

Ders., Wir müssen aus dem Turm heraus!, in: Histor.-Pol. Blätter 137/I, 1906, 376 ff.

K. Bachem, Vorgeschichte, Geschichte und Politik der Deutschen Zentrumspartei. Zugleich ein Beitrag zur Geschichte der katholischen Bewegung sowie zur allgemeinen Geschichte des neueren und neuesten Deutschlands 1815–1914, 9 Bde. Köln 1927/32.

L. Baur, Aufklärung, in: LThK I, ^{1}1930, 794 ff.

Ders., Die methodische Behandlung des Substanzproblems bei Thomas von Aquin und Kant, in: ThQ 87, 1905, 37 ff.

L. Baur, K. Rieder, Päpstliche Enzykliken und ihre Stellung zur Politik, Freiburg 1923.

L. Baur, Das Württembergische Kirchengesetz, Stuttgart 1924.

J. Becker, Joseph Wirth und die Krise des Zentrums während des IV. Kabinettes Marx (1927–1928). Darstellung und Dokumente, in: ZGO 109, 1961, 361 ff.

Ders., Zentrum und Ermächtigungsgesetz 1933. Dokumentation, in: VfZG 9, 1961, 195 ff.

W. Becker, Die Politik der jungen Generation in Europa, in: Die Schildgenossen 6, 1926, 366 ff.

A. Bertram, Im Geist und Dienst der Katholischen Aktion. Aus meinem Sinnen und Sorgen vom Wirken im Reiche des Königs Christus, München 1929.

W. Besson (Hg.), Dokumente. Anhang zu: Württemberg und die deutsche Staatskrise 1928–33. Eine Studie zur Auflösung der Weimarer Republik, Stuttgart 1959, 373 ff.

246

M. Bierbaum, Das Konkordat in Kultur, Politik und Recht, Freiburg/Br. 1928.

E. Bolz, An den Domdekan Max Kottmann in Rottenburg, Stuttgart, 9. November 1926, zur Konkordatsfrage, in: T. Schnabel, Die Machtergreifung in Südwestdeutschland. Das Ende der Weimarer Republik in Baden und Württemberg 1928–1933, 290–291.

Ders., Katholische Aktion und Politik, in: J. Köhler, Christentum und Politik. Dokumente des Widerstands. Zum 40. Jahrestag der Hinrichtung des Zentrumspolitikers und Staatspräsidenten Eugen Bolz am 23. Januar 1945, Sigmaringen 1985, 23–57.

H. Brüning, Memoiren 1918–1934, Stuttgart 1970.

G. Büchmann, Geflügelte Worte, München 1977.

V. Cathrein SJ, Droht Enteignung der Kirche? Bischöfliches Hirtenschreiben, 1919, 117 ff., in: W. Ockenfels, Katholizismus und Sozialismus in Deutschland im 19. und 20. Jahrhundert, Paderborn, München, Wien, Zürich 1992, 117 ff.

Centesimus annus, in: Bundesverband der Katholischen Arbeitnehmer-Bewegung Deutschlands (Hg.), Texte zur katholischen Soziallehre. Die sozialen Rundschreiben der Päpste und andere kirchliche Dokumente. Mit Einführungen von Oswald von Nell-Breuning SJ, Johannes Schasching SJ, Kevelaer [8]1992, 689 ff.

Codex Iuris Canonici 1917, Roma 1919.

G. J. Ebers, Der Katholizismus und die Wandlungen der Staatsidee, in: Ders. (Hg.), Katholische Staatsidee und volksdeutsche Politik, Freiburg/Br. 1929, 23 ff.

Ders., Die materialistische Weltanschauung und Geschichtsbetrachtung der Sozialdemokratie, in: Das Neue Reich vom 15. Sept. 1923.

Ders., Reichsverfassung und christliche Staatslehre, in: HL 26, 1929, 564 ff.

Ders., Sozialistische = kommunistische Träume, in: Das Neue Reich vom 8. Sept. 1923.

Ders., Staat und Kirche im neuen Deutschland, München 1930.

Ders., Staatsgewalt, in: Staatslexikon 4, 1931, 1875 ff.

O. Flechtheim, Dokumente zur parteipolitischen Entwicklung in Deutschland seit 1945. Programmatik der deutschen Parteien, Bd. 2.1., Berlin 1963.

E. Föhr, Die Politik des Zentrums, in: Diözesanausschuß der katholischen Vereine der Erzdiözese Freiburg/Br. (Hg.), Konferenzen für Vertrauensleute. Redeskizzen, Freiburg/Br. 1929, 15 ff.

F. Fuchs, Der totale Staat und seine Grenzen, in: HL 30, 1932/33, 558 ff.

P. Funk, der Einzelne, die Kirche und der Staat im Mittelalter, in: HL 31/I, 1933/34, 97 ff.

H. Getzeny, Die deutschen Katholiken im Wahlkampf, in: SZ 7, 1931/32, Nr.44, 1023 ff.

Ders., Wie weit ist die politische Theologie des Reiches heute noch sinnvoll?, in: HL 30, 1932/33, 556 ff.

G. Gundlach, »Sozialismus«, in: Staatslexikon, [5]1926, Bd. 4, Sp. 1695–97.

H. Heller, Gesellschaft und Staat, in: H. Münkler (Hg.), Lust an der Erkenntnis: Politisches Denken im 20. Jahrhundert, München, Zürich 1990, 207 ff.

L. Kaas, Der Konkordatstyp des faschistischen Italiens, in: Zeitschrift für ausländisches öffentliches Recht und Völkerrecht, Bd. 3, 1933, 488 ff.

Ders., Tagebuch 7. bis 20. April 1933, hg. von R. Morsey, in: StdZ 166, 1959/60, 422 ff.

Kirchliche Akten über die Reichskonkordatsverhandlungen 1933, bearb. von L. Volk, Mainz 1969.

A. Kupper, Staatliche Akten über die Reichskonkordatsverhandlungen 1933, Mainz 1969.

Ders., Zur Geschichte des Reichskonkordats, in: StdZ 163, 1958/59, 278 ff.

F. Lama, Ritter von, Papst Pius XI. Sein Leben und Wirken. Dargeboten zu seinem goldenen Priesterjubiläum, Augsburg [2]1930.

E. Matthias, Die Sitzung der Reichstagsfraktion des Zentrums am 23. März 1933. Dokumentation, in: VfZG 4, 1956, 302 ff.

J. Mausbach, Kulturfragen in der Deutschen Verfassung. Eine Erklärung wichtiger Verfassungsartikel, Mönchengladbach 1920.

Ders., Die Kulturpolitik des Zentrums, Mönchengladbach 1920.

F. Meinecke, Verfassung und Verwaltung der deutschen Republik (Januar 1919), in: Ders., Politische Schriften und Reden, hg. von G. Kotowski, Darmstadt 1958, 281 ff.

R. Morsey, Briefe zum Reichskonkordat zwischen Ludwig Kaas und Franz von Papen, in: StdZ 167, 1960/61, 11 ff.

Ders. (Hg.), Dokumente. Anhang zu: Die Deutsche Zentrumspartei, in: E. Matthias, R. Morsey, Das Ende der Parteien 1933, Düsseldorf 1960, 418 ff.

H. Müller, Katholische Kirche und Nationalsozialismus. Dokumente 1930–1935, München 1963.

Das Neue Reich, Wien 1, 1918 ff.

S. Neumann, Die Parteien der Weimarer Republik, Stuttgart [4]1977 (zuerst Berlin 1932 u. d. T.: Die politischen Parteien in Deutschland).

F. v. Papen, Appell an das deutsche Gewissen. Reden zur nationalen Revolution, 2 Bde., Oldenburg 1933.

Ders., Die Parteien, in: Die Einheit der nationalen Politik, Stuttgart 1925, 221 ff.

Ders., Rede auf dem Münchner Gesellentag 1933, in: Gott – Volk – Reich. Das Buch vom ersten Deutschen Gesellentag in München 1933, 54 ff.

Ders., Der Wahrheit eine Gasse, München 1952.

Ders., Der 12. November 1933 und die deutschen Katholiken. (=Reich und Kirche, Bd. 3), Münster 1934.

M. Pribilla, An den Grenzen der Staatsgewalt, in: StdZ 141, 1947/48, 410 ff.

Die Protokolle der Reichstagsfraktion und des Fraktionsvorstandes der Deutschen Zentrumspartei 1926–1933, bearb. von R. Morsey, Mainz 1969.

Quadragesimo anno, in: Bundesverband der Katholischen Arbeitneh-mer-Bewegung Deutschlands (Hg.), Texte zur katholischen Sozial-lehre. Die sozialen Rundschreiben der Päpste und andere kirchli-che Dokumente. Mit einer Einführung von Oswald von Nell-Breu-ning SJ, Kevelaer ⁵1982, 91 ff.

Die Reden, gehalten in den öffentlichen und geschlossenen Ver-sammlungen der 64. General-Versammlung der Katholiken Deutschlands zu Stuttgart 22. bis 26. August 1925, hg. vom Ge-neral-Sekretariat des Zentral-Komitees der deutschen Katholiken, Würzburg 1925.

Rerum novarum, in: Bundesverband der Katholischen Arbeitneh-mer-Bewegung Deutschlands (Hg.), Texte zur katholischen Sozial-lehre. Die sozialen Rundschreiben der Päpste und andere kirchli-che Dokumente. Mit einer Einführung von Oswald von Nell-Breu-ning SJ, Kevelaer ⁵1982, 31 ff.

J. F. Schäfer, Politik, Partei und Jugendbewegung, in: Die Schild-genossen 2, 1921/22, 189 ff.

A. Scharnagl, Die Gottlosenbewegung in Rußland und Deutschland, 1932.

C. Schmitt, Legalität und Legitimität, München 1932.

Ders., Römischer Katholizismus und politische Form, Hellerau 1932.

Ders., Verfassungslehre, Berlin 1959 (Neudruck von 1928).

H. Schnatz, Päpstliche Verlautbarungen zu Staat und Gesellschaft. Originaldokumente mit deutscher Übersetzung, Darmstadt 1973.

Schönere Zukunft, Wien 1, 1925 ff.

R. Schöppe, Konkordate seit 1800. Dokumente, Bd. 35, Frankfurt 1964.

Schulthess' Europäischer Geschichtskalender, 1918–1933, München 1923 ff.

R. Schuster, Deutsche Verfassungen, München 1992.

B. Stasiewski, Akten deutscher Bischöfe über die Lage der Kirche 1933–1945, Bd. 1: 1933–1945, Mainz 1968.

A. Stegerwald, Zusammenarbeit mit Sozialisten ohne Annäherung an den Marxismus; für katholisch-protestantisches Bündnis, 1922, in:

W. Ockenfels, Katholizismus und Sozialismus in Deutschland im 19. und 20. Jahrhundert, Paderborn, München, Wien, Zürich 1992, 124 ff.

Das Urteil des Volksgerichtshofes gegen den württembergischen Staatspräsidenten und Amtsrichter a. D. Eugen Bolz und gegen den ehemaligen Major d. R. und Staatssekretär a. D. Dr. Hermann Pünders, in: J. Köhler, Christentum und Politik. Dokumente des Widerstands. Zum 40. Jahrestag der Hinrichtung des Zentrumspolitikers und Staatspräsidenten Eugen Bolz am 23. Januar 1945, 58 ff.

Verhandlungen der Verfassungsgebenden Landesversammlung bzw. des Landtags des freien Volksstaats Württemberg 1919/1920. Protokollband 1–3, Stuttgart 1919–1920.

Verhandlungen der Württembergischen Zweiten Kammer (Kammer der Abgeordneten) 1913–1918, Protokollband 93–102, Stuttgart 1913–1918.

Verhandlungen des Landtags des freien Volksstaats Württemberg in den Jahren 1921–1933. Protokollbände ohne Zählung, Stuttgart 1921–1933.

Verhandlungen des Reichstags. Stenographische Berichte, 1912 – 1933, Bd. 284–467, Berlin 1912–1933.

J. Will, Die Katholische Aktion. Biblische und dogmatische Grundlagen, München 1931.

Literatur

G. Alberigo, Neue Grenzen der Kirchengeschichte?, in: Conc. 6, 1970, 486 ff.

U. Altermatt, Katholizismus und Moderne. Zur Sozial- und Mentalitätsgeschichte der Schweizer Katholiken im 19. und 20. Jahrhundert, Zürich 1989.

M. L. Anderson, Windhorst. Zentrumspolitiker und Gegenspieler Bismarcks, Düsseldorf 1988.

C. Andresen, G. Denzler, dtv-Wörterbuch der Kirchengeschichte, München [2]1948, 316 ff.

R. Angermair, Darf ein Tyrann getötet werden?, in: 20. Juli 1944, Bonn ⁴1961, 134 ff.

Ders., Moraltheologisches Gutachten über das Widerstandsrecht nach der katholischen Kirche, in: 20. Juli 1944, Bonn ⁴1961, 174 ff.

A. Anzenbacher, Einführung in die Philosophie, Wien, Freiburg, Basel 1981.

H. Barion, Kirche oder Partei: Römischer Katholizismus und politische Form, in: Der Staat 4, 1965, 131 ff.

A. Baumgartner, Sehnsucht nach Gemeinschaft. Ideen und Strömungen im Sozialkatholizismus der Weimarer Republik, München, Paderborn, Wien 1977.

J. Becker, Brüning, Prälat Kaas und das Problem einer Regierungsbeteiligung der NSDAP 1930–1932, in: HZ 196, 1963, 74 ff. (Bekker V).

Ders., Die Deutsche Zentrumspartei 1918–1933. Grundprobleme ihrer Entwicklung, in: Aus Politik und Zeitgeschichte, Beilage zu »Das Parlament«, Bd. 11, 1968, 3 ff. (Becker II).

Ders., Das Ende der Zentrumspartei und die Problematik des politischen Katholizismus in Deutschland, in: Welt als Geschichte 23, 1963, 149 ff. (Becker I).

Ders., Heinrich Brüning in den Krisenjahren der Weimarer Republik, in: GWU 17, 1966, 201 ff. (Becker III).

Ders., Joseph Wirth und die Krise des Zentrums während des IV. Kabinettes Marx (1927–1928), in: ZGO 109, 1961, 24 ff. (Becker IV).

Ders., Zentrum und Ermächtigungsgesetz 1933, in: VfZG 9, 1991, 195 ff. (Becker VI).

W. Besson, Die christlichen Kirchen und die moderne Demokratie, in: W. P. Fuchs (Hg.), Staat und Kirche im Wandel der Jahrhunderte, Stuttgart 1966, 201 ff.

Ders., Württemberg und die deutsche Staatskrise 1928–33. Eine Studie zur Auflösung der Weimarer Republik, Stuttgart 1959.

E. Bethge, Zwischen Bekenntnis und Widerstand: Erfahrungen in der Altpreußischen Union, in: J. Schmädeke, P. Steinbach (Hg.), Der Widerstand gegen den Nationalsozialismus. Die deutsche Gesellschaft und der Widerstand gegen Hitler, München, Zürich [3]1994, 281 ff.

J. Beyerle, Eugen Bolz zum Gedächtnis. Ein Lebensbild des am 23. Januar 1945 hingerichteten Staatspräsidenten, in: Staatsanzeiger für Württemberg-Baden Nr. 5, 1951, 1.

K. Bihlmeyer, H. Tüchle, Kirchengeschichte, Bd. 3, Paderborn [18]1969.

D. Blackbourn, Class, Religion and Local Politics in Wilhelmine Germany. The Centre Party in Württemberg before 1914, New Haven 1980 (Blackbourn I).

Ders., Die Zentrumspartei und die deutschen Katholiken während des Kulturkampfes und danach, in: O. Pflanze (Hg.) Innenpolitische Probleme des Bismarck-Reiches, München 1983, 73 ff. (Blackbourn II).

E. Bloch, Naturrecht und menschliche Würde, Frankfurt 1961.

E.-W. Böckenförde, Der deutsche Katholizismus im Jahre 1933. Eine kritische Betrachtung, in: HL 53, 1960/61, 215 ff. (Böckenförde I).

Ders., Der deutsche Katholizismus im Jahre 1933. Stellungnahme zu einer Diskussion, in HL 54, 1961/62, 217 ff. (Böckenförde II).

Ders., Kirchliches Naturrecht und politisches Handeln, in: Ders. (Hg.), Kirchlicher Auftrag und politisches Handeln. Analysen und Orientierungen (Schriften zu Staat – Gesellschaft – Politik, Bd. 2), Freiburg/Br. 1989, 161 ff. (Böckenförde III).

Ders., Die naturrechtliche Kriegslehre und der Auftrag des kirchlichen Amtes, in: Ders. (Hg.), Kirchlicher Auftrag und politisches Handeln. Analysen und Orientierungen (Schriften zu Staat – Gesellschaft – Politik, Bd. 2), Freiburg/Br. 1989, 13 ff.

Ders., Staat – Gesellschaft – Kirche, in: Christlicher Glaube in moderner Gesellschaft, Bd. 15, Freiburg [2]1982, 5 ff. (Böckenförde IV).

F. Böckle, Das Naturrecht im Disput, Düsseldorf 1966.

F. Böckle, E.-W. Böckenförde, Naturrecht in der Kritik, Mainz 1973.

W. A. Boelcke, Die Industrialisierung – Bedingtheiten im Südwesten, in: R. Rinker, W. Setzler (Hg.), Die Geschichte Baden-Württembergs, Stuttgart 1986, 254 ff.

Ders., Wege und Probleme des industriellen Wachstums im Königreich Württemberg. Zeitschrift für Württembergische Landesgeschichte 1974.

C. Boff, Die kirchliche Soziallehre und die Theologie der Befreiung: Zwei entgegengesetzte Formen sozialer Praxis?, in: Conc. 17, 1981, 775 ff.

L. Boff, Kirche: Charisma und Macht: Studien zu einer streitbaren Ekklesiologie, Düsseldorf 1985.

K. D. Bracher, Die Auflösung der Weimarer Republik, Berlin [4]1964.

Ders., Staatsgesinnung und Widerstand, in: Beiträge zur Landeskunde (Beilage zum Staatsanzeiger für Baden-Württemberg), Nr. 2, April 1970, 3 ff.

Ders., Zeitgeschichtliche Kontroversen. Um Faschismus, Totalitarismus, Demokratie, München 1976.

K. Breuning, Die Vision des Reiches. Deutscher Katholizismus zwischen Demokratie und Diktatur (1929–1934), München 1969.

M. Broszart, Die Machtergreifung. Der Aufstieg der NSDAP und die Zerstörung der Weimarer Republik, München 1984.

N. Brox, Fragen zur »Denkform« der Kirchengeschichtswissenschaft, in: ZKG 90, 1979, 3 ff.

H. Buchheim, Der deutsche Katholizismus im Jahre 1933. Eine Auseinandersetzung mit Ernst-Wolfgang Böckenförde, in: HL 53, 1960/61, 497 ff.

K. Buchheim, Warum das Zentrum unterging, in: HL 53, 1960/61, 15 ff.

W. Bussmann, Politische Ideologien zwischen Monarchie und Weimarer Republik, in: HZ 190, 1960, 55 ff.

H. Cancik, »Alle Gewalt ist von Gott«. Römer 13 im Rahmen antiker und neuzeitlicher Staatslehren, in: B. Gladigow (Hg.), Staat und Religion, Düsseldorf 1981, 53 ff.

M.-D. Chenu, Kirchliche Soziallehre im Wandel. Das Ringen der Kirche um das Verständnis der gesellschaftlichen Wirklichkeit, Fribourg, Luzern, 1991.

G. Clemens, Rechtskatholiken zwischen den Weltkriegen, in: A. Langer (Hg.), Katholizismus, nationaler Gedanke und Europa seit 1800, Paderborn, München, Wien, Zürich 1985, 111 ff.

W. Conze, Die deutschen Parteien in der Staatsverfassung vor 1933, in: E. Matthias, R. Morsey (Hg.), Das Ende der Parteien 1933, Düsseldorf 1960, 3 ff.

V. Conzemius, Kirchengeschichte als »nicht-theologische« Disziplin. Thesen zu einer wissenschaftstheoretischen Standortbestimmung, in: ThQ 155, 1979, 187 ff.

L. de Witte, Kirche – Arbeit – Kapital, Limburg 1964.

E. Deuerlein, Das Reichskonkordat, Düsseldorf 1956.

J. M. Díez-Alegría, Eigentum und Arbeit. Die Entwicklung der päpstlichen Lehre, in: Conc. 27, 1991, 360 ff.

W. Dirks, Das Defizit des deutschen Katholizismus in Weltbild, Zeitbewußtsein und politischer Theorie, in: H. Cancik, Religions- und Geistesgeschichte der Weimarer Republik, Düsseldorf 1982, 17 ff.

M. Dönhoff, Gräfin, »Um der Ehre willen«. Erinnerungen an die Freunde vom 20. Juli, Berlin 1994.

W. J. Doetsch, Württembergs Katholiken unterm Hakenkreuz 1930 – 1935, Stuttgart 1969.

K. Epstein, Matthias Erzberger und das Dilemma der deutschen Demokratie, Frankfurt/M., Berlin, Wien 1976.

K. D. Erdmann, Deutschland unter der Herrschaft des Nationalsozialismus 1933–1939, in: B. Gebhardt, Handbuch der deutschen Geschichte, Bd. 20, Stuttgart [6]1987.

Ders., Die Geschichte der Weimarer Republik, in: B. Gebhardt, Handbuch der deutschen Geschichte, Bd. 19, Stuttgart [7]1986.

W. Ernst, Katholische Soziallehre – ein Ausweg aus der Krise?, in: Albertus-Magnus Kolleg / Haus der Begegnung Königstein e. V. (Hg.), 41. Internationaler Kongreß »Kirche in Not«. Osteuropa im Umbruch: Wird die Kirche gebraucht?, Bd. XXXIX, Königstein/Taunus, 111 ff.

Th. Eschenburg, Matthias Erzberger (1875–1921), in: H. Schumann, Baden-Württembergische Portraits. Gestalten aus dem 19. und 20. Jahrhundert, Stuttgart 1988, 282 ff.

Ders., Die Republik von Weimar. Beiträge zur Geschichte einer improvisierten Demokratie, München ²1984.

E. Eyck, Geschichte der Weimarer Republik, 2 Bde., Erlenbach, Zürich, 1954–56.

H. Filbinger, Sein Leben für Freiheit und Recht geopfert, in: Beiträge zur Landeskunde (Beilage zum Staatsanzeiger für Baden-Württemberg), Nr. 2, April 1970, 1 ff.

F. Furger, Christliche Soziallehre. Grundlagen und Zielsetzung, Stuttgart, Berlin, Köln 1991.

K. Gabriel, Christentum zwischen Tradition und Postmoderne, Freiburg/Br. 1992.

J. Genuneit, Völkische Radikale in Stuttgart. Zur Vorgeschichte und Frühphase der NSDAP 1890–1925, Stuttgart 1982.

E. Gerstenmaier, Von Bolz bis zu Rommel und Wurm. Baden-Württemberg im Kampf gegen Hitler, Stuttgart 1978.

K. Gotto, H. G. Hockerts, K. Repgen, Nationalsozialistische Herausforderung und kirchliche Antwort. Eine Bilanz, in: K. Gotto, K. Repgen (Hg.), Die Katholiken und das Dritte Reich, Mainz ²1983, 122 ff.

M. Grabmann, Ludwig Baur und die geschichtliche Erforschung der mittelalterlichen Philosphie. Ein Gedenkblatt zu seinem 70. Geburtstag, in: PhJ 54, 1941, 137 ff.

H. Grebing, Die Konservativen und Christlichen seit 1918, in: Politische Studien 9, 1958, 482 ff.

N. Greinacher, Katholische Soziallehre – Theologie der Befreiung. Vom Ende einer Ideologie und vom Beginn einer theologischen Neubesinnung, in: D. Mieth (Hg.), Christliche Sozialethik im Anspruch der Zukunft. Tübinger Beiträge zur Katholischen Soziallehre, Freiburg/Br., Freiburg/Ue. 1992, 129 ff.

G. Gundlach, Die Ordnung der menschlichen Gesellschaft, Bd.1, Köln 1964.

S. Haffner, Anmerkungen zu Hitler, Frankfurt/M. 1981.

Ders., Von Bismarck zu Hitler. Ein Rückblick, München 1987.

A. Hagen, Eugen Bolz 1881–1945, in: Gestalten aus dem schwäbischen Katholizismus, Bd. 3, Stuttgart 1954, 202 ff.

F. Heer, Der Glaube des Adolf Hitler. Anatomie einer politischen Realität, Frankfurt/M., Berlin 1985.

G. W. F. Hegel, Die Vernunft in der Geschichte, hg. von J. Hoffmeister (Philosophische Bibliothek 171a), Hamburg ⁵1955.

U. von Hehl, Kirche und Nationalsozialismus. Ein Forschungsüberblick, In: RJKG 2, 1982, 11 ff.

Th. Heuss, Erinnerungen 1905–1933, Tübingen 1963.

J. Hirschberger, Kleine Philosophiegeschichte, Freiburg/Br. 1961.

W. Hoegner, Die verratene Republik. Geschichte der Deutschen Gegenrevolution, München 1958.

K. Hoepke, Die Deutsche Rechte und der italienische Faschismus. Ein Beitrag zum Selbstverständnis und zur Politik von Gruppen und Verbänden der deutschen Rechten, Düsseldorf 1968.

A. Holzem, Geßlerhüte der Theorie? Zu Stand und Relevanz des Theoretischen in der Katholizismusforschung, in: ThQ 173, 1993, 272 ff.

P. Hünermann, Kirche – Gesellschaft – Kultur. Zur Theorie katholischer Soziallehre, in: D. Mieth (Hg.), Christliche Sozialethik im Anspruch der Zukunft, Freiburg/Br., Freiburg/Ue. 1992, 39 ff.

H. Hürten, Deutsche Katholiken 1918–1945, Paderborn 1992.

Ders., Zeugnis und Widerstand der Kirche im NS-Staat. Überlegungen zu Begriff und Sache, in: StdZ 201, 1983, 363 ff.

Ders., Zeugnis und Widerstand. Zur Interpretation des Verhaltens der katholischen Kirche im Deutschland Hitlers, in: P. Steinbach (Hg.), Widerstand. Ein Problem zwischen Theorie und Geschichte, Köln 1987, 144 ff.

E. Iserloh, Abschluß und Bedeutung des Reichskonkordats, in: R. Kottje, B. Moeller (Hg.), Ökumenische Kirchengeschichte, Bd. 3: Neuzeit, Mainz ³1983, 291 ff.

Ders., Die Katholische Aktion, in: H. Jedin, K. Repgen (Hg.), Die Weltkirche im 20. Jahrhundert (Handbuch der Kirchengeschichte, Bd. 7), Freiburg 1979, 308 ff.

G. Jasper, Die gescheiterte Zähmung. Wege zur Machtergreifung Hitlers 1930–1934, Frankfurt/M 1986.

B. Jaspert, Hermeneutik der Kirchengeschichte, in: ZThK86, 1970, 59 ff.

H. Jedin, Kirchengeschichte, in: LThK, Sp. 209 ff.

Ders., Kirchengeschichte als Theologie und Geschichte, in: Communio 8, 1979, 496 ff.

Ders., Zur Aufgabe des Kirchengeschichtsschreibers, in: ThZ 61, 1952, 65 ff.

D. Junker, Die Deutsche Zentrumspartei nach 1932/33. Ein Beitrag zur politischen Problematik des politischen Katholizismus in Deutschland, Stuttgart 1969.

W. Keil, Erlebnisse eines Sozialdemokraten, 2 Bde., Stuttgart 1948.

L. Kettenacker, Hitler und die Kirchen. Eine Obsession mit Folgen, in: G. Heydemann, L. Kettenacker (Hg.), Kirchen in der Diktatur, Göttingen 1993, 67 ff.

A. M. Knoll, Katholische Kirche und scholastisches Naturrecht, Wien 1962.

H. Köhler, Geschichte der Weimarer Republik, Berlin 1981.

J. Köhler, Christliche Politik im Lichte der Sozialenzyklika Quadragesimo anno (1931), in: D. Mieth (Hg.), Christliche Sozialethik im Anspruch der Zukunft, Freiburg/Br., Freiburg/Ue. 1992, 12 ff. (Köhler IV).

Ders., Eugen Bolz. Württembergischer Minister und Staatspräsident, in: M. Bosch, W. Niess, Der Widerstand im deutschen Südwesten 1933–1945, Stuttgart, Berlin, Köln, Mainz 1984, 227 ff. (Köhler I).

Ders., Katholische Aktion und politischer Katholizismus in der Endphase der Weimarer Republik, in: RJKG 2, 1983, 141 ff. (Köhler V).

Ders., Die katholische Kirche in Baden und Württemberg in der Endphase der Weimarer Republik und zu Beginn des Dritten Rei-

258

ches, in: T. Schnabel (Hg.), Die Machtergreifung in Südwest-deutschland. Das Ende der Weimarer Republik in Baden und Württemberg 1928–1933, Stuttgart, Berlin, Köln, Mainz 1982, 257 ff. (Köhler III).

Ders., Zwischen den Fronten. War die Haltung des Zentrumspolitikers und ehemaligen Ministerpräsidenten Eugen Bolz christliches Bekenntnis oder politischer Widerstand?, in: Ders., Christentum und Politik, Dokumente des Widerstands. Zum 40. Jahrestag der Hinrichtung des Zentrumspolitikers und Staatspräsidenten Eugen Bolz am 23. Januar 1945, Sigmaringen 1985, 7 ff. (Köhler II).

Ders., Zwischen Kultur- und Kirchenkampf. Neue Aspekte zur Geschichte der Diözese Rottenburg in den Jahren 1930 bis 1934, in: ThQ 159, 1979, 125 ff. (Köhler VI).

O. Köhler, Die Kirche in der Welt-Geschichte. Zum Grundproblem einer Sozialenzyklika, in: CiG 25 (43/23.6.), 1991, 205 ff.

Ders., Die Kirchengeschichte und der christliche Glaube, in: StdZ 210, 1991, 247 ff.

Ders., Das Lehramt und die Theologie, in: H. Jedin (Hg.), Die Kirche in der Gegenwart: Zwischen Anpassung und Widerstand (Handbuch der Kirchengeschichte, Bd. 6/2), Freiburg/Br. 1973, 316 ff.

E. Kolb, Die Weimarer Republik, München, Wien 1984.

W. Korff, Wie kann der Mensch glücken? Perspektiven der Ethik, München 1985.

Ders., Zur naturrechtlichen Grundlegung der katholischen Soziallehre, in: G. Baadte, A. Rauscher (Hg.), Christliche Gesellschaftslehre. Eine Ortsbestimmung, Graz, Wien, Köln 1989, 31 ff.

H. Krings, Über den Widerstand gegen die Staatsgewalt, in: G. W. Hunold, W. Korff (Hg.), Die Welt für morgen, München 1986, 179 ff.

M. Liebmann, Katholische Aktion und Ständestaat, in: H. W. Kaluza, u. a. (Hg.), Pax et Justitia. Festschrift für Alfred Kostelecky zum 70. Geburtstag, Berlin 1990, 601 ff.

A. Lindt, Das Zeitalter des Totalitarismus. Politische Heilslehren und ökumenischer Aufbruch, Stuttgart 1981.

W. Loth, Integration und Erosion: Wandlungen des katholischen Milieus in Deutschland, in: Ders. (Hg.), Deutscher Katholizismus im Umbruch zur Moderne, Stuttgart, Köln, Berlin 1991 (Loth III).

Ders., Katholiken im Kaiserreich. Der politische Katholizismus in der Krise des wilhelminischen Deutschlands, Düsseldorf 1984 (Loth II).

Ders., Der Katholizismus – eine globale Bewegung gegen die Moderne?, in: H. Ludwig, W. Schroeder (Hg.), Sozial- und Linkskatholizismus. Erinnerung, Orientierung, Befreiung, Frankfurt/M. 1990, 11 ff. (Loth V).

Ders., Der Katholizismus und die Durchsetzung der Demokratie in Deutschland, in: M. Gretschat, J.-C. Kaiser (Hg.), Christentum und Demokratie im 20. Jahrhundert, Stuttgart, Berlin, Köln 1992, 111 ff. (Loth VI).

Ders., Soziale Bewegungen des Kaiserreichs, in: GuG 17, 1991, 279 ff. (Loth I).

Ders., Das Zentrum und die Verfassungskrise des Kaiserreichs, in: GWU 38, 1987, 204 ff. (Loth IV).

B. Lowitsch, Der Frankfurter Katholizismus in der Weimarer Republik und die »Rhein-Mainische Volkszeitung«, in: H. Ludwig, W. Schroeder (Hg.), Sozial- und Linkskatholizismus. Erinnerung. Orientierung. Befreiung, Frankfurt/M. 1990, 46 ff.

H. Ludwig, W. Schroeder, Sozial- und Linkskatholizismus. Erinnerung – Orientierung – Befreiung, Frankfurt/M. 1990.

H. Lutz, Demokratie im Zwielicht. Der Weg der deutschen Katholiken aus dem Kaiserreich in die Republik 1914–1925, München 1963.

E. Matthias, R. Morsey, Das Ende der Parteien 1933, Düsseldorf 1960.

G. May, Die Konkordatspolitik des Heiligen Stuhls von 1918 bis 1974, in: H. Jedin, K. Repgen (Hg.), Die Weltkirche im 20. Jahrhundert (Handbuch der Kirchengeschichte, Bd. 7), Freiburg 1979, 181 ff.

Ders., Ludwig Kaas, 3 Bde., Amsterdam 1981–82.

K. Megerle, Württemberg im Industrialisierungsprozeß Deutschlands, Stuttgart 1982.

A. Melloni, Die Rezeption der katholischen Soziallehre in Italien. Themenschwerpunkte und Diskussion, in: Conc. 27, 1991, 404 ff.

N. Mette, Sozialismus und Kapitalismus in der päpstlichen Soziallehre, in: Conc. 27, 1991, 365 ff.

J. B. Metz, Glaube in Geschichte und Gesellschaft. Studien zu einer praktischen Fundamentaltheologie, Mainz ⁵1992.

D. Mieth, Gewissen, in: D. Mieth, J.-P. Wils (Hg.), Grundbegriffe der christlichen Ethik, Paderborn 1992, 225 ff.

Ders., Die neuen Tugenden. Ein ethischer Entwurf, Düsseldorf 1984.

M. Miller, Eugen Bolz, in: Staatslexikon, Bd. ⁶2, Freiburg 1958, Sp. 116 ff.

Ders., Eugen Bolz. Staatsmann und Bekenner, Stuttgart1951.

H. Möller, Weimar. Die unvollendete Demokratie, München 1985.

N. Monzel, Die katholische Kirche in der Sozialgeschichte, Bd. 1, hg. von T. Herweg, K. H. Grenner, München, Wien 1980.

Ders., Katholische Soziallehre, 2 Bde, Köln 1965/67.

R. Morsey, Die Deutsche Zentrumspartei, in: E. Matthias, R. Morsey (Hg.), Das Ende der Parteien 1933, Düsseldorf 1960, 281 ff. (Morsey II).

Ders., Die Deutsche Zentrumspartei 1917–23, Düsseldorf 1966 (Morsey III).

Ders., Eugen Bolz (1881–1945), in: J. Aretz, R. Morsey, A. Rauscher (Hg.), Zeitgeschichte in Lebensbildern, Bd. 5, Mainz 1985, 88 ff. (Morsey I).

Ders., Franz von Papen (1879–1969), in: J. Aretz, R. Morsey, A. Rauscher (Hg.), Zeitgeschichte in Lebensbildern, Bd. 2, Mainz 1975, 75 ff.

Ders., Die katholische Volksminderheit und der Aufstieg des Nationalsozialismus, in: K. Gotto, K. Repgen (Hg.), Die Katholiken und das Dritte Reich, Mainz ²1983, 9 ff.

Ders., Ludwig Kaas (1881–1952), in: J. Aretz, R. Morsey, A. Rauscher (Hg.), Zeitgeschichte in Lebensbildern, Bd. 1, Mainz 1973, 263 ff.

Ders., Der politische Katholizismus 1890–1933, in: A. Rauscher (Hg.), Der soziale und politische Katholizismus. Entwicklungslinien in Deutschland 1803–1963, Bd. 1, München 1981, 110 ff. (Morsey V).

Ders., Der Untergang des politischen Katholizismus. Die Zentrumspartei zwischen christlichem Selbstverständnis und »Nationaler Erhebung« 1932/33, Stuttgart, Zürich 1977 (Morsey IV).

R. Müller, Stuttgart zur Zeit des Nationalsozialismus, Stuttgart 1988.

Ders., Württemberg zwischen Krise und Krieg. Der zeitgeschichtliche Hintergrund, in: D. R. Bauer, A. Kustermann (Hg.), Gelegen oder ungelegen – Zeugnis für die Wahrheit. Zur Vertreibung des Rottenburger Bischofs Joannes Baptista Sproll im Sommer 1938, Stuttgart 1989, 73 ff.

E. Nagel, Krieg in theologischer Sicht, Staatslexikon (Art. »Krieg«), Bd. 5, Freiburg/Br. [5]1989, 714 ff.

O. von Nell-Breuning, Berufsständische Ordnung als Heilung der gesellschaftlichen Unordnungen, in: StdZ 144, 1948/49, 260 ff.

Ders., Um die »Berufsständische Ordnung«, in: StdZ 142, 1948, 6 ff.

Ders., Zur Soziallehre der Kirche, in: Bundesverband der Katholischen Arbeitnehmer-Bewegung Deutschlands (Hg.), Texte zur katholischen Soziallehre. Die sozialen Rundschreiben der Päpste und andere kirchliche Dokumente, Kevelaer [5]1982, 7 ff.

W. Nies, M. Bosch, Der Widerstand im deutschen Südwesten 1933–1945, Stuttgart, Berlin, Köln, Mainz 1984.

K. Obermayer, Die Konkordate und Kirchenverträge im 19. und 20. Jh., in: W. P. Fuchs (Hg.), Staat und Kirche im Wandel der Jahrhunderte, Stuttgart 1966, 166 ff.

W. Palaver, Hundert Jahre Katholische Soziallehre. Bilanz und Ausblick, Thaur 1991.

D. J. K. Peukert, Die Weimarer Republik. Krisenjahre der klassischen Moderne, Frankfurt/M. 1987.

S. P. Pfürtner, Die katholische Soziallehre in Deutschland zwischen konkurrierenden Richtungen, in: Conc. 27, 1991, 393 ff.

K. Popper, Das Elend des Historizismus, Tübingen [6]1987.

R. Puza, Katholisches Kirchenrecht, Heidelberg 1986.

J. Ratzinger, Naturrecht, Evangelium und Ideologie in der Katholischen Soziallehre. Katholische Erwägungen zum Thema, in: K. v. Bismarck, W. Dirks (Hg.), Christlicher Glaube und Ideologie, Stuttgart 1964, 24 ff.

A. Rauscher, Die moderne katholische Soziallehre. Entwicklungstendenzen, Problemfelder, Herausforderungen, in: G. Baadte, A. Rauscher, Christliche Gesellschaftslehre. Eine Ortsbestimmung, Graz, Wien, Köln 1989, 11 ff.

V. Reimann, Innitzer. Kardinal zwischen Hitler und Rom, Wien 1967.

K. Repgen, in: FAZ vom 24. Oktober 1977.

Ders., Entwicklungslinien von Kirche und Katholizismus in historischer Sicht, in: A. Rauscher (Hg.), Entwicklungslinien des deutschen Katholizismus, München, Paderborn, Wien 1973, 11 ff.

Ders., Über die Entstehung der Reichskonkordats-Offerte im Frühjahr 1933 und die Bedeutung des Reichskonkordats. Kritische Bemerkungen zu einem neuen Buch, in: VfZG 26, 1978, 499 ff.

Ders., Zur vatikanischen Strategie beim Reichskonkordat, in: VfZG 31, 1983, 506 ff.

H.-G. Richardi, K. Schumann, Geheimakte Gerlich/Bell. Röhms Pläne für ein Reich ohne Hitler, München 1993.

A. Rosenberg, Geschichte der Weimarer Republik, Frankfurt [20]1980.

H. Rothfels, Die deutsche Opposition gegen Hitler. Eine Würdigung. Neue, erweiterte Ausgabe, Frankfurt 1969.

Ders., Das politische Vermächtnis des deutschen Widerstandes, in: VfZG 2, 1954, 329 ff.

G. Ruppert, Bündisch – Mißtrauisch gegenüber Demokratie und Parteien? Die politische Haltung des katholischen Jugendbundes Quickborn im Aufwind des Nationalsozialismus, in: Theologie und Glaube 71, 1981, 219 ff.

J. Sailer, Eugen Bolz (1881–1945). Seine Politik und sein Weg in den politischen Widerstand, in: RJKG 10, 1991, 219 ff.

P. Schallenberg, Naturrecht und Sozialtheologie. Die Entwicklung des theonomen Naturrechts der späten Neuscholastik im deutschen Sprachraum (1900–1960), Münster 1993.

K. Schatz, Ist Kirchengeschichte Theologie?, in: Theologie und Philosophie 55, 1980, 481 ff.

R. Scheidle, Das Widerstandsrecht, München 1968.

W. Schieder, Religion in der Sozialgeschichte, in: Ders., Sozialgeschichte in Deutschland. Entwicklungen und Perspektiven im internationalen Zusammenhang, Bd. 3: Soziales Verhalten und soziale Aktionsformen in der Geschichte, Göttingen 1987, 9 ff.

J. Schmädeke, P. Steinbach (Hg.), Der Widerstand gegen den Nationalsozialismus. Die deutsche Gesellschaft und der Widerstand gegen Hitler, München, Zürich ³1994.

T. Schnabel, Die NSDAP in Württemberg 1928–1933. Die Schwäche einer regionalen Parteiorganisation, in: T. Schnabel (Hg.), Die Machtergreifung in Südwestdeutschland. Das Ende der Weimarer Republik in Baden und Württemberg 1928–1933, Stuttgart, Berlin, Köln, Mainz 1982, 49 ff. (Schnabel I).

Ders., Das Wahlverhalten der Katholiken in Württemberg 1928 – 1933, in: RJKG 2, 1983, 103 ff. (Schnabel II).

B. Schönhagen, Zwischen Verweigerung und Agitation. Landtagspolitik der NSDAP in Württemberg 1928/29–1933, in: T. Schnabel (Hg.), Die Machtergreifung in Südwestdeutschland. Das Ende der Weimarer Republik in Baden und Württemberg 1928–1933, Stuttgart, Berlin, Köln, Mainz, 1982, 113 ff.

K. Scholder, Altes und Neues zur Vorgeschichte des Reichskonkordats. Erwiderung auf Konrad Repgen, in: VfZ 26, 1978, 535 ff.

Ders., Eugenio Pacelli und Karl Barth. Politik, Kirchenpolitik und Theologie in der Weimarer Republik, in: Ders., Die Kirchen zwischen Republik und Gewaltherrschaft. Gesammelte Aufsätze, hg. von K. O. v. Aretin, G. Besier, Frankfurt 1991, 98 ff.

Ders., Die Kirchen im Zeichen der Machtergreifung Hitlers (1933 – 1934), in: R. Kottje, B. Moeller, Ökumenische Kirchengeschichte, Bd. 3: Neuzeit, Mainz ³1983, 272 ff.

264

Ders., Die Kirchen und das Dritte Reich, Bd. 1: Vorgeschichte und Zeit der Illusionen 1918–1934, Frankfurt 1977.

Ders., Die Kirchen zwischen Republik und Gewaltherrschaft. Gesammelte Aufsätze, hg. von K. O. v. Aretin, G. Besier, Frankfurt 1991.

Ders., Politischer Widerstand oder Selbstbehauptung als Problem der Kirchenleitung, in: Ders., Die Kirchen zwischen Republik und Gewaltherrschaft. Gesammelte Aufsätze, hg. von K. O. v. Aretin, G. Besier, Frankfurt 1991, 204 ff.

Ders., Sie können nicht ohne einander. Das Ende des Laizismus – zum Verhältnis von Kirche und Staat, in: K. O. v. Aretin, G. Besier (Hg.), s. o., 35 ff.

Ders., Die Verhandlungen um das Reichskonkordat, in: R. Kottje, B. Moeller (Hg.), Ökumenische Kirchengeschichte, Bd. 3: Neuzeit, Mainz ³1983, 278 ff.

G. Scholz, Kurt Schumacher, Düsseldorf, Wien, New York 1988.

M. J. Schuck, Die ideologische Verwendung der katholischen Soziallehre, in: Conc. 27, 1991, 380 ff.

G. Schulz, Deutschland seit dem Ersten Weltkrieg 1918–1945, Göttingen ²1976.

M. Seckler, Geist der Katholizität: Thomas von Aquin und die Theologie, in: Ders. (Hg.), Im Spannungsfeld von Wissenschaft und Kirche. Theologie als schöpferische Auslegung der Wirklichkeit, Freiburg/Br. 1980, 163 ff.

H. R. Seeliger, Kirchengeschichte – Geschichtstheologie – Geschichtswissenschaft. Analysen zur Wissenschaftstheorie und Theologie der katholischen Kirchengeschichtsschreibung, Düsseldorf 1981.

J. J. Sheehan, Klasse und Partei im Kaiserreich: Einige Gedanken zur Sozialgeschichte der deutschen Politik, in: O. Pflanze (Hg.), Innenpolitische Probleme des Bismarck-Reiches, München 1983, 1 ff.

G. Söhngen, Neuscholastik, in: LThK, Sp. 923 ff.

K. Sontheimer, Die Idee des Reiches im politischen Denken der Weimarer Republik, in: GWU 13, 1962, 205 ff.

F. J. Stegmann, Die katholische Kirche in der Sozialgeschichte. Die Gegenwart, München, Wien 1983.

H. Stehkämper, Protest, Opposition und Widerstand im Umkreis der (untergegangenen) Zentrumspartei. Ein Überblick, Teil I: Protest und Opposition, in: J. Schmädeke, P. Steinbach (Hg.), Der Widerstand gegen den Nationalsozialismus. Die deutsche Gesellschaft und der Widerstand gegen Hitler, München, Zürich ³1994, 113 ff.

P. Steinbach, Widerstand. Ein Problem zwischen Theorie und Geschichte, Köln 1987.

Th. Steltzer, Ansprache von Theodor Steltzer, in: Staatsanzeiger für Württemberg-Baden, Nr. 5, 1951, 1.

U. Stutz, Der Geist des Codex Iuris Canonici, in: Kirchliche Abhandlungen, Heft 92/93, Stuttgart 1918.

E. Teufel, Ein Denkmal für Eugen Bolz, in: Stuttgarter Zeitung vom 19. November 1991.

H. D. Thoreau, Über die Pflicht zum Ungehorsam gegen den Staat und andere Essays, Zürich 1973.

L. Volk, Der deutsche Episkopat und das Dritte Reich, in: K. Gotto, K. Repgen (Hg.), Die Katholiken und das Dritte Reich, Mainz 1983, 51 ff.

Ders., Das Reichskonkordat vom 20. Juli 1933. Von den Ansätzen in der Weimarer Republik bis zur Ratifizierung am 10. September 1933, Mainz 1972.

Ders., Zur Kundgebung des deutschen Episkopats vom 28. März 1933, in: StdZ 173, 1963/64, 431 ff.

M. Weber, Gesammelte Aufsätze zur Wissenschaftslehre, Tübingen ²1951.

W. Weber, Gesellschaft und Staat als Problem für die Kirche, in: H. Jedin, K. Repgen (Hg.), Die Weltkirche im 20. Jahrhundert (Handbuch der Kirchengeschichte, Bd. 7), Freiburg/Br. 1979, 230 ff.

R. Weiler, Einführung in die katholische Soziallehre. Ein systematischer Abriß, Graz, Wien, Köln 1991.

Abkürzungen

BB	Badischer Beobachter. Karlsruhe
BPT	Bezirksparteitag
CIG	Christ in der Gegenwart
Conc.	Concilium
DV	Deutsches Volksblatt
EAF:EOA	Erzbischöfliches Archiv Freiburg: Erzbischöfliches Ordinariatsarchiv
GV	Generalversammlung
GWU	Geschichte in Wissenschaft und Unterricht
HL	Hochland
HZ	Historische Zeitschrift
KG	Kundgebung
KPT	Kreisparteitag
KV	Katholikenversammlung
KVZ	Kölnische Volkszeitung. Köln
LPT	Landesparteitag
LThK	Lexikon für Theologie und Kirche
NLB	Nachlaß Bolz
RJKG	Rottenburger Jahrbuch für Kirchengeschichte
StdZ	Stimmen der Zeit
SZ	Schönere Zukunft. Wien
ThQ	Theologische Quartalschrift
ThZ	Theologische Zeitschrift
VfZG	Vierteljahreshefte für Zeitgeschichte

WV	Wahlversammlung
ZGO	Zeitschrift für die Geschichte des Oberrheins
ZKG	Zeitschrift für Kirchengeschichte
ZPT	Zentrumsparteitag
ZThK	Zeitschrift für Theologie und Kirche
ZV	Zentrumsversammlung